mare

ZORA DEL BUONO

HUNDERT TAGE AMERIKA

Begegnungen zwischen
Neufundland und Key West

mare

Die Deutsche Nationalbibliothek verzeichnet
diese Publikation in der Deutschen Nationalbibliografie;
detaillierte bibliografische Daten sind im Internet
unter http://dnb.ddb.de abrufbar.

1. Auflage 2011

Typografie Farnschläder & Mahlstedt, Hamburg
Schrift Dante MT und ITC Franklin Gothic
Karte Peter Palm, Berlin
Druck und Bindung CPI Clausen & Bosse, Leck
Printed in Germany
ISBN 978-3-86648-145-9

MIX
Papier aus verantwortungsvollen Quellen
FSC® C083411
FSC www.fsc.org

www.mare.de

Marlis del Buono **gewidmet**

Widmung Schon in der Antike bekannte Dankeserweisung; steht auf einer dem Text vorangestellten und nicht paginierten Seite; in der Regel an nahestehende Personen gerichtet, bis ins 18. Jahrhundert oft nicht als rein freundschaftliche Geste gedacht, sondern dafür eingesetzt, gesellschaftlich hochstehenden Persönlichkeiten aus dem weltlichen oder kirchlichen Raum zu schmeicheln, um als Gegenleistung ein Geschenk, auch in Geldform, zu erhalten, da Autorenhonorare unüblich waren.

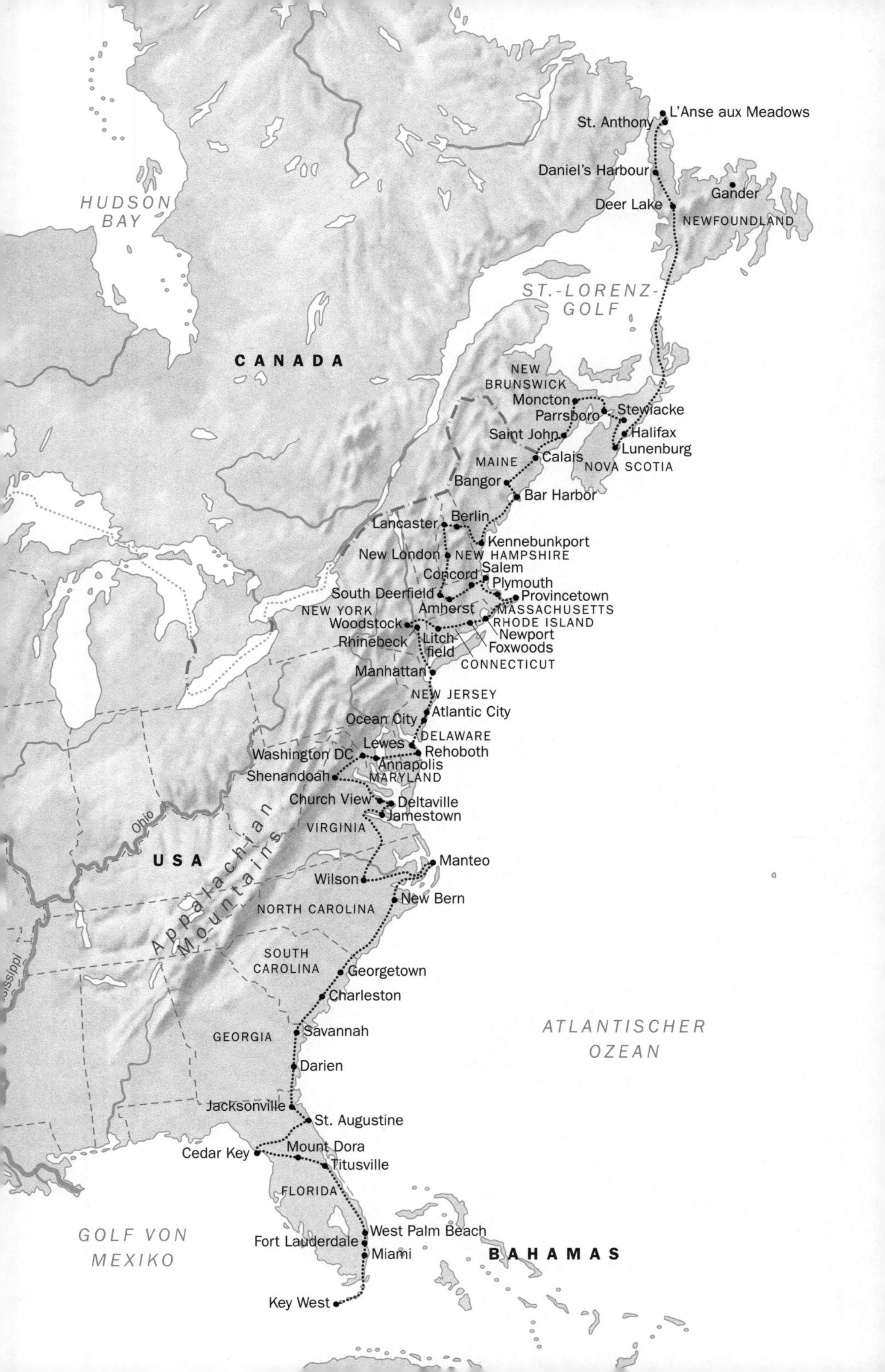

HUDSON BAY
CANADA
L'Anse aux Meadows
St. Anthony
Daniel's Harbour
Gander
Deer Lake
NEWFOUNDLAND
ST.-LORENZ-GOLF
NEW BRUNSWICK
Moncton
Parrsboro
Stewiacke
Halifax
Saint John
Lunenburg
Calais
MAINE
NOVA SCOTIA
Bangor
Bar Harbor
Berlin
Lancaster
Kennebunkport
New London
NEW HAMPSHIRE
Concord
Salem
Plymouth
South Deerfield
Provincetown
Amherst
MASSACHUSETTS
NEW YORK
Woodstock
RHODE ISLAND
Rhinebeck
Litchfield
Newport
Foxwoods
CONNECTICUT
Manhattan
NEW JERSEY
Atlantic City
Ocean City
DELAWARE
Lewes
Washington DC
Rehoboth
Annapolis
Shenandoah
MARYLAND
Church View
Deltaville
Jamestown
VIRGINIA
Ohio
Appalachian Mountains
USA
Manteo
Wilson
New Bern
NORTH CAROLINA
SOUTH CAROLINA
Georgetown
Charleston
Savannah
GEORGIA
ATLANTISCHER OZEAN
Darien
Jacksonville
St. Augustine
Mount Dora
Cedar Key
Titusville
FLORIDA
West Palm Beach
Fort Lauderdale
Miami
GOLF VON MEXIKO
BAHAMAS
Key West

27 BREITENGRADE

»Sempiternum viatrix catuluscum«

Es ist dies nicht die erste Reise nach Nordamerika und auch nicht die zweite. Es ist aber meine erste Reise mit einem speziellen Schwerpunkt, dem der Einwanderung nämlich. Sie wird die gesamte Ostküste entlangführen, Anfangspunkt ist das Fischerdorf L'Anse aux Meadows (51° N) an der nördlichsten Spitze Neufundlands, Endpunkt wird das Rebellenparadies Key West (24° N) im Süden Floridas sein – falls die Dinge so gehen, wie sie sollen. Steter Begleiter dieser atlantischen Sommerfahrt: das Italienische Windspiel Topolino, genannt Lino, Rüde, viereinhalb Jahre, fünf Kilo, Bettschläfer, Fellfarbe **Isabel**, ein aufgeweckter Zwerg, leidenschaftlicher Jäger und fordernder Spaziergänger mit einer Tendenz zum Größenwahn.

Sieben Stunden zwanzig Minuten dauert der Flug über den Atlantik. Sieben Stunden zwanzig Minuten neben einem langhaarigen, nass geschwitzten Heavy-Metal-Fan sitzen, der sich sicherlich gleich mit Bier oder Whiskey zuschütten wird, wie unangenehm. Sein

Isabel Der Legende nach benannt nach Isabella Clara Eugenia von Spanien (1566–1633), die gelobte, ihr blütenweißes Gewand so lange nicht zu wechseln, bis ihr Gatte Erzherzog Albrecht von Österreich die von ihm belagerte Stadt Oostende erobert habe. Die Belagerung dauerte drei Jahre, drei Monate und drei Tage. Verwendet wird die Farbbezeichnung bei Pferden, einigen Hunderassen und für Federzeichnungen bestimmter Vogelarten, der Ton entspricht der Farbe von Milchkaffee mit variablem Milchanteil.

verwaschenes ***Mötley Crüe***-Shirt zeigt die Tourdaten 2009, *München, Stuttgart, Berlin, Köln*. Der junge Mann ist nervös, sehr blass, Augenringe von bedenklichem Ausmaß und tiefer Gräue, die kupferblonden Haare sorgfältig zu einem Pferdeschwanz gebunden. Er schlägt vor, dass seine Freundin und ich die Sitze tauschen, sie hat einen Platz auf der anderen Seite des Gangs, er wüsste sie gerne neben sich. Ich schaue zu ihr hinüber, schwarz gefärbtes Haar, schwarzes Outfit, auch sehr blass. Ein plausibles Paar. Ich muss ihn enttäuschen, mit *pet in cabin* sind nur Fensterplätze erlaubt, die Sicherheitsbestimmungen wollen es so. Niemand soll auf den Hund treten können, die Tasche ist zu meinen Füßen verstaut, Lino leicht sediert, er zittert nur kurz, schläft bald ein. Der Mann leidet unter Flugangst, ihm steht der Schweiß auf der Stirn, er hat Schluckbeschwerden, fürchtet sich vor Schmerzen in den Ohren, trinkt weder Bier noch Whiskey, sondern Wasser. Er hat ein weiches Gesicht, einen weichen Körper, eine sanfte Stimme; ein netter Mensch. Bald duzt man sich, M. arbeitet in der Automobilentwicklungsbranche, baut deutsche Autos im Norden der Nation, ein Technikfreund. Wir reden über dieses und jenes, es ist ein flüssiges Gespräch. Ich bin es, die das Wort *Nazikram* benutzt, der Zusammenhang ist mir im Nachhinein selber nicht mehr klar. Er stockt, sagt dann, sein Bruder sammle NS-Devotionalien, Embleme, Hakenkreuze, Armbinden, Flaggen, Münzen, deswegen müsse der doch kein schlechter Mensch sein, nicht wahr. Ich blicke auf die Uhr, noch mehr als fünf Stunden, das kann jetzt schwierig werden. Er sei kein Rechter, erklärt M., als Jugendlicher vielleicht, aber heute nicht mehr, auch

Mötley Crüe US-amerikanische Glam-Metal-Band, die sich erst *Mottley Krew* nannte, was eine Abwandlung von *motley crew* ist und mit *bunter Haufen* übersetzt werden könnte, und die später aus lauter Freude am geliebten Löwenbräu-Bier dem Bandnamen die Umlaute ö und ü hinzufügte.

wenn er nicht verstehe, warum man gleich als Rechter gelte, wenn man nicht mit Ausländern zusammenleben wolle. Ich biete einen Themenwechsel an, erzähle von der Wikingerstätte im Norden Neufundlands, die ich besuchen werde, seine Augen blitzen auf, er kramt ein Reclam-Büchlein aus dem Handgepäck: *Germanische Göttersagen, neu erzählt von Reiner Tetzner.* M. schwärmt von der Kultur der Germanen, die heutzutage ungerechterweise nicht den gleichen Stellenwert habe wie die der Griechen, und nennt **Odin** seinen persönlichen Gott. Er erklärt mir die Sagenwelt, mein Wissen ist mehr als lückenhaft. Ich lese ausführlich in dem Buch, eine hochkomplexe Angelegenheit, bei *Ragnarök,* dem Schicksal der Götter, ihren Kämpfen und dem daraus folgenden Weltuntergang, bleibe ich hängen. Odin wird im Laufe der Auseinandersetzungen vom riesenhaften Fenriswolf verschlungen, seine kriegerischen Energien haben ihm letztlich nichts genützt. Die Brutalität Odins missfällt meinem Sitznachbarn nicht, die Stärke und Macht des Gottes sind vielmehr Grund seiner Verehrung. M. führt ein Leben, das rund und in sich stimmig scheint, samt langem Haar, mächtigem Leib, Wochenendbesäufnissen und *Mötley Crüe,* auch Schlägereien gibt es mal, das kommt halt vor. Wir setzen schließlich zum Landeanflug an, der junge Mann kann nicht mehr schlucken, die Angst steht ihm ins Gesicht geschrieben, heldisches Germanentum hin oder her. Ich versuche ihn abzulenken, sage, eigentlich seien wir doch alle Abkömmlinge von Hominini aus dem Osten Afrikas. Das hört er gar nicht gerne, gibt zu bedenken, dass die Germanen andere Entwicklungsschritte getan haben könnten, eine eigenständige Menschheitslinie vielleicht, das wisse man nicht so genau, Affen habe es auch im Norden geben können, zumal die Kontinente ja

Odin, oder südgermanisch Wodan, altisländisch Óðinn und althochdeutsch Wuotan, ist der Hauptgott in der nordischen Mythologie und Religion, wie sie in den eddischen Dichtungen geschildert wird.

noch ganz anders verbunden gewesen seien. Seine Finger umklammern die Armlehnen. Die Maschine setzt auf, wir sind in Halifax, Kanada.

NEWFOUNDLAND

»Quaerite Primum Regnum Dei«[1]

Sprachübung (Betonung): *'NEW-FOUNDLAND like in 'UN-DER-STAND*

Die Zeitdifferenz zum ostkanadischen Festland beträgt keine ganze, sondern eine halbe Stunde, zu Mitteleuropa also viereinhalb Stunden. Unpraktische Rechnerei. Zeitzonenunterschiede von einer halben Stunde kennt man auch im Iran, in Afghanistan und in Venezuela. Dies allerdings weniger aus Gründen geografischer denn politischer Natur: Venezuela beispielsweise hat 2007 als einziges Land Südamerikas eine Zeitzone von minus viereinhalb Stunden eingerichtet, was, wie kritische Stimmen unken, vor allem der Eitelkeit des Staatspräsidenten Hugo Chávez zuzuschreiben sei.

Sitze in der Propellermaschine von Halifax nach Deer Lake in der letzten Reihe (Reihe 9) neben einer Frau meines Alters, die zurückkehrt von der Hochzeit des Sohnes in Toronto. Die Greisin an ihrer Seite ist ihre Mutter, welche die Insel erst zum zweiten Mal in ihrem Leben verlassen hat, das erste Mal war 1960, es ging um einen Gerichtstermin. Die beiden packen Hochzeitsfotos aus, zeigen mir Bild um Bild. Der Wunsch nach einem Nachkommen steht jetzt an. Der Sohn ist dreiundzwanzig Jahre alt.

They are very simple over there, sagte mehr als einer in Halifax. Neufundländer gelten als eine Art kanadische Ostfriesen oder Appenzeller, hinterwäldlerisch und einfältig, aber lieb. Oder wie ein Einheimischer meint: Erzähl denen in Nova Scotia, dass du aus Neufundland stammst, und du spürst ihre Herablassung. Auf der Fahrt durch atemberaubend leere Landschaften von Deer Lake im Herzen Neufundlands nach L'Anse aux Meadows im höchsten Norden der Insel zeigt sich: Simpel ist hier vieles, reduziert auf das Notwendigste vielmehr. In jedem Dorf ein hölzerner Krämerladen, darin alles, was es zum Leben braucht. An frischen Sachen gibt es in Anchor Point: Tomaten, eine Sorte Salat, Äpfel, schrumpelige Kiwis, eingeschweißte Trauben, Zitronen, Kartoffeln, Karotten, mehr nicht. Dafür Tiefkühlprodukte und Dosen, Cerealien im Überfluss, Gläser voll mit Soßen, Alkohol, *wines of the world*. Im einzigen Restaurant im Ort die immer gleiche Auswahl: Fish & Chips, Burger, Caesar Salad usw. Am Nebentisch studieren Einheimische ausführlich die Speisekarte, der Älteste rollt minutenlang ratternd eine Angelschnur auf, lautstark, ungeniert. *Oh yes, a club sandwich, with mayonnaise, that sounds great.* Jegliche Verfeinerung urbanen Lebens fehlt, keine Doppelbödigkeiten und kein Chichi, die Dinge sind, wie sie sind: pures Dasein. Nach sechshundert Kilometern und drei Tagen Tischgespräche-Belauschen dann die (simple) Erkenntnis: Frauen reden meist über Kinder, Enkel und Fernsehserien, Männer über Fische.

Endlich: **L'Anse aux Meadows**.

L'Anse aux Meadows Der Ursprung des Namens ist strittig. Zum ersten Mal auf einer Karte erwähnt wird Anse à la Medée im Jahr 1862, vermutlich nach einem Schiff namens *Medée* benannt. Französische Fischer schrieben es später um in L'Anse aux Méduses, die Bucht der Quallen. Andere Interpretationen sprechen von einer englisch-französischen Mischform, wie sie im Osten Kanadas nicht unüblich ist; auf das französische *anse* (Bucht) folgt das englische *meadows* (Wiesen).

Weiß ist die Farbe der Stunde. Gleißend weiß ist das nordische Licht, geweißt sind die Häuser aus Holz, weiß sind die Möwen, die dem Ort seinen eigenen Sound geben, einen Sound, der nur nachts für wenige Stunden verstummt, bevor er frühmorgens wieder anschwillt und während des Tages die karge Heidelandschaft beherrscht. Wie weiß muss es erst im Winter sein. Die Vogelbrutinsel nördlich von L'Anse aux Meadows ist nicht groß, aus der Ferne nur als flache Erhebung zu erkennen, Abertausende Möwen am Boden und in der Luft, schreiend. Weiter hinten ragt aus dem Wasser ein mächtiges Felsplateau, steile Klippen, eine Grasschicht obendrauf. Der Nebel umzingelt diese gewaltige Skulptur, lässt sie ganz verschwinden im milchig dunstigen Licht, bevor er sich verzieht und dieser Brocken wieder majestätisch zutage tritt wie seit Jahrtausenden schon. Diese Inselchen sind die letzten Ausläufer der Appalachen, die Gebirgskette zieht sich bis tief in den Süden der USA. Hinter ihnen dann nur noch das Meer und ganz weit in der Ferne, bei klarem Wetter zu erkennen: die Küste von Labrador. Der Highway führt schnurgerade zum Ozean hinab, zu beiden Seiten mit Blumen gesprenkelte Wiesen, unten eine Wendemöglichkeit nach links, eine Wendemöglichkeit nach rechts, ein Restaurant mit hölzerner Terrasse, ein Dutzend Häuser, vor denen gelegentlich zwei oder drei schweigsame Alte sitzen, Wäscheleinen zwischen die Häuser gespannt, bunte Stoffe flattern im Wind; mehr ist da nicht. *Land's End*.

Das war es also. Hier lebten sie also. Ein Fischerdorf am Rande der Welt ist der eigentliche Anfangspunkt meiner Reise, Anfangspunkt nicht nur aus geografischem, sondern auch aus historischem Grund. Es ist (vermutlich) der Ort, an dem Europäer zum ersten Mal auf amerikanischem Boden siedelten und dabei auf Menschen stießen, deren Urururahnen sich vor 50 000 Jahren von Afrika aus über Asien auf einen anderen Weg gemacht hatten als jene, die Richtung Europa zogen, der Punkt also, an dem sich zwei Menschheitslinien nach jahrtausendelanger Entwicklung wieder begegneten, eine Begegnung, die nicht friedlich verlief, sondern in einem Akt der Gewalt. L'Anse aux Meadows ist 1961 zu Berühmtheit gelangt, als ein sechzigjähriger Anwalt, Hobbyarchäologe und Abenteurer aus Norwegen die Spuren einer Wikingersiedlung entdeckte, die die Einheimischen fälschlicherweise als überwuchertes Indianercamp aus früheren Zeiten gedeutet hatten, von den Kindern seit Generationen als Spielplatz genutzt. Zu Helge Ingstads Quellen gehörten die *Grönlandsaga* und die *Saga von Erik dem Roten,* im späten Mittelalter von Mönchen niedergeschrieben, jahrhundertelang hatte man sich die Geschichten der rauen Nordmänner nur erzählt. Der umtriebige Norweger hatte die Sagen sorgfältig studiert, genauso wie seine Frau, die Archäologieprofessorin Anne Stine Ingstad. Es war Leif Eriksson gewesen, der Sohn des berüchtigten rothaarigen Erik, der sich um das Jahr 1000 herum mit 35 Männern von Grönland aus quer über den Nordatlantik auf den Weg nach Westen machte, um Land zu erforschen, von dem er schon wusste durch einen anderen Seefahrer, der sich kurz zuvor über den Atlantik gewagt hatte. Wie lange Leif und seine Männer blieben, wo überall sie an Land gingen und wie groß das legendär gewordene, in den Sagen als nahezu paradiesisch geschilderte *Vinland* genau war, all dies ist nicht gesichert. Vieles spricht dafür, dass die Siedlung in L'Anse aux Meadows nur eine Art Basisstation war, von der aus die Wikinger die Gegend erkundeten. Wahrscheinlich gelangten sie bis aufs Festland, der Fund wilden Weins spricht für diese Theorie, im heutigen New Brunswick drüben machte das Klima es möglich. Leif Eriksson soll Rebstöcke und Trauben in großen Mengen nach Grönland zurückgebracht haben, *Vinland* bedeutet *Weinland* nicht ohne Grund. Die Artefakte, die das Ehepaar Ingstad und sein Grabungsteam entdeckten, beschränken sich auf wenige Gegenstände, eine rostige Nadel, ein paar bearbeitete Hölzer, ein bisschen Metall. Doch es ließen sich die Grundrisse von sieben Hütten ausmachen und der einer Schmiede noch dazu, die Spuren sind im Boden zu erkennen, sie sind der eigentliche Kern der Stätte, nicht spektakulär für die Besucher, doch historisch bedeutungsvoll; es ist nicht alles ausgegraben, womöglich liegt noch mehr tief unten im Moor, für spätere Zeiten und zukünftige Forscher auf natürliche Weise konserviert. 1978 erklärte die UNESCO die Fundstelle zum Weltkulturerbe, das Ehepaar Ingstad erfuhr große Ehre und genoss ein langes Leben. Wie Leif Erikssons Leben nach seiner Rückkehr nach Grönland verlief, ist nicht bekannt. Was man aber weiß: Sein Bruder Thorwald startete eine weitere Expedition, die sowohl für ihn als auch für mindestens acht andere Menschen tödlich verlaufen sollte; die erste Konfrontation zwischen Ureinwohnern und europäischen Eindringlingen – der Beginn einer unseligen Geschichte. Wenn hier heute einer erzählt, er sei ein *Viking,* dann meint er damit, er stamme von Skandinaviern ab. Die Wikinger selber haben keine Nachfahren hinterlassen, blieben nicht sehr lange, vielleicht drei, vielleicht zehn Jahre, Enthusiasten sprechen von 26 Jahren, was aber mehr Wunschdenken denn Realität zu sein scheint. Grund für den Rückzug waren wahrscheinlich die Ureinwohner, auf die Thorwalds Leute trafen, vielleicht im Süden Neufundlands oder auch auf dem Festland drüben, von den Nordmännern herablassend *Skraelinger* genannt, was man mit *Schwächlinge* übersetzen könnte. Thorwald schlachtete acht Männer, die er in ihren Booten schlafend angetroffen hatte, kurzerhand ab, wurde aber selber von einem Giftpfeil getroffen, der ihn das Leben kostete. Das war der Anfang. Auch die dritte und die vierte Reise nach *Vinland,* die erst ein Bruder und später eine Schwester von Leif und Thorwald unternahmen, endeten blutig. Sie alle bewohnten mit großer Wahrscheinlichkeit das Lager in L'Anse aux Meadows, bauten es aus, zogen von hier aus los, die Herrscher der Region zu werden, wollten wohl für immer bleiben, sich niederlassen. Auch Frauen waren dabei, eine Spinnwindel deutet darauf hin, sogar die Geburt eines Jungen ist bekannt, *Snorri* hieß der erste Europäer, der je auf amerikanischem Boden geboren wurde. Doch die Situation wurde unangenehm für die aus Grönland Zugereisten, die Ureinwohner ließen sich nicht einfach verdrängen, bekämpften die Eindringlinge vehement. Die Archäologen gehen von einem geordneten Rückzug der Fremden aus, daher die wenigen Fundstücke; man nahm mit, was mitzunehmen wert war (womöglich trat auch eine Ureinwohnerin die Reise über den Atlantik an; ein isländisches Forscherteam um Sigridur Ebenesersdóttir vermutet, dass sich in den Genen einiger Isländer Spuren dieser Frau finden, bei 76 Einwohnern wurde eine entsprechende DNS-Sequenz entdeckt), und überließ den Platz der Natur, dem Wind, dem Meer, den Vögeln, die auch heute lautstark ihre Präsenz demonstrieren. Manchmal wird das Möwengeschrei von Motorenlärm übertönt: Dann fährt ein Wikinger auf einer Harley-Davidson vorbei, langer Bart unter schwarzem Helm, grob gewebte Stoffe flattern im Wind; ein Wikinger auf dem Weg zur Arbeit. Man findet sie während der Sommermonate vermehrt in L'Anse aux Meadows, in der archäologischen Ausgrabungsstätte oder auf der gegenüberliegenden Straßenseite im Wikingerdorf **Norstead**. Dort entfachen sie Feuer, füttern Ziegen, reparieren Boote, sitzen in düsteren Langhäusern aus Holz, Torf und Gras, hämmern, kochen und reden, erzählen Sagen und Mythen, ganz so, als ob es immer noch das Jahr 997 oder 1001 wäre, die Geschlechterrollen klar verteilt, auch ein Kind ist mit dabei. Frühmorgens klettern sie in ihren Kostümen aus hochrädrigen Autos, am späten Nachmittag steigen sie wieder ein, raffen die dicken Stoffe zusammen, wischen den Ruß von der Stirn, kämmen sich die Haare, gehen für die Nacht nach Hause, sind moderne Menschen mit Nagelscheren, elektrischen Heizkissen, Satellitenradios und Insektenvertilgungsmitteln. Wenn sie weg sind

Norstead Im Jahr 2000 erbautes Museumsdorf mit dazugehörigem Hafen, der Name ist eine Worterfindung.

nach Feierabend, ist hier keiner mehr, auch kein Tourist. Dann gibt es nur noch das Meer, den Wind, die Vögel und manchmal einen Elch, der diese Urlandschaft durchquert. Die Wikingerhäuser scheinen aus dem Boden zu wachsen, das Gras der Dächer geht nahtlos in die Wiesen über, grün geduckte Behausungen, sturmzerzaust. Dann ist es herrlich hier, der Hund flitzt querfeldein, keine schreiend bunten Regenjacken stören das Bild, man ist ganz eins mit dieser gewaltigen Natur, dem Himmel und dem Wetter ausgeliefert, die Sonne geht nicht theatralisch unter, kein flammendes Leuchten und Glühen, es ist mehr ein sanftes Vergehen des Lichts, und es beschleicht einen die leise Ahnung, was für ein hartes Leben das war und auch heute noch ist, in dieser Abgeschiedenheit. Abends kann es sein, dass man einen der Mannen im Restaurant eines Nachbardorfes beim Vortragen hiesiger Volkslieder sieht, eine melancholische und warmherzige Angelegenheit, ein Sommernebenverdienst, im Winter ist der Wikinger in der Regel arbeitslos. Manche Gäste singen Zeile für Zeile mit, rotbackig und sentimental, heimwehkranke Neufundländer, die zu Besuch sind, vor Jahrzehnten schon die Abgeschiedenheit der Insel eingetauscht haben gegen eine zeitgemäßere Existenz auf dem Festland, irgendwo im dicht besiedelten Streifen entlang der Grenze zu den Vereinigten Staaten. Den robusten alten Wade habe ich am Vortag neben seiner polierten Harley in geschnürten Ziegenlederlappenschuhen und mehrschichtiger Wikingermontur kennengelernt und später Sagen rezitierend in der nachgebauten Hütte des Weltkulturerbes wiedergetroffen (was mich im Übrigen zunächst ein wenig verwunderte, denn seit wann geht die UNESCO auf solch dramatische Spielereien ein; erst Tage später erfahre ich, dass eine neufundlandweit berüchtigte und geachtete Einheimische – die wilde Barb – sich für den Bau der Gebäude und den Einsatz von Schauspielern starkgemacht hat, der Tourismusförderung zuliebe, denn wer wollte schon ans hinterste Ende des amerikanischen Kontinents reisen, um dann nur vor ein paar

Bodendellen auf einer Wiese zu stehen). Hier spielt er leichthändig Gitarre und singt traurig-schöne Lieder, er sieht frisch gewaschen aus, der dichte Bart gekämmt, kein Vergleich zu dem Mann in dem verschmutzten Kostüm, der er vor Stunden noch war. Er zwinkert mir zu, der einzigen Einzelreisenden weit und breit, Neufundland ist Paar-Reiseland, zu einsam ist diese Weltengegend für Seelen, die das Alleinsein nicht gewohnt sind, man erkennt einander schnell und verbündet sich, wenn man allein und ungebunden ist; Wade singt ein Lied für mich. Im Winter lebt er in Clearwater, Florida, einer der wenigen Einheimischen, die von hier fliehen, die es nicht aushalten in der ewigen Kälte und Nacht.

Sprachübung: *moose* – Elch

Der **Elch** ist ein fremdes Tier in Neufundland, heimisch auf dem kanadischen Festland, nicht jedoch auf der Insel. Er immigrierte nicht freiwillig, kam nicht etwa aus Labrador angeschwommen, sondern wurde von Menschenhand importiert. Männer wollten jagen, und die Karibus waren alle tot, ausgerottet innerhalb weniger Jahrzehnte. Da hatte einer die Idee mit dem Elch. 1878 setzte man eine Kuh und einen Bullen aus, 1906 zwei weitere Paare. Bereits drei Jahre zuvor war der letzte Wolf erschossen worden, die Elche lebten ohne natürliche Feinde und vermehrten sich prächtig. Heute gibt es rund 250 000 Tiere in Neufundland, alle stammen von denselben sechs Urvätern und Urmüttern ab. Sie fressen die jungen Bäume kahl, rennen ungeniert durch Dörfer und Gärten, heben ihre langen Beine bemerkenswert grazil über die Leitplanken, um mit unverdrossener 700-Kilogramm-Elchwucht über die Straße zu wetzen

Elch, *Alces alces,* größter aller Hirsche; kommt in Nordamerika, Nordeuropa und Asien vor, bevorzugt kaltes Klima, bewältigt minus 30 Grad Celsius.

und direkt auf den Kühlerhauben zu landen, besonders nachts, die Beine gebrochen, der Wagen zerdrückt; mächtige Tiere mit einer Rückenhöhe von über zwei Metern, die wie schwarze Schatten aus dem Gebüsch springen und jetzt zu Tausenden zum Abschuss freigegeben werden. Zu viele Elche hier. Im Gros Morne National Park finden sich nebst schrillgelben Elch-Warn-Piktogrammen auch beschriftete Schilder: *15 moose collisions this year.* Oder: *Slow down, save a life: it could be yours.* Rund siebenhundert durch den Zusammenstoß mit Elchen verursachte Autounfälle verzeichnet die Provinz jährlich, manche enden tödlich, nicht nur für die Tiere.

Sprachübung: *Newfie time* – neufundländische Zeitzone = sehr langsam

Sprachübung: Eisberg – *iceberg* (falsch: *ice mountain*)

Endlich einer, der nicht liebt, sondern hasst, ein wahrer Neufundland-Hasser, ich dachte schon, es gibt keine solchen Menschen hier. Und doch sitzt jetzt einer vor mir und blinzelt mich aus tief liegenden Äuglein an, sagt, er habe sein ganzes gottverdammtes Leben an diese gottverdammte Insel vergeudet, sei vom Vater zum Bleiben gezwungen worden, habe Fischer werden müssen wie der Großvater und der Urgroßvater. Tief verabscheut habe er das alles, die Einsamkeit, den Wind und die Kälte, die Tage auf See, das Fischemorden, das Blut, den Gestank, diese tödliche Langeweile und Kulturlosigkeit, schon als Kind habe er es verabscheut und tue es auch heute noch; was ich denn übrigens glauben würde, wie alt er sei? Ich schaue ihn an, selten habe ich solch ein Gesicht gesehen, von Falten und Fältchen durchzogen, verschmitzt und eigenartig, man könnte denken, der Schädel gehöre jemand anderem als die Haut, die auf wundersame Weise über ebendiesen Schädel gestülpt wurde, drei Nummern zu groß, als ob zwei Sachen zusammengefügt worden wären, die nicht zusammenpassten. Sein Vater habe immer gesagt, sei froh, dass du ein Gesicht hast, bei dem alle lachen müssen, *a funny face.* Wir befinden uns im Wohnraum der Valhalla Lodge, an einem bewaldeten Steilhang gelegen, fernab jeder Siedlung, fünf Gästezimmer, eine Holzterrasse mit Blick über den Atlantik, weit draußen blendend weiße Eisberge, die langsam vorbeiziehen, umgekippten Würfelzuckerstücken gleich. Außer uns ist niemand im Haus. Ich schätze ihn auf fünfundachtzig, will charmant sein und antworte: *Seventy-five?* Er blickt mich entsetzt an, zweiundsiebzig sei er. Peinlich berührtes Schweigen, schließlich giggelt er, sagt, nein, er sei doch viel älter. Ich bin verwirrt, weiß nicht, was ich glauben soll, aber eigentlich ist es auch egal. Ich hatte vor dem Kamin gesessen, als er einfach hereingeschneit kam und sich neben mich auf den Schemel hockte, das tue er öfter, hatte er zur Begrüßung gesagt und gekichert; immer wenn er sich langweile, fahre er hierher und schaue, ob Gäste da seien, mit denen er sprechen könne, ich solle mich nicht fürchten, er sehe zwar seltsam aus, sei aber friedlich, *just a silly old man.* Später kommen die anderen Gäste dazu. Das schottische Ehepaar, sie ganz dick, er ganz dünn, sie reisen mit dem kanadischen Cousin samt Frau, er ganz dick, sie ganz dünn, alle vier sind Wikingerfans, deswegen sind sie hier. Der Cousin spricht davon, dass seine Vorfahren zu den allerersten Einwanderern gehörten, vierzehn Generationen seien belegt, immer wieder höre ich solche Geschichten, wenn schon nicht adelig, dann alteingesessen, das ist der Grundtext dieses Landes. Dann das muskulöse junge Paar aus Arizona, das Auto bis unters Dach vollgepackt mit allem Hab und Gut, sie reisen für drei Monate und wollen sich anschließend in Oregon niederlassen, erst quer durch den Kontinent nach Osten, dann wieder zurück nach Westen, die Entscheidung fiel auf Portland, weil sie dort fechten können, nicht wie in Phoenix, wo die Fechterszene lausig sei, einen Job werden sie schon finden, irgendeinen, Hauptsache, fechten. Zu guter Letzt kommt auch noch das alte Botanikerehepaar, emeritierte Professoren aus Washington, D. C., die in später Zuneigung zueinandergefunden haben und auf der Suche nach seltenen Pflanzen sind; sie blickt furchteinflößend streng, er spricht kaum, am Ende des Abends werden sie mich nach Washington einladen, irgendetwas habe ich richtig gemacht, habe ihren prüfenden Augen standgehalten. Der *silly old man* unterhält uns und lässt sich unterhalten, er will hören, wo wir alle schon waren, saugt begierig die Namen der Orte und Länder auf, die er hätte besuchen wollen und nicht besuchen konnte, er war nur einmal in den Vereinigten Staaten, mehr Ausland kennt er nicht. Draußen in der Welt herrschten die totale, atemberaubende Aufregung und Freiheit, sagt er, hier drinnen aber nur Langeweile und Zwang. Die Mutter sei abergläubisch gewesen wie die meisten Neufundländer, seine Kindheit ein einziges Spießrutenlaufen, all die Regeln und Verbote, diese permanente Angst vor Unglück und Tod.

Don't put new shoes on the table.
Don't pass someone on the stairs.
Don't cross two knives.
Don't walk under a ladder.
Don't break a mirror.
Don't spill salt.
Don't put the keys on the table.
Don't walk on a spider.
Don't meet a red-haired woman.
Don't meet a crossed-eyed person.
Don't whistle in a boat.

Schließlich steht er auf, verabschiedet sich, muss los, bevor es eindunkelt, die Elche, *you know.* Wir nicken, bleiben sitzen, sprechen über diese eigenwillige Gestalt, der Schotte holt eine Flasche Weißwein aus seinem Zimmer. Ich gehe in die Küche, suche Gläser, denke an die alte Frau, die heute Morgen das Frühstück zubereitet hat, an ihre Verzweiflung, weil zwei Gästepaare zur selben Zeit kamen und ich auch schon da stand, sie Brot toasten und gleichzeitig Marmelade, Cornflakes und Milch auf den Tisch bringen sollte, den sie noch nicht gedeckt hatte, obwohl es doch schon neun Uhr war und sie bereits seit über einer Stunde im Haus. Sie redete sich ununterbrochen gut zu, *don't panic, Rose, one thing after the other, you can do it,* die Hände zitterten, ich versuchte sie zu beruhigen, wir haben Zeit, seien Sie ganz entspannt. Sie sah mich dankbar an, verschüttete Orangensaft und murmelte, sie komme mit der Geschwindigkeit der Leute vom Festland einfach nicht zurecht, *Newfie time is different.* Der Schotte und sein Cousin schwärmen von der nachgebauten Wikingerstätte, werden gleich noch das abendliche Theaterstück in Norstead besuchen, das Botanikerpaar schaut indigniert, Populärkultur gegen Wissenschaft. Ich denke an die blonde Mittvierzigerin, die zum Team der Stätte gehört, an ihre glühenden Augen, daran, wie sie mir mit rauer Stimme erzählt hat, dass sie seit Jahren keinen BH mehr trage und sich die Beine nicht rasiere, weil sie sein wolle wie eine Wikingerfrau, der Erde ganz nah, archaisch; sie war geradezu entfesselt, wild, besessen. Ich sprach von *viking cult,* sie schüttelte den Kopf und meinte, das klinge so abschätzig, ihr sei *passion* das liebere Wort. Die Weinflasche ist leer, die Schotten werden sich gleich ihrer Wikingerleidenschaft widmen, die Biologen frisch gefangenen Fisch essen gehen, und bei den beiden Fechtern aus Arizona fantasiert man sich eine leistungsstarke Bettübung zum Auftakt des Abends. Lino und ich verziehen uns mit einer Tüte Lebensmittel in unseren *Snorri Room,* ganz und gar frei von jeglicher Passion.

Aktuelle Notiz: 336 Abgeordnete der französischen Nationalversammlung bejahen ein Ganzkörperschleierverbot, es gibt 1 Gegenstimme. Der britische Regierungschef David Cameron spricht sich zwei Tage später gegen ein Verbot der Burka aus.

Es will einfach das Gefühl nicht schwinden, dass diese Wikingerobsession eine rassistische Note hat, tief unten, wahrscheinlich unbewusst. Die Heroisierung einer nordeuropäischen Schlägertruppe, die rund ein Jahrzehnt lang die neufundländische Küste besiedelt hat, all die Albernheiten wie die mit Emphase nachgestellten Kampfspiele, die hämmernden Schmiede und in düsteren Räumen webenden Frauen, die Versuche, selbst den nordmännischen Speiseplan als lukullische Meisterleistung zu verkaufen, die schier unendliche Literatur zum Thema: Wäre dies auch der Fall, wenn die Wikinger aus Nordafrika angereiste wilde Kerle mit dunkler Haut und schwarzen statt blonden Bärten gewesen wären? Warum nicht ein ebensolches Interesse an den *native people,* die hier immerhin schon vor sechstausend Jahren lebten, an ihrer Spiritualität oder Naturverbundenheit? Die Identifikation mit einer Handvoll grobschlächtiger, weißhäutiger Männer, die auszogen, die Welt zu unterwerfen, bleibt (nicht nur, aber eben auch) irritierend.

Welcome to St. Anthony –
Iceberg, Whale and Moose Capital of the World

Kurzbesuch im Redaktionsbüro des **Northern Pen**, eine halbe Autostunde von L'Anse aux Meadows entfernt. Der Chefredakteur sei exzentrisch und überaus attraktiv, hat die büstenhalterbefreite Wikingerliebhaberin gesagt, ihn zu treffen ein einziger Genuss, er baue zurzeit ein traditionell neufundländisches Boot und wolle damit verreisen für ein Jahr. Die Redaktionsräume liegen im Erdgeschoss eines nichtssagenden Gebäudes an der Ausfallstraße von St. Anthony, das mehr Fischerdorf denn Kleinstadt ist, auch wenn es

Northern Pen Lokale Tageszeitung, die schon von der amerikanischen Autorin E. Annie Proulx in ihrem Roman *Schiffsmeldungen* verewigt wurde.

ein Krankenhaus beherbergt und den einzigen Supermarkt weit und breit; um eine Bucht herum erbaut, Nadelbäume auf Hügeln, Nebelschwaden über dem Wasser, vertäute Boote, ein friedlicher Ort. Aaron Beswick ist Ende zwanzig, in der Tat gut aussehend und selbstbewusst, sonore Stimme, wacher Verstand, ein rot gelockter Jüngling, der weiß, dass er die Geschehnisse im Norden Neufundlands ans Tageslicht holt, kommentiert und auch ein wenig lenkt. Nationale oder gar internationale Politik kommt im *Northern Pen* nicht vor, man konzentriert sich auf Lokales, Fischereiberichte, das neue Softballfeld, ein utopisches Tunnelprojekt hinüber nach Labrador, auf die Forderung nach einem weiteren Sanitätshubschrauber, den Autopsiebericht einer auf mysteriöse Weise angeschwemmten Lederschildkrötenleiche, auf das Wetter natürlich, das wechselhafte. Aaron Beswick stammt aus Nova Scotia und ist, durchaus bemerkenswert, Islamwissenschaftler, was ihm hier wenig hilft, da es auf der Insel kaum Muslime gibt. Seine einzige Reporterin schreibt das halbe Blatt voll, Porträts vor allem, eine Australierin, die der Zufall an diesen abgelegenen Flecken gebracht hat, kaum über zwanzig Jahre alt; ein dynamisches Duo, doch kein Paar. Aaron spricht über die Schuld der Kanadier den *natives* gegenüber, sagt, *we have done bad things to them;* dann habe man sich schlecht gefühlt wegen des Übels, das man den Inuit und Indianern zugefügt habe, sie mit Wiedergutmachungsgeld zu kaufen und das eigene Gewissen zu beruhigen versucht, ihnen damit noch Schlimmeres angetan und sie in eine Abhängigkeit geführt, für die man sie jetzt auch noch verachte. So deutlich, wie er spricht, so deutlich schreibt er auch, ein kritischer Geist, der gemeinsam mit einem quirligen Mädchen aus Australien die nordneufundländische Meinung macht.

Sprachübung: *Lyme disease* – Borreliose

Hängen geblieben in Daniel's Harbour. Eine heruntergekommene Trucker-Lodge am Straßenrand, Nebel, der sich nicht verziehen will, zwischendurch heftige Regenschauer, der Ausblick aufs Meer könnte wohl schön sein, an einer Stelle verkündet ein Schild: *Whale Watch Outlook.* 288 Einwohner zählt die Gemeinde, die meist weißen Holzhäuer stehen kreuz und quer in der Landschaft herum, Kabel schwanken im Wind, verbinden die Gebäude wie geheimnisvolle Schnüre, durch welche die Wörter reisen. Ich bin mit Jim verabredet, dem Besitzer der Lodge, der mit einer italienischen Frau verheiratet ist, wie er mir bereits bei der Reservierung schrieb. Er habe eigenhändig ein Gewächshaus für sie gebaut, damit sie Radicchio, Tomaten und Auberginen ziehen könne, fürs mediterrane Lebensgefühl. Eine Italienerin in Daniel's Harbour, wie ungewöhnlich. Ich möchte sie kennenlernen, stelle mir meine süditalienische Verwandtschaft vor, irgendeine meiner Tanten oder Cousinen, wie sie hier stehen und *Sugo di Pomodoro* kochen, mit Kapern und Pinienkernen, ein wohliger Gedanke. Doch Jim ist nicht da. Jim war auch gestern Abend nicht da. Er sei beim Fischen, sagt die Frau im anliegenden Restaurant, ein ausgestopfter Elchkopf hinter ihr an der Wand. Es regnet in Strömen, und der Mann ist fischen gegangen. In diesem Ort gibt es rein gar nichts zu tun, im Krämerladen war ich schon, die Verkäuferin hat mir erzählt, dass sie ihr Töchterchen diesen Sommer nur an zwei Tagen habe draußen in der Sonne spielen lassen können. Also mit einem Buch zurück ins Bett, ein wackeliger Flurfußboden, morsches Holz unter feuchtem rotem Teppich, die Lodge ist mehr Baracke denn Haus, die Schiebefenster der Gästezimmer weisen zum Flur, nachts hört man den Nachbarn schnarchen. In einem der Zimmer sitzt eine in die Jahre gekommene übergewichtige Frau auf dem ungemachten Bett, sie atmet schwer. Neben ihr ein alter Mann, er tätschelt tröstend ihre Hand. Sie sehen mich, erheben sich schuldbewusst und ächzend. Als ich nach einer Stunde wieder ins Restaurant gehe, um einen Tee zu holen (irgendetwas muss man ja tun), streicht sie die Laken glatt, später erfahre ich, es war ihre erste Arbeitswoche als Zimmermädchen, und es wird ihre letzte gewesen sein, adipös und alt, das ist zu viel für sie. Regen trommelt aufs Dach, der Hund macht es sich gemütlich, streckt die Beine von sich, und da sehe ich ihn, den flammend roten Fleck auf seinem Bauch. Ich werde nervös, die Zecke von vor zehn Tagen in Bayern, bitte keine Borreliose oder gar eine Meningitis, die Lino schon einmal nur knapp überlebt hat. Ich weiß, der nächste Veterinär befindet sich vierhundert Kilometer südlich, ich mache ein Foto von dem Fleck, möchte das Bild der Tierärztin zu Hause mailen und frage im Dorfladen nach, wer einen Internetanschluss hat, keiner kann mir weiterhelfen, aber ich solle es in der Schule versuchen. Die Schule ist geschlossen, daneben gibt es den Dorfarzt, ein enger Raum, kein Arzt da und auch kein Patient. Nein, hier hätten sie keinen Computer, bedauert die Arzthelferin, lädt mich aber zu sich nach Hause ein am späten Nachmittag, da könne ich ins Internet für eine Recherche. Sie ist eine gepflegte Frau um die fünfzig, rot lackierte Fingernägel, sorgfältig frisiert, ein rundlicher Körper, sehr charmant. Zurück in der Lodge frage ich nach Jim, er ist noch immer nicht da, mich macht das alles wahnsinnig hier, ich beäuge den Hund, sieht er schon krank aus, ich weiß es nicht. Gegen fünf dann eine Fahrt über schlammige Straßen zum Haus der Arzthelferin, ein Kind öffnet die Tür, sagt, die Mutter sei im Schuppen hinten, und da steht sie tatsächlich, ein wuchtiges Fleischermesser in der Hand, eine Schürze um den Körper gebunden, überall Blut, vom Messer tropft es in eine Schüssel, der Stoff ist getränkt damit, ihre Hände sind blutverschmiert, eine Nuance dunkler als der Nagellack, neben ihr sitzt ihr Mann, vor ihm ein Bottich mit frisch gefangenem **Heilbutt**, große Tiere, sicher achtzig Zentimeter lang. Die Arzthelferin säbelt den Fischen auf einem Holzbrett die Köpfe ab, schlitzt sie auf und nimmt sie aus, die manikürten Finger wühlen in den toten Leibern, ziehen Innereien hervor, ich muss wegschauen, der Fischer lacht. Eine Nachbarin gesellt sich dazu, ein Fisch wird filetiert, sie hat einen Teller mitgebracht, nimmt die frischen Stücke mit nach Hause, winkt mir zu, ich solle mitkommen, bei ihr sei das Internet schneller. Ich bin froh, dass ich mich verabschieden kann, weg von dieser Schlachterei. Drüben höre ich in dreißig Minuten eine ganze Biografie, trinke heiße Schokolade, schaue Fotos von dem toten Neffen an, bei einem Minenunglück in Alberta ums Leben gekommen, keine zwanzig Jahre alt, man ist schnell zur Hand hier mit den schlimmen Geschichten.

Später endlich treffe ich Jim, weißer Lockenkopf, weißes Bärtchen, muntere Augen. Der Lodgebesitzer ist gleichzeitig der lokale Anwalt, kümmert sich um die Nöte der Bevölkerung, Ehezwist, Folgen von Alkoholexzessen, Probleme mit Behörden, kleinere Delikte, denn große gibt es nicht, die nächste Polizeistation ist 85 Kilometer entfernt, Gefahr droht hier nur von den Elchen. Wir setzen uns ins Restaurant, Lino darf mit, ein Novum, Hunde sind in ganz Nordamerika in Lokalen verboten, aber Jim ist schließlich der Chef und das Gesundheitsamt weit weg. Er erzählt von seiner Großmutter, einer britischen Krankenschwester, die 1921 als junge Frau alleine aus London nach Neufundland reiste, weil sie in einer Zeitung gelesen hatte, dass im fernen Norden Menschen an Krankheiten starben, die in England längst heilbar waren. *Nurse Myra Bennett, The Florence Nightingale of Newfoundland.* Hochdekoriert mit Orden, wurde sie hundert Jahre alt, sie hatte einen Fischer im Ort geheira-

Heilbutt, *Hippoglossus hippoglossus,* rechtsäugiger Plattfisch, kann drei Meter lang, 400 Kilo schwer und bis zu 50 Jahre alt werden, im Nordatlantik gibt es den Schwarzen Heilbutt *(Reinhardtius hippoglossoides),* der aber mit dem echten Heilbutt nicht näher verwandt ist. Der Heilbutt jagt im Gegensatz zu anderen Plattfischen nicht am Boden, sondern im Freiwasser.

tet, er lebte fast so lang wie sie. Ihr Wohnhaus ist heute denkmalgeschützt, Myra Bennetts Leben wurde verfilmt, man hat Bücher über sie geschrieben; Jim sagt es leise, nicht ohne Stolz. Und dann plötzlich erscheint sie, die Italienerin, die ich mir lächerlicherweise als kleine, dicke Sizilianerin vorgestellt hatte, mit schwieligen Händen im Gewächshaus Tomaten pflückend, Sandra Pupatello kommt also durch den Raum geschritten, in fließende Stoffe gehüllt, hochgewachsen, schlank, das Haar frisiert wie von einem *parrucchiere milanese,* elegant und schön – ein fremdartiges Wesen in solch grober Umgebung. Entsetzt sei sie gewesen, als Jim diese Bruchbude gekauft habe vor sieben Jahren, erzählt sie, heillos entsetzt. Man hätte die Lodge sonst abgerissen, entgegnet er, sie wäre verloren gegangen für immer, die Lastwagenfahrer hätten sich für die Nacht eine andere Bleibe suchen müssen, er habe etwas dagegen unternehmen müssen, allein schon aus Sentimentalität, eine Kindheitserinnerung, schließlich habe das Haus einmal seinen Eltern gehört. Jetzt flicke er, sagt sie, baue an und um, ein Fass ohne Boden, dieses Gebäude, aber es sehe schon besser aus, zum Beispiel die Panoramafenster im Restaurant, absurd sei das gewesen, jahrzehntelang eine geschlossene Holzwand, dahinter der Ozean, und jetzt endlich dieser gewaltige Ausblick. Wer ist diese Frau? Abends, bei ihnen zu Hause, erfahre ich mehr, an der Wand der Anwaltskanzlei im Keller hängt ein gerahmter Zeitungsausschnitt, es ist die Titelseite: *Sandra Pupatello, Ont. cabinet's most powerful woman.* Sie ist die Wirtschaftsministerin von Ontario, eine Persönlichkeit der kanadischen Politik. Ihre Eltern wanderten nach dem Krieg aus Norditalien ein, arme Friulaner mit der Hoffnung auf ein neues Leben, Sandra wurde in Toronto geboren, und wenn sie **Friaulisch** spricht, tut sie dies

Friaulisch Auch Friulanisch oder Furlanisch, eine romanische Sprache, als Minderheitensprache in Italien anerkannt; die ersten Schriftstücke stammen aus dem 13. Jahrhundert.

mit englischem Akzent. Ein bemerkenswertes Paar, der Fischerdorfanwalt und die Staatspolitikerin. Zwölfmal im Jahr sehen sie sich für ein paar Tage, alle zwei Monate kommt sie von Ontario nach Neufundland geflogen, alle zwei Monate reist er von hier nach Toronto. Zwei Millionen Immigranten brauche Kanada, erklärt Sandra und schöpft Hummerspaghetti auf die Teller. Mit am Tisch sitzen auch Jims Tochter aus erster Ehe, ihr Mann und die zwei Kinder. Der junge Mann stammt aus Labrador, er ist wortkarg, seine Frau hingegen gesprächig, sie erzählt von dem Gentest, den sie machen mussten, bevor sie heiraten und Kinder bekommen durften, es gebe zu wenige Einwohner in Labrador und Westneufundland, alle seien miteinander verwandt irgendwie, Missbildungen müssten vermieden werden. Ja, schon, sage ich, aber deswegen gleich ein Pflicht-Gentest? Zwei Millionen Einwanderer, lenkt Sandra zurück zum Thema, es werde geworben überall auf der Welt. Sie brauchten nicht nur qualifizierte Leute, alle könnten kommen, Hauptsache, die Immigranten zögen in die Provinz und nicht in die Großstädte, hinauf in den Norden also, doch wer will schon in den Norden. Kanada sei das bessere Amerika, sagt sie, die Menschen gebildeter, weltoffener und ganz modern; Sozialversicherung, Krankenversicherung, Rente, alles, was wir in Europa hätten, gebe es hier, zudem kaum Rassismus, Multikulturalität als Grundsatz, ein nahezu ideales Land also. Sie merke, welch große Probleme die Europäer mit Ausländern hätten, erst neulich bei einer Tagung in Rom habe man sie gefragt, wie die Kanadier mit *that kind of people* umgingen, und man habe mit *quella gente* die Einwanderer aus Afrika und Osteuropa gemeint, schlimm sei das, dieser unverhohlene Rassismus. Politikersprache oder Realität, frage ich mich und denke an den schönen Chefredakteur in St. Anthony, der den herablassenden Umgang mit den Ureinwohnern kritisierte; an die Reisende aus Vancouver, die über die vielen Asiaten im Land schimpfte; an die Inuitfrau aus Labrador, deren Brüder allesamt Trinker sind, verzweifelt und gedemütigt; an die ständig wachsende Gemeinde der sich auserwählt fühlenden evangelikalen Fundamentalisten rund um Calgary, ausgerechnet dort, wo nahezu jeder für die Erdölindustrie arbeitet, mit fossilen Brennstoffen also, die den kreationistischen Glauben an die Erschaffung der Welt vor fünftausend Jahren eigentlich zu einem totalen Unding machen sollte; an den Cousin des Schotten, der sich mit Blick auf seine Ahnentafel als einer der *wenigen richtigen* Kanadier bezeichnete; an den Wikingerkult, ja, an den nicht zuletzt. Und doch: Wo werden Immigranten mit solch offenen Armen empfangen, wo fühlt man sich als Ausländerin derart willkommen, wo sprechen Politiker so glaubhaft und euphorisch über das Positive des interkulturellen Miteinanders? Während die anderen weiter essen und trinken und es wohl ein langer Abend werden wird, setze ich mich an den Computer im Keller und schaue, ob die Tierärztin geantwortet hat. Die von mir beschriebenen Hautflecken seien zwar ein Anzeichen für Borreliose bei Menschen, nicht jedoch bei Tieren, schreibt sie, ein Zeckenbiss sei das nicht. Sie tippe auf eine bakterielle Hautentzündung, verursacht vielleicht durch den Stich einer ***black fly***, mit Antibiotika zu behandeln, sicherheitshalber.

Zurück zum Flughafen Deer Lake, eine Fahrt im Regen, einmal mehr, manchmal reißt die Wolkendecke auf, dramatisches Licht, das sich über die Berge und die schwarz funkelnden Seen legt, die

black flys *Simuliidae,* dt. Kriebelmücken; die sehr kleinen Mücken treten Ende April bis Juli in Massen auf; sie sind keine Stichsauger, sondern Poolsauger, erzeugen mit ihren Mundwerkzeugen Wunden, in denen sich Blut sammelt, das sie dann aufsaugen; die Stiche der *black flys* sind nicht nur schmerzhaft und lästig für Menschen, sondern im schlimmsten Fall auch tödlich für Tiere, Rinder etwa können bei massivem Befall so panisch reagieren, dass sie an Herz-Kreislauf-Versagen sterben.

bunten Wiesenblumen am Straßenrand leuchten frivol, um beim nächsten Regenguss artig wieder in die Unscheinbarkeit zu versinken. Ein Straßenschild verweist auf den Abzweig *Transcanada Highway* Richtung Osten: *South Brook, Gander, St. John's.* Das *Loch von Gander* kommt mir in den Sinn: Der Flughafen Gander war nach seiner Eröffnung im Jahr 1938 der größte der Welt, Stopp für die meisten Transatlantikflüge auf einer der ***Great Circle*** *Routes*, nicht in der Nähe einer Stadt gelegen, sondern draußen in der Wildnis, Gander selbst entstand als Baustellendorf. Während des Zweiten Weltkriegs lebten zehntausend Menschen in den Baracken der *US Air Force,* Militärmaschinen, die nach Europa flogen, tankten dort auf. Später nutzten Kubareisende aus der DDR Gander als Fluchtpunkt, stürmten aus den *Interflug*-Maschinen hinaus, rannten über die Rollbahn und verschwanden, einfach so. 5000 Dollar kostete jeder Flüchtling den ostdeutschen Staat, eine Art Immigrationsgebühr, die an die Kanadier zu bezahlen war. Die *Interflug*-Manager stopften das *Loch von Gander* erst Ende der Achtzigerjahre, indem sie Zusatztanks in die Flugzeuge einbauen ließen, die den Zwischenstopp erübrigen sollten. Ich parke den Wagen bei der Mietwagenstation, nur drei Autos stehen dort, Lino und ich spazieren quer durch den Wald, der gleich neben dem Flugfeld beginnt, eigentlich ist hier nichts, und man fragt sich schon, wie diese Mecklenburger, Ostberliner oder Thüringer sich gefühlt haben mögen, ganz ohne Besitz, weit weg von allem Vertrauten, mitten in dieser riesigen Natur; wie es ihnen ergangen ist in ihren neuen Leben. Kurz darauf sitze ich in dem gläsernen Abfertigungsraum, meine

Great Circle Der größtmögliche Kreis auf einer Kugeloberfläche wird *Great Circle* oder Großkreis genannt und ist die kürzeste Verbindung zweier Punkte darauf, er würde die Kugel in zwei gleich große Hälften schneiden; Flugrouten führen oft an Großkreisen entlang.

Propellermaschine landet, ich sehe Menschen, die von Bord gehen, eine Frau umarmt den Gepäckverlader, der Pilot scherzt mit einem Gast, das Jackett hat er im Cockpit gelassen, falls er überhaupt eines trägt, die meisten Passagiere nehmen ihre Koffer gleich am Flugzeug in Empfang, plaudern noch. Es ist klar: Man kennt einander. Leise Traurigkeit überkommt mich, ich kraule den Hund, gerne wäre ich Mitglied dieser Gesellschaft, ein Bedürfnis, von dem ich weiß, dass es nicht lange anhalten würde, bald schon würde mich die Abgeschiedenheit verrückt machen, von den langen Wintern ganz zu schweigen. Doch einen Moment lang gebe ich mich der Illusion hin, Teil dieser gewaltigen Insel zu sein, einmal mehr denke ich das eine Wort, das sich im Laufe der Tage in mein Gehirn geschlichen und darin festgesetzt hat: *Nordlandrausch*. Dann der Aufruf für meinen Flug, ich packe Lino in seine Tasche, gehe über das Flugfeld zu meiner Maschine und steige die wackelige Gangway hoch. Erst da sehe ich das Schild, das einen wie eine Verheißung begrüßt und mich verabschiedet: *Deer Lake – Your Connection To Adventure.*

NOVA SCOTIA

»Munit Haec et Altera Vincit«[2]

Das wunderbare Gefühl, in ein Hotel zurückzukehren, in dem man schon einmal war. Nach neun Tagen Neufundland nun eine Art von Heimat für kurze Zeit.

Spaziergänge mit dem Hund über mehrere Friedhöfe in Halifax. 150 Opfer der *Titanic*-Katastrophe vom 14. April 1912 wurden in der Hafenstadt beigesetzt, zehn von ihnen auf dem jüdischen **Baron de Hirsch Cemetery**, acht hatten nicht identifiziert werden können, nur von zweien kannte man den Namen, und erst im Nachhinein stellte sich heraus, dass weder Decksteward Frederick William Wormald noch Zweite-Klasse-Passagier Michel Navratil Juden waren. Der in Frankreich lebende Slowake Michel Navratil hatte sich als *Louis M. Hoffmann* in Southampton an Bord begeben, ein falscher Name also, den er sich hatte zulegen müssen, um seine zwei und vier Jahre alten Söhne über den Atlantik zu entführen, weg von seiner ehemaligen Frau, mit der er in einem Sorgerechtsstreit um die Kinder lag. Die Knaben überlebten den Untergang in Klappboot D, sie kamen danach so lange bei einer geretteten Erste-Klasse-Passa-

Baron de Hirsch Cemetery Nach Moritz Freiherr von Hirsch auf Gereuth (1831–1896), aus geadelter bayerischer Bankiersfamilie stammender Unternehmer und Philanthrop; Erbauer der ersten Eisenbahnlinie zwischen Westeuropa und Konstantinopel; Förderer jüdischer Landwirtschaftskolonien unter anderem in Argentinien und Kanada.

gierin in New York unter, bis sie durch einen Zeitungsaufruf im *Figaro* von ihrer Mutter erkannt und nach Frankreich zurückgeholt wurden. Der jüngere arbeitete später als Architekt, der ältere wurde Professor der Philosophie in Montpellier, und der Philosoph war es auch, der als betagter Mann sagen sollte, er sei im Alter von vier Jahren gestorben. Den jüdischen Hoffmann, der eigentlich der katholische Navratil war, nahm das Kabelleger-Schiff *Mackay-Bennett* als fünfzehnten Leichnam an Bord, 325 Menschen konnten tot geborgen werden, 1189 wurden nie gefunden. Michel Navratils Grabstein steht jetzt in einer Reihe mit denen der anderen Opfer, neben ihm die Nr. 264, männlich, Name unbekannt.

Auf der Wiese unterhalb der Zitadelle werden Polizeipferde darauf trainiert, bei Lärm ruhig zu bleiben. Knallkörper zündende Beamte fuchteln vor den berittenen Tieren herum, mehrere Pferde bäumen sich auf, wollen fliehen, kurz scheint es, als gerate die Situation außer Kontrolle. Dann kommen Blasmusiker in weißer Uniform heranmarschiert, formieren sich und spielen schottische Klänge. Alles so europäisch hier.

Frühmorgens im großräumigen Point Pleasant Park am Meer unten, Nebel zieht durch den Wald, der einem Skulpturengarten gleicht, Stümpfe ragen in den Himmel, totes Holz überall, Überreste des Hurrikans von vor sieben Jahren, aufgeforstet wurde nicht; Hafenkräne im Hintergrund, rhythmische Maschinenstampfgeräusche, ein Stückgutfrachter läuft aus. Ich lerne einen Pudel kennen, der einen Zwergschnauzer-Façonhaarschnitt trägt, ansonsten scheint alles sehr normal, Menschen gehen weite Strecken zu Fuß, lassen die Hunde ohne Leine rennen, ich weiß, es wird für lange Zeit das letzte Mal sein, dass ich Spaziergängerin unter Spaziergängern bin, in Amerika drüben wird es anders werden.

Der Inselmakler Farhad Vladi erklärt mir das Inselwesen. Zwanzig Jahre auf einem Grundstück wohnen, dann ist es dein, ungeachtet der ursprünglichen Eigentumsverhältnisse, *einsitzen* nennt man das. Die Ankömmlinge aus Europa besiedelten also unbewohnte Inseln, am liebsten jene mit fruchtbarem Boden, besetzten sie recht eigentlich, umringendes Wasser war der beste Schutz vor menschlichen Feinden und wilden Tieren. Das erklärt, warum die hübschesten Inseln auch heute noch in Privathand sind, die unwirtlichen aber dem Staat gehören: Die Felsklumpen wollte keiner haben. Farhad Vladi erklärt mir auch das Sozialwesen in Nova Scotia: Man bewohne ungern große Villen, nicht aus Angst vor Einbrechern, sondern weil man vermeiden möchte, dass der Nachbar sich schlecht fühlen könnte. Welch angenehmes Land.

10 000 tote Seeleute. Die Zahl ist ungeheuerlich, und wenn man sich nur kurz die eigene Panik vergegenwärtigt, die einen im Wasser befallen kann (die Erinnerung, wer kennt sie nicht: im Schwimmbad eine fremde Kinderhand auf dem Kopf, die einen nach unten drückt und nicht aufhören will zu drücken; diese Angst vor dem Ersticken, das erleichterte Nach-Luft-Schnappen danach, japsend und beschämt), erscheint das tausendfache Schicksal des Ertrinkens im kalten Meer noch viel dramatischer. Sable Island ist das, was man einen Schiffsfriedhof nennt, einer der bekanntesten weltweit, rund 350 Schiffe gingen hier unter, oft war der Nebel schuld. Von Halifax aus ist die 36 Kilometer lange, nur zwei Kilometer schmale Düneninsel nicht zu sehen, aber sie gehört zum Verwaltungsgebiet der Stadt, und wenn man auf der Küstenstraße fährt, kann man sie erahnen, zumindest in der Fantasie. Ich sehe sie also gedanklich vor mir, die Insel, die auf dem Satellitenbild an eine sich durchs Wasser windende Seeschlange erinnert und von der ich weiß, dass ein Portugiese sie 1521 entdeckt und ein Italiener sie vierzig Jahre später zum ersten Mal auf einer Karte eingetragen hat. Ich stelle mir die

fünfzig Sträflinge vor, mit denen der Marquis de la Roche 1598 eine Kolonie in der Neuen Welt gründen wollte und die er dann kurzerhand auf der Insel zurückließ, um das Festland zu erkunden; fünf Jahre hingen sie auf dem öden Eiland fest, nur ein knappes Dutzend überlebte die Zeit, man fragt sich, wie. 1738 wollte der Bischof von Boston Sable Island besiedeln, schickte Menschen, Vieh und Pferde hin; das Unternehmen aber scheiterte, einzig die Pferde blieben auf der Insel und pflanzten sich fort; heute leben dreihundert Wildpferde, fünf Naturschützer, unzählige Robben und Millionen Vögel dort. Ich fahre also die kurvenreiche Küstenstraße in Richtung Süden, schaue aufs Meer und denke an die zehntausend Matrosen, Offiziere und auch Passagiere, die es nicht geschafft haben, die doch genauso leben wollten wie wir alle, an diesen ganzen Wahnsinn der Entdeckungsfahrten und ersten Handelsreisen, daran, wie pervers sicher unsere mitteleuropäischen Existenzen heute sind und wie viel sicherer wir sie immer noch machen wollen in unser aller Angst vor dem Tod.

Welcome to Lunenburg –
The Christmas Tree Capital of the World

Georg II. August war König von Großbritannien und Kurfürst von Braunschweig-Lüneburg. Ihm zu Ehren trägt Lunenburg seinen Namen, zuvor hieß die Siedlung *Mirligueche.* Französische Katholiken hatten über hundert Jahre lang mit dem indianischen Volk der Mi'kmaq zusammengelebt, als 1749 ein britischer General kam und den Ort zerstören ließ, um ihn sechs Jahre später mit Auswanderern aus dem Rheinland und der Schweiz, die fern der Heimat ihrem protestantischen Glauben nachgehen wollten, neu zu gründen; sogar die Überfahrt wurde den deutschsprachigen Siedlern von den Engländern bezahlt.

THIS IS A SEGMENT OF
THE BERLIN WALL
ERECTED
13. AUGUST, 1961
TORN DOWN
9. NOVEMBER, 1989

Die Berliner Mauer steht nicht im historischen Zentrum der Kleinstadt, sondern ein wenig abgelegen hinter Werften und Fischereiunternehmen neben einer Imbissbude auf Rädern, *Nellie's Take-Out,* Frittierölgeruch liegt in der Luft. 5 Quadratmeter Mauerplatte, ein bröckelndes Stück deutscher Geschichte, aus dem Beton ragen Armierungseisen. Ein kurzer Gang am Wasser entlang, dann tauchen bereits die ersten Holzhäuser auf, leuchtend rot gestrichen und denkmalgeschützt, der Stadtkern von Lunenburg ist UNESCO-Weltkulturerbe. Auf den Hügeln thronen Kirchen und Kapitänsvillen, alles so hübsch hier, Giebeldachhäuser in vielerlei Farben, am Hafen warten Pferdekutschen, ich gehe daran vorbei, von einer Restaurantterrasse schallt aus einem Lautsprecher Musik, vertrauter Gesang: ... *und später sagte ich noch, ich möcht' verstehen, viel sehen, erfahren, bewahren* ... Das ist etwas befremdlich jetzt, fernab von Berlin, erst das Mauerstück und nun auch noch dies, welch ein Zufall ... *und später sagte ich noch, ich möcht' nicht allein sein, und doch frei sein* ... Ich singe mit, wie wir alle immer mitgesungen haben damals in der Oranienbar, trunken vom Alkohol, von den Nächten, der eigenen Jugend und den amourösen Eskapaden, dem Gefühl, frei und doch nicht allein zu sein, dem sagenhaften Glück, in West-Berlin wohnen zu dürfen, einmal im Leben am richtigen Ort zur richtigen Zeit ... *für mich soll's rote Rosen regnen* ... Ich spaziere also mit der Stimme der Knef im Ohr durch Lunenburg, sanfte Atlantikbrise, klare Luft, hölzerne Boote im Sonnenlicht, frisch gepinselte Fassadenfronten, zufrieden wirkende Menschen, die über Stege gehen, auf Bänken sitzen und übers Wasser blicken, ich gehe vorbei an *Art Galleries* und Kunstgewerbeläden und trauere um eine verloren gegangene Stadt, deren Düsterheit, Leere und Abgründigkeit ich in mich aufgesogen und die ich zu einem Teil von mir gemacht habe wie keinen anderen Ort zuvor oder danach. West-Berlin ist für mich vor allem dies gewesen: dunkel und bruchstückhaft; ein biotopisches Paradies.

Der schöne Schauspieler aus Manhattan, der in Lunenburg einen historischen Hollywoodfilm dreht, sagt das Gleiche wie das blonde Barmädchen aus Québec, das den Sommer über in der Stadt jobbt. Warum soll irgendjemand einem vorschreiben können, was man zu tragen oder nicht zu tragen habe, auch wenn das Kleidungsstück eine Burka sei. Mein Einwand, dass aus feministischen Gründen über ein Verbot der Verschleierung zumindest diskutiert werden könne, wird weggewischt. Was die europäischen Regierungen eigentlich von den Immigranten forderten? Auf dieser Seite des Atlantiks gewinne man den Eindruck, als ginge es den Europäern um die Assimilation und nicht um die Integration von Ausländern. In Amerika und Kanada gelte eine andere Regel, und die laute: Jedem das Seine. Ich glaube, ich mag Amerika und Kanada.

J. hatte E. gleich am allerersten Abend eröffnet, er wolle raus aus Bayern, weg aus diesem bornierten Land mit seinen sturen Bürgern, er wolle nie wieder auf deutschen Autobahnen sein Leben riskieren müssen, sondern hinauf in die Weite des Yukon oder nach British Columbia, das müsse ihr klar sein, wenn sie mit ihm eine Liebesgeschichte beginne. E. wusste also, was sie tat, und nun leben sie seit fünfzehn Jahren in Lunenburg, hatten in München bei der Auswanderer-Infobörse am Stand von Neuschottland einen Schweizer kennengelernt, der seine Baufirma verkaufen wollte, wagten den Schritt und landeten zwar nicht im Yukon, dafür in Lunenburg. Die ersten Jahre verbrachten sie damit, für Deutsche Ferienhäuser zu bauen, eines nach dem anderen, ein unglaublicher Markt, all das Schwarzgeld, das die Deutschen in Kanada unterbringen wollten, Luxemburg, Liechtenstein oder die Schweiz seien ein Witz dagegen, sagt E., eine muntere Fünfzigjährige, die gerne erzählt, während J. lieber schweigt. Nach Kanada sei das ganze Geld geflossen, und sie hätten oft ungewollt mit einem Bein in der Illegalität gestanden, einmal hätten sie für einen Kunden einen Container entladen, da seien massenhaft Goldmünzen mit drin gewesen, *Krügerrand,* das wisse sie noch. Dann aber, eines Tages, hätten sie es sattgehabt, sich immer mit Deutschen zu umgeben, man wandere ja schließlich nicht aus, um dann nur Leute aus der Heimat um sich zu haben, also hätten sie ein Bed & Breakfast gekauft, heute sind sie Besitzer von drei Hotels und einem Restaurant, jenem, aus dem die Stimme der Knef erklang, ein wenig deutsche Kultur muss schon sein, trotz allem. Einiges sei einfacher hier, ihre drei Kinder führten ein weitaus freieres Leben, als es in Deutschland der Fall wäre, und sie selber könne sogar Lehrlinge ausbilden, obwohl sie kein Diplom im Hotelgewerbe habe, sagt E., während anderes schwieriger sei, gutes Personal zu finden etwa. Am schlimmsten sei diese Sache mit dem Übergewicht der Frauen, als Zimmermädchen seien sie eigentlich ungeeignet, und sie habe alle Mühe, ihnen zu erklären, dass sie für zwei Stockwerke die Treppe nehmen müssten, weil der Fahrstuhl für die Gäste reserviert sei, aber das würden die kaum schaffen, mit all den Kilos, die sie mit sich rumschleppten, eine Katastrophe sei das, und es werde nicht besser, sondern nur schlimmer. Später am Nachmittag sehe ich E., wie sie auf hochhackigen roten Sandalen durch die Hauptstraße stöckelt, vorbei an bunt gestrichenen Holzhäuschen, die blitzenden Augen und den leuchtend blauen Lidschatten unter einer imposanten Sonnenbrille verborgen, eine bayerische Königin auf ihrem Weg durch eine kanadische Kleinstadt, die sie mit Erfolg erobert hat.

Wichtiges Reiseutensil: Ohrenstöpsel. Das Summen und Rauschen der Heizungen, Klimaanlagen, Lüftungen, Ventilatoren, Dieselmotoren, Kühlmaschinen ist schrecklich lästig. Unlängst erzählte mir ein Amerikaner in Berlin, es sei ihm unerklärlich, wie Deutsche ohne all diese sonoren Nebengeräusche schlafen könnten. Zu viel Stille herrsche in Europa. Er selber habe stets einen Tischventilator im Gepäck, den er zur Not auspacken und andrehen könne, des beruhigenden Surrens wegen.

Sprachübung: Synonyme für die zwölf Monate; von den **Mi'kmaq** heute noch verwendet (meine Reise durch ihr Stammesland findet also statt zu der Zeit, in der die Seevögel ihre Federn abwerfen):

Januar	Frostfisch
Februar	Schlimme Augen
März	Frühling
April	Eierlegen
Mai	Heringsfang
Juni	Junges Laub
Juli	Seevögel werfen Federn ab
August	Junge Vögel werden flügge

Mi'kmaq Auch Mikmak oder Mi'gmak, heute Micmac First Nation genanntes Volk, das in 27 Gruppen im Osten Kanadas und in einer Gruppe in Maine in den USA lebt; sie tauschten früh mit den Europäern Biberfelle gegen Metallwaren; schon im 18. Jahrhundert errichteten die britischen Gouverneure Indianerreservate und zwangen die Mi'kmaq zur Sesshaftigkeit; im 19. Jahrhundert arbeiteten die Männer in Sägewerken und im Straßenbau, im Ersten Weltkrieg kämpften sie in der kanadischen Armee, nach dem Zweiten Weltkrieg wurden sie in groß angelegten Umsiedlungsaktionen auf andere Reservate verteilt; die Gesamtbevölkerung wird heute auf etwa 20 000 geschätzt.

September	Elchbrunft
Oktober	Fette zahme Tiere
November	Allerheiligenmond
Dezember	Häuptlingsmond

Welcome to Stewiacke –
Halfway between the Equator and the Northpole

Stewiacke trägt einen abgeänderten Mi'kmaq-Namen, um 1900 wusste der *Chief* noch, dass der Ort einst *Ah-seed-e-aa-waac* ausgesprochen wurde, was so viel bedeutete wie *der Ort, wo der Sand sich bewegt.* Einen gewissen Bekanntheitsgrad erlangte das in flachem Agrarland gelegene Dorf 1991, als bei Bauarbeiten die Knochen eines jungen, männlichen **Mastodons** entdeckt wurden. Ein Mastodon-Freizeitpark mit einer Rüsseltier-Replik lockt Besucher an, zudem der Marker *Equator 4985 Kilometer – North Pole 4985 Kilometer;* viel Stoff für einen Ort also, in dem es zwei Bars, eine Apotheke, ein Lebensmittelgeschäft und einen Nachbarschaftsladen gibt. Errechnet hatte man die Mitte zwischen Äquator und Nordpol im Jahr 1931, später stellte sich heraus, dass die Rechnung wegen der Erdkrüm-

Mastodon, *Mammut americanum,* ein etwa drei Meter hohes, stark behaartes Rüsseltier, das sich vor zehn Millionen Jahren im nordamerikanischen Raum zu verbreiten begann. Es war eine höchst erfolgreiche Tierart und konnte sogar der Konkurrenz der später eingewanderten Mammuts standhalten. Das Mastodon starb vor 10 000 Jahren aus, also etwa zur selben Zeit, als die ersten Menschen in Amerika auftauchten; Knochenfunde mit Speerspitzenverletzungen zeigen, dass die Tiere bejagt wurden. Ob das Aussterben damit in Zusammenhang steht, ist nicht endgültig geklärt, eine vom Menschen übertragene Tuberkuloseepidemie könnte damit zu tun haben, die Klimaerwärmung oder ein Asteroideneinschlag.

mung falsch war und der eigentliche Punkt sechzehn Kilometer nördlich des 45. Breitengrades liegt, Stewiackes Prominenz also ein Irrtum ist.

Eine Fahrt durch unspektakuläre Landschaft, ebenes Weideland wechselt mit Wäldern ab, im Mi'kmaq-Reservat trostlose Trailersiedlungen, dann irgendwo ein Werbeschild *Tidal Bore Rafting – Get Wet and Wild.* Eine Schotterstraße führt zum Shubenacadie River, Blockhüttenarchitektur am Ufer des breiten Flusses, das Wasser dunkelbraun. Schnüre sind beim Klubhaus zwischen Pfosten gespannt, nasse Schwimmwesten und bunte Ganzkörpergummianzüge hängen darüber. Ich spreche mit Besuchern aus Ontario, die hierhergekommen sind, um in Schlauchbooten auf der mächtigen Flutwelle ins Landesinnere geschoben zu werden, enthusiastische Leute, adrenalingepeitscht, die Bay of Fundy hat den höchsten Tidenhub weltweit, bei Normalwasser sind es sechzehn Meter, eine unruhige, spritzige Angelegenheit, *wet and wild* eben. Sport und vor allem Abenteuersport sind mir unverständliche Vergnügen, je aktiver Menschen werden, desto getrennter fühle ich mich von ihnen, es sind Kosmen, die nicht zueinanderpassen. Ich trinke also einen Tee auf der Terrasse und fühle mich altjüngferlich im Angesicht dieser prallen Lebensfreude, einzig Lino ist das alles einerlei, er rennt mit einem Spaniel über die steil abfallende Wiese. Später, auf der anderen Seite des Flusses, ändert sich die Landschaft, wird hügelig und weich, leuchtendes Grün, schwarz-weiß gefleckte Kühe auf Weiden, der Blick über die Bay lässt einen frei atmen. Immer wieder gibt es *Farmhouse Shops,* ich besuche eine holländische Käserei, Hühner und Truthähne zwischen Landwirtschaftsmaschinen, rurales Leben, doch ohne Enge; ein großer Holzschuppen voller Milchprodukte, alles da, Edamer, Gouda, Old Amsterdamer, Kruidkaas. Abends in Parrsboro sitze ich dann an der Pier Road im Sand, esse Fish & Chips und wundere mich über die Menschen, die angefahren kommen, um das Auffüllen der Bay zu betrachten, und die den Wagen nicht verlassen, ein Auto parkt neben dem anderen. Ein alter Mann in einem VW ruft mich zu sich, will Genaueres über den Hund wissen, er spricht gebrochen Englisch, stammt aus Neapel, lebt seit vierzig Jahren in Kanada, doch mit der Sprache hat es nie recht geklappt, er freut sich, Italienisch reden zu können, erzählt, dass er oft zu diesem Hafen fährt, um dem Naturschauspiel beizuwohnen, nein, aussteigen würde er eigentlich nie, warum auch, es sei doch viel bequemer so, *molto più comodo.* Weshalb eigentlich, frage ich mich, gibt es in Deutschland diese stets wiederholte vehemente Forderung, Einwanderer müssten quasi über Nacht die deutsche Sprache lernen, warum sollen sie nicht in ihren Mikrokosmen leben, warum wird das gefordert von Menschen, die dann Besuche in Chinatown und Little Italy als kulturelle Bereicherung empfinden, die Vielfalt schätzen, überall, nur nicht zu Hause.

NEW BRUNSWICK

»Spem reduxit«[3]

Welcome to Moncton, Canada's most courteous City
(Reader's Digest 2008)

Bienvenue à Moncton, la ville la plus polie au Canada
(Reader's Digest 2008)

Sprachübung: *petit suisse – chipmunk* – Streifenhörnchen

Der Hund jagt im Garten hinter Marie-Noëlles Haus Streifenhörnchen die Bäume hoch. Die ***petits suisses*** sind flink, Lino hat keine Chance; ihren Namen haben sie erhalten, weil ihr gestreiftes Fell an die Uniform der Schweizergarde im Vatikan erinnert. Marie-Noëlle stammt aus Québec, ist Philosophieprofessorin an der Universität Moncton, sie hat lange in Berlin gelebt, spricht exzellent Deutsch. Viele ihrer Freunde sind Afrikaner; der vierzigjährige Mamadou etwa, der mit uns am Gartentisch sitzt, ist im Senegal aufge-

Petit-suisse heißt auch ein 30 Gramm schwerer Kuhmilchkäse in Zylinderform, 1850 in der nordfranzösischen Picardie von einem blutjungen Schweizer Molkereiangestellten erfunden, der den vormals lasch schmeckenden Frischkäse mit Sahne anreicherte, so wie man es in seiner waadtländischen Heimat seit dem Mittelalter tat, seine Chefin Madame Héroult damit derart begeisterte, dass sie sich mit dem Pariser Unternehmer Charles Gervais zusammenschloss, der mit dem *petit-suisse* den Grundstein seines Imperiums legte.

wachsen und wohnt seit zwanzig Jahren in Kanada. Moncton hat rund 60 000 Einwohner, liegt im Flachland und war einst die Eisenbahnhauptstadt der Region, im *Business District* stehen zwei Reihen Backsteinbauten, dazwischen moderne Bürogebäude, ein Feuer hat den Großteil der historischen Substanz zerstört, eine zerstückelte Angelegenheit. Besiedelt wurde die Gegend um 1730 von französischsprachigen Katholiken, den Akadiern, dreißig Jahre später gründete eine Gruppe namens *Pennsylvania Dutch* die Stadt offiziell, protestantische Siedler, die aus Süddeutschland und der Schweiz nach Amerika ausgewandert waren, Mennoniten, Amische und Quäker; heute wird in Moncton sowohl Englisch als auch Französisch gesprochen, New Brunswick ist Zwitterprovinz. Mamadou beklagt die geringe Allgemeinbildung der Kanadier, sagt, die Menschen seien desinteressiert an Politik, an sozialen Fragen, ganz anders als im Senegal, seiner Heimat, wo andauernd politisiert werde und es eine Tradition des Reisens aus purer Freude am Entdecken von Fremdem gebe. Das Problem hier sei die mangelnde Neugier, genauso wie in den USA, kein Mensch sei neugierig, nicht wie in Europa, wo es eine Diskussionskultur gebe, hier fehle diese sogar unter Akademikern. Mamadou besucht Schulen und spricht dort mit den Kindern über Rassismus, über Integration, über Migration, das ist sein Beruf. Die erste Generation der Einwanderer sei noch politisiert, sagt er, weil sie oft geflüchtet sind aus Ländern, wo Repression herrschte, Armut oder Krieg. Die zweite Generation hingegen sei so stumpf wie alle anderen Kanadier auch. Marie-Noëlle erklärt, im angrenzenden Québec sei es anders, die Leute wacher, das Schulsystem besser, man müsse beispielsweise drei Philosophiekurse belegen, bevor man studieren dürfe, gleichgültig welche Fachrichtung. Unterwegs sind mir mehrmals Leute begegnet, denen Québec suspekt ist, man fürchtet die Provinz ein wenig, will mir scheinen; zu europäisch, schimpfte die Politikerin Sandra Pupatello in Neufundland, zu querulantisch, zu stur, nicht anpassungswillig, elitär, rassistisch auch, dort gelte neuerdings das Gesichtsschleierverbot für Musliminnen. Québec, das wird immer wieder deutlich, ist bei Nicht-Québécois oft unbeliebt. – Marie-Noëlle und ich treffen Mamadou am Abend wieder, wir gehen zu einer Vernissage, *tout Moncton* ist da. Ich lerne eine muntere Elsässerin kennen, die in der französischen Botschaft arbeitet, alle zwei Jahre wechselt sie den Job und die Stadt, sie schätze die Flexibilität, die einem dieses Land biete, immer wieder neu anfangen, und keinen schert's. Schätzen oder vielmehr lieben tut auch eine andere Frau dieses Land, sie kommt in verstörend hochhackigen, weiß geschnürten Lackstiefeln daher, ein Schuhdesign wie aus einem Science-Fiction-Film der Siebzigerjahre, die von Sommersprossen überzogenen Brüste nur knapp bedeckt und wagemutig in die Höhe drapiert, neben ihr ein kleiner Mann in engen Jeans, beide blond, sonnengebräunt und bester Laune. Sie sind vor vier Jahren von Erfurt nach Kanada ausgewandert, konnten Deutschland nicht mehr ertragen, hatten schon in der Heimat allerlei Dinge auf Märkten verkauft und haben hier vor ein paar Monaten ein Geschäft für Luxusschuhe eröffnet, 150 Dollar kosten die billigsten, 700 Dollar die teuren Modelle. Ich wundere mich, Moncton ist doch reichlich provinziell, wer kann hier so viel Geld für derart extravagantes Schuhwerk ausgeben – und wer will das denn? Man kenne sie überall, sagt die Thüringerin mit stark thüringischem Akzent, sogar aus Halifax kämen die Kunden angefahren, Schuhfetischisten gebe es überall, im Winter sei das Geschäft zugegebenermaßen ein wenig flau gewesen, doch jetzt ziehe es wieder an. Ich spaziere später mit Marie-Noëlle an dem Laden vorbei, ein kleiner Raum in der Main Street, ganz in Grün gehalten und sorgfältig dekoriert mit Sandaletten, Stiefeln und Pumps, die für Frauen in Manhattan gemacht zu sein scheinen; mutig, diese Erfurter, denke ich mir und wünsche den beiden nur das Beste, fürchte aber Schlimmes.

Lande im Hafenviertel von Saint John, fahre durch die Gegend, finde mein kleines Hotel nicht, desolate Randzone, Straßen, die steil zum Wasser hinunterführen, gleißende Sonne auf Backsteinhäusern, kaum Menschen unterwegs, Verladelärm durch Lastkräne. Entdecke einen Taxifahrer, ein ausgemergelter Mensch, langes, dünnes Haar, braune Stummel im Mund, Anfang fünfzig. Die Autotür steht offen. Neben dem Wagen eine übergewichtige Frau in kurzen Hosen, darunter stramme Waden, die weiß leuchten, ein fleckig gelbes T-Shirt über dem mächtigen Körper, den Mund voller Zahnlücken auch sie. Ich frage nach dem Hotel, sie kennen es nicht, vielleicht ist der Name falsch, ich erinnere mich nicht recht, ich dachte, es heißt Grandview, wie dumm von mir, nichts aufzuschreiben. Die Frau steigt ins Taxi ein, winkt mir zu, ich soll ihnen folgen; er nickt, sie ist seine Frau. Wir fahren um ein paar Ecken, stehen vor ihrem Haus, eine Holzhütte mit Veranda, Müll vor der Tür, kaputte Möbel im Garten, stapelweise Gerümpel. Sie zerrt mich zur Eingangstür, im Haus hinter Moskitogittern wedeln zwei Hunde. Vier Katzen und einen Papagei gebe es noch, und auch zwei Schildkröten. Wir studieren das Telefonbuch, einige Namen kommen mir bekannt vor, ja, das könnte es sein oder vielleicht auch das. Sie nehmen mich mit zu einem Bekannten in der Nachbarschaft, dort benutze ich den Computer – *just help yourself* –, finde die Reservierung, das Hotel heißt Homeport, wie kam ich nur auf Grandview? Ich gehe zum Auto zurück, die beiden warten noch immer, führen mich quer durch die ganze Stadt, hinaus auf die Ausfallstraße, ich folge ihnen. Das Hotel hat eine spektakuläre Aussicht, es hätte den eingebildeten Namen bestens verdient, Blick über den Hafen, eine rot leuchtende Tankstelle, Highways, im Hintergrund die Stadt, zwei Brüder haben es vor hundert Jahren in toskanischem Stil erbaut. Der Taxifahrer und seine Frau wollen kein Geld, das komme nicht infrage, ich hätte mich doch verfahren, das sei eine Selbstverständlichkeit gewesen. Ich drücke der Frau 10 Dollar in die Hand, sie winkt ab, ich insistiere, *for the cats.* Sie nimmt es an, ein zahnloses Lachen, die Brüste wogen.

Beim Frühstück ein Mann mittleren Alters mit einem martialischen T-Shirt, ein Dutzend Männer zielen mit Gewehren, Leichen liegen herum. Warum er so etwas trage, frage ich ihn. Er sei ein kanadischer Nationalist, erklärt er freundlich, und stolz auf den **Krieg von 1812**. Ich erinnere mich an eine Bemerkung Mamadous: Kanadier seien auf die Vergangenheit fixiert, um sich nicht mit der Gegenwart befassen zu müssen.

Seit Tagen das Bedürfnis, in großem Stil aufzuräumen. Eine Art innerer Georges Haussmann oder Le Corbusier wird in mir geweckt, planerische Machtfantasien, her mit den Grundrissen, die städtebaulichen Katastrophen schreien nach Veränderung, schon in Moncton, jenem zentrumslosen, flach gehauenen Gebilde, schlimmer aber noch in Saint John, dieser Hafenstadt mit dem intakten Kern, eine dunkelbacksteinerne, potente Schönheit, an englische Städte erinnernd, von Wasser umgeben, zwölf Meter Tidenhub haben sie hier, die Flut drückt mit aller Gewalt in die beiden Flüsse hinein, stoppt sie, dreht sie um, zehn Kilometer weit ins Landesinnere drängen die Flüsse dann, man kann auf Aussichtsplattformen stehen und sich diese Kraft ansehen, ein mächtiges Bild. Saint John wurde einst auf vielen Hügeln erbaut und später zerstört durch zer-

Krieg von 1812 Die Spannungen zwischen den Vereinigten Staaten und Großbritannien führten von 1812 bis 1814 zum Britisch-Amerikanischen Krieg, der auch auf kanadischem Boden stattfand und von Kanada als amerikanische Invasion betrachtet wird, die erfolgreich abgewendet werden konnte. Die französisch- und britischstämmige Bevölkerung bekämpfte gemeinsam den Feind, ein kanadisches Nationalgefühl entstand, die Loyalität zur britischen Krone wurde gestärkt.

schneidende Highways, abstruse Brückenkonstruktionen, hoch komplizierte Ausfahrten, ineinandergreifend, auseinanderführend, ins Nichts gebaute Reihenhauszeilen, die dastehen wie umgefallene Klötze, megalomane Parkplatzgeschwüre, gut gemeinte, aber entsetzlich hässliche Spazierwege, rot leuchtende Bänder, die sich wie platt getretene Därme am Ufer entlangschlängeln. Das Herz schreit nach einem Masterplan, man möchte zum Zeichenstift oder gleich zum Bagger greifen, ganze Viertel umstrukturieren, Straßen zuschütten, andere eröffnen, Betonbrücken abreißen, nur die historischen Eisenbrücken stehen lassen, maßlos teure Tunnel bauen, europäische Städteplaner engagieren, diese desolate Nichtstruktur mit Gewalt zerstören, um Saint John sein altes Gesicht zurückzugeben und darauf ein neues, würdiges aufzubauen. Ich erfahre später, dass ein Teil dieser absurden Verkehrsführung aus den 1980er-Jahren stammt, gescheiterte Großstadtträume, man wünschte sich 250 000 Einwohner, wo es dann nur 70 000 geblieben sind.

MAINE

»Dirigo«[4]

Amerika ist ja kein Land, das wir Europäer als ein Land zu bezeichnen gewohnt sind, sondern ein Kontinent, nicht von einem Volk bewohnt, sondern von einer Völkerwanderung, die noch keineswegs abgeschlossen ist, und über Amerika zu sprechen, wagen wir bekanntlich nur in den ersten Wochen – womit nicht gesagt sein soll, dass unsere ersten Eindrücke sich nicht nach einem Jahr wenigstens teilweise bestätigen mögen; aber eben nur teilweise, und vor allem vergrößert sich immer, je länger man einer Sache gegenübersteht, das Rätselvolle daran, das Widersprüchliche.

Max Frisch, 1952 (aus: *Unsere Arroganz gegenüber Amerika*)

140 Minuten amerikanischer Albtraum. Eingesperrt in einen klimatisierten Raum, den Hund auf dem Schoß. Toilettengänge nicht erlaubt. Taxifahrer Joe, der mich über die Grenze bringen will, wartet draußen. 140 Minuten, das ist länger, als ein sehr langer Spielfilm dauert. Willkommen im Land der Paranoia. Willkommen Angst – meine und eure. Furchterregendes Amerika. Uniformierte Menschen ohne ein Lächeln, die Körper gestählt, Waffen im Gürtel, trainiert darauf, distanziert zu sein, regungslos, eiskalt. Ich werde eines Visavergehens verdächtigt, die eigenartige Kamera (Rolleiflex 6 × 6), das Notizbuch, der Laptop, das Diktiergerät, massenhaft Filme, ein obskurer Zettel mit zwei Dutzend Adressen, dann der Pass ohne Visum, obwohl es doch früher einen Pass mit einem Journalistenvisum gab, das alles scheint suspekt, das sei doch keine Ferienreise. Zwei Beamte durchsuchen mein Gepäck, lesen jedes Stück bedrucktes Papier, was ist das für eine Sprache, ach, Deutsch, ein

unfertiger Artikel über Namibia, Namibia in Afrika, aha. Warum bin ich im Land? Woher kenne ich all diese Menschen auf der Liste, so viele Freunde, das kann doch nicht sein. Die Nummern her, aber schnell, die werden alle angerufen, einer nach dem anderen, sind ja so viele dabei, die an Universitäten arbeiten, eigenartig. *You have to be honest to me. Is there anything you want to tell me? Be very honest. Otherwise you will find yourself in serious trouble.* Er ist blond, ein Auge blickt starr, das andere flimmert hin und her, er sieht so aus, wie Nazis in Hollywoodfilmen ausschauen, dieser Sergeant McShalley. *I am a nice guy, but if you cheat me, I can get very, very angry.* Sein Zeigefinger kommt mir bedrohlich nah, mir ist angst und bang, ich gestehe ihm, dass es da noch etwas gibt, was ich ihm verschwiegen habe, die Einladung einer Sommeruniversität, eine Lesung vor Studenten, abends, eine knappe Stunde nur, ohne Honorar, einzig Kost und Logis gibt es dafür. Er hat das Einladungsschreiben längst in der Hand, wusste schon die ganze Zeit, dass ich es verheimlicht habe. Verdienen Sie dort Geld?, fragt er. Nein, tue ich nicht, daher dachte ich, es sei nicht wichtig, ich wollte das Thema gar nicht aufbringen, ahnte, es bringt nur Ärger. Sie brauchen ein Arbeitsvisum, sagt er, Sie sind illegal in die Vereinigten Staaten von Amerika eingereist. Ich entgegne, ich möchte jetzt lieber wieder nach Kanada hinüber, dann zurück nach Europa, ich habe es mir anders überlegt, keine Lesung im College, ich sage alles ab, keine 5000-Kilometer-Reise bis nach Florida, die Freunde können mich auch in Europa besuchen, bitte einfach nur weg, schnell über die Brücke hinüberlaufen ins sichere Nachbarland mit seinen liebenswürdigen Menschen. *You can't leave. You are in the U. S. now.* Er telefoniert unzählige Male, mit Vorgesetzten, mit meinen Freunden, noch einmal mit Vorgesetzten, mit dem College, das mich eingeladen hat. Er scheint besessen von dem Gedanken, dass ich illegal arbeiten könnte. Dann der Satz, der mich umhaut, woher nehmen sie nur ihre Arroganz, diese Menschen: *You have to feel honored to visit our country. So don't lie to us.* Ich möchte ihn beschimpfen, ihn anschreien, warum um alles in der Welt ich mich geehrt fühlen solle, dieses Land betreten zu dürfen, was er bitte schön unter Ehre eigentlich genau verstehe. Ich tue nichts dergleichen, versuche nur, sein flackerndes Auge zu fixieren, frage ihn, ob er schon mal außerhalb von Amerika war. Er sagt, ja, in Australien mit der Army, *We had a lot of fun.* Er wartet auf einen Anruf von ganz oben, endlich kommt er, kommt die Erlösung, alles in Ordnung, ich kann gehen, 6 Dollar bitte, gerne auch mit Kreditkarte zu bezahlen, ein Missverständnis das alles, es sei sein Job, das müsse ich verstehen. Ich glaube, ein Lächeln erkennen zu können. Ich hasse meine Machtlosigkeit, hasse seine Macht. *Welcome to America.* Joe fährt mich nach Bangor, Maine. Die Straßen der Dörfer sind mit Nationalflaggen geschmückt, an jedem Strompfahl flattert eine.

Nachts im Flughafenhotel von Bangor dann eine Szene, die nicht minder erschreckt. Drei Uhr morgens, der Hund wird unruhig, brummende Geräusche draußen. Ich stehe auf, schaue aus dem Fenster, Soldaten stehen da, viele Soldaten, in gefleckten Tarnanzügen. Eine halbe Stunde später starten schwerfällig die dunklen Transportmaschinen, drei Stück hintereinander, Bangor ist Militärstützpunkt, wohin sie wohl fliegen um diese Zeit, nach Afghanistan, in den Irak, nach Korea? Der Hund bleibt unruhig, ich stehe früh auf, führe ihn nach draußen, Sonnenaufgang über dem Flugfeld, Leere, herrliches Morgenlicht. Eine Soldatin sitzt alleine auf einer Bank, sie fragt nach dem Hund, wir plaudern, ich setze mich zu ihr, sie heißt Lizzie. Ich erzähle von dem gestrigen Tag, bin immer noch aufgewühlt, sie lacht, weiß genau, was es heißt, sich demütigen lassen zu müssen von Offizieren. Lizzie ist über fünfzig, noch vier Jahre, dann hängt sie ihre Uniform an den Nagel, sie hat ihr Leben in der *Army* verbracht. Dunkelbraune Augen, ein rundes, warmes Gesicht, sie spricht voller Gefühl über das Leid der Kinder in Afghanistan. Eigentlich dürfe sie so nicht reden, denn sie vertrete ja offiziell ihr Land, aber wenn sie etwas nicht ertragen könne, dann den Gedanken, dass die Amerikaner glaubten, der eigene Weg sei der einzig richtige. In Afghanistan habe sie gesehen, dass das Unsinn sei, jeder Weg sei ein eigener, und ich müsse wissen, nicht alle Armeeangehörigen seien so selbstherrlich, wie es scheine. Soldatin Lizzie versöhnt mich mit der Welt, ich gehe noch einmal zurück ins Bett, der Hund rollt sich zu meinen Füßen ein, wir schlafen friedlich zwei Stunden lang.

Sprachübung: *To have somebody else's back* – jemanden unterstützen, ihm den Rücken freihalten

Meine Freundin I. aus Savannah schreibt mir später Folgendes: *Zora! Was für eine Überraschung, als der Grenzbeamte angerufen hat. Hope I had your back. Als ich gemerkt habe, dass es ums Arbeiten geht, habe ich von Herzen gelacht und gesagt, du hättest bestimmt keine Absichten, in dieser Trümmerwirtschaft mitzumischen ... Da hat er schnell wieder aufgelegt. Hoffentlich war's ihm peinlich. Welcome to America, my dear!*

Sprachübung: *messed-up economy* – Trümmerwirtschaft

Aktuelle Notiz: Im Schweizer *Tagesanzeiger* diskutieren sie im Internetforum, ob Musliminnen in der Basler Frauenbadeanstalt in Ganzkörperverschleierung im Gras und auf den Bänken sitzen dürfen und ob ihrer Forderung, dass auf männliche Bademeister verzichtet wird, nachgegeben werden soll. Von 69 Kommentatoren sind 62 der Meinung, die Musliminnen sollten sich entweder den Schweizer Sitten anpassen und Badeanzüge tragen oder zu Hause bleiben; der Tonfall ist giftig. Ich kommentiere die Story auch, lasst sie doch machen, was sie wollen, schreibe ich, schon ganz amerikanisiert. Ein Herr W. antwortet mir direkt, *Sie schwimmen gegen den*

Strom, Frau Z., haben Sie denn noch nicht gemerkt, worauf das hier hinausläuft? Ich entgegne Herrn W., *Gegen den Strom schwimmen macht schön, schlank und stark.*

The Charles Inn, Bangor. Ein wunderbarer Ort, zentral gelegen am Hauptplatz der Kleinstadt, einem Plätzchen vielmehr, Bäume vor der Tür, ein paar Bänke, Blick auf historische Backsteinfassaden, gegenüber das **Paddy Murphy's**, ein Irish Pub. Etwas ist anders als in all den anderen Bed & Breakfasts, die einen mit ihrem Kitsch freundlichst willkommen heißen, einen damit aber auch erschlagen, wo man erst fünf bestickte Kissen vom Bett räumen muss und den Plüschhasen gleich hinterher. Hier könnte man meinen, man sei in Lateinamerika, obwohl Gemälde von nordischen Wäldern an den Wänden hängen; eine Art südlicher Grandezza scheint über allem zu liegen. Ein großer Lobbyraum, offen in einen Cafébereich übergehend, weiße Eisensäulen, Würfelparkett, dunkelgrün bemalte Wände, Ventilatoren an der Decke und auch Kronleuchter, rote Ledersofas mit Rissen darin, Korbsessel dazwischen, das Geflecht nicht intakt, der Hotelmops liegt laut schnaufend auf dem Perserteppich, er sabbert im Schlaf. Die Stimmung ist gelassen und träge, der Staubsauger steht mitten im Raum, in einem der Sofas sitzt der alte George aus der Nachbarschaft und isst laut schmatzend ein Käsesandwich, das die Chefin ihm spendiert hat, ihm gegenüber ein Knabe, der Memory spielt. Das Charles Inn ist heruntergekommen, aber nicht verkommen, ein Gebäude von 1870. Eine Erinnerung flammt auf: 1996 ist es gewesen, während einer Reise in den Westen

The Night Paddy Murphy Died Populäres neufundländisches Lied, das besonders häufig in Irland gespielt wird. Es handelt vom toten Paddy Murphy, dessen Freunde beim Trauerzug durch die Stadt so viel trinken, dass sie den Leichnam des Freundes mitsamt Sarg in einer Kneipe vergessen.

der USA, in einem verlotterten Grandhotel an der Grenze zu Mexiko, irgendwo in New Mexico oder Arizona, ein arg überdimensionierter Kasten für ein solch kleines Dorf, die dreigeschossige Halle mit den schweren Sesseln war der zentrale Ort des Hauses; wer nicht unten saß, konnte von umlaufenden Gängen herunterblicken. Nachts hörten wir plötzlich Schreie und eigenartigen Lärm. Wir schlichen aus dem Zimmer, spähten über die Brüstung, alles lag im Dunkeln. Ich erkannte im Zwielicht Polizisten, die ein halbes Dutzend Mexikaner verhafteten, sie legten ihnen Handschellen an, es wurde mit Knüppeln gedroht und ging grob her, nur etwa zehn Minuten dauerte der Spuk, keiner der anderen Gäste war zu sehen. Am nächsten Morgen im Restaurant dann ein fetter Mexikaner in einem zu engen Anzug und mit Pomade im Haar, Goldketten um den Hals, die Hände voller Ringe, Steine funkelten. Er fraß und soff und grölte mit einem amerikanischen Polizisten, herrschte die Kellner an, ein devoter kleiner Mexikaner stand vor ihm und musste beichten oder bitten, die Situation war kaum zu ertragen, wie sehr erniedrigte sich dieser Mann, wie sehr genoss der Fette seine Macht, es ging, so viel ließ sich erahnen, um die Inhaftierung eines Familienmitglieds. Irgendwann wurde klar: Der Kerl spielte ein doppeltes, wenn nicht gar dreifaches, jedenfalls ein widerliches Spiel. Er war der Schlepperkönig, erhielt Geld von den illegalen Immigranten, die er über die Grenze schaffte, arbeitete aber gleichzeitig mit dem Hotelbesitzer zusammen und auch mit der Polizei, manchmal verpfiff er seine eigenen Leute, damit war auch den Amerikanern gedient. Das alles geschah vor fünfzehn Jahren, heute klagt die Regierung Obama gegen das neue Einwanderungsgesetz von Arizona, das unter anderem vorsieht, dass US-Bürger die Polizei zwingen können, fremdartig aussehende Menschen ohne Grund kontrollieren zu lassen, was zu nichts anderem führt als zu Denunziation, Aufhetzerei und Misstrauen allerseits.

Stephen King und seine Frau Tabitha King leben in Bangor, ihr Wohnhaus ist die wohl größte Attraktion in einem Ort mit wenig echten Attraktionen. Man ist dem Schriftsteller dankbar, dass er seit dreißig Jahren die Stadt mit Schwimmhallen und Sportplätzen beschenkt, Bibliotheken finanziert, ausgiebig Steuern zahlt. Eine Allee mit altem Baumbestand, viktorianische Villen, großzügig angelegte Gärten, schließlich das Haus, von dem man mir sagte, es wäre nicht zu verfehlen, da es als einziges von einem Eisenzaun umgeben sei, schwarz und hoch. Ich bin froh, dass ich den Hund habe als Alibi, es ist ja doch ein wenig peinlich, um das Grundstück eines Prominenten herumzuschleichen, zumal wenn man von ihm keine Zeile gelesen hat, ein Fan bin ich nicht. Träge Mittagsstimmung, sommerliche Hitze, ab und zu fährt ein Auto langsam die Straße entlang, Menschen stieren aus dem Fenster, machen Fotos. Bei den Kings zu Hause ist alles ruhig, die blickdichten Vorhänge sind zugezogen, es muss dunkel sein im Inneren der Villa. 1856 wurde sie gebaut, in italienisierend klassizistischem Stil mit Erkern und Türmchen, einst stand sie allein auf freiem Feld, wahrscheinlich nach Plänen des Landschaftsgestalters und Architekten Andrew Jackson Downing errichtet, der berühmt geworden war mit einem Buch über Gartenbau, dem ersten auf dem amerikanischen Kontinent überhaupt, Bücher wie *Fruit and Fruit Trees of America* blieben Standardwerke für lange Zeit. Downings Ende war traurig und kam sehr früh, er verbrannte im Alter von siebenunddreißig Jahren nach einer Kesselexplosion auf dem Dampfer *Henry Clay,* bevor das Schiff im Hudson River sank. Die Kings haben die Downing'sche Schindelfassade blutrot streichen lassen, als Kontrast dazu sind Fensterrahmen und Holzdekors in Weiß gehalten, eine Art Zucker-

Stephen King 1947 in Portland, Maine, geborener Bestsellerautor im Horrorbereich; über 40 Romane, 350 Millionen verkaufte Bücher.

gusslook, nicht eben elegant. Das Gartentor steht weit offen, man könnte zur Haustür gehen und klingeln. Stephen Kings Jahreseinkommen liegt bei 30 Millionen Dollar, dafür ist das alles doch sehr unprätentiös, einzig zwei schmiedeeiserne Fledermäuse auf dem Spinnennetzgartentor verweisen auf eine exzentrische Persönlichkeit. Lino markiert den Zaun, wir drehen um und gehen in die Innenstadt zurück, es ist nicht kühler geworden in der Zwischenzeit.

Sie haben einen Elch-Tick hier. Shirts, Aschenbecher oder Gläser mit Aufschriften wie: *Cool as a moose.* Oder, im Hotel, das Hängeschild an der Zimmertür: *Do not disturb – Mooses gracias.*

Tack ist betrunken, aber nett. Wir sitzen nebeneinander auf einer Parkbank unter den Bäumen vor dem Charles Inn. Ich esse Thai-Food aus der Kartonbox, der alte Mann redet auf mich ein, während Lino versucht, den Hotelmops zu begatten. Tack kennt sich aus in der Welt, reiste durch Europa, war jahrelang in Deutschland stationiert. Er strahlt mich an mit seinen geröteten Greisentrinkeraugen und weiß Großes zu berichten: Sarah Palin wird die nächste Präsidentin der USA, alles ist bereits vorbereitet, noch zwei Jahre, dann ist es so weit. Ich frage ihn, wieso er das glaubt. Glaubt? Er glaubt es nicht, er weiß es! Gott selbst hat es ihm mitgeteilt, denn Gott der Allmächtige hat Sarah Palin für diese Aufgabe auserkoren. Ich löffle weiter meinen Thaibrei, entgegne, dass man in Europa Sarah Palin fürchte, sie scheine doch den Kampf und den Krieg sehr zu lieben. Aber nein, sagt er, Gott würde niemals jemanden erwählen, der Böses wolle, ich könne daher ganz beruhigt sein.

Am Ende der Straße, in der Stephen King wohnt, klebt ein handgemaltes Plakat in einem Fenster, eine amerikanische Flagge in Rot und Blau, die Sterne Särge, die Streifen Raketen. Darunter der Satz: *WAR MAKES CRIMINALS OF US ALL.*

Sprachübung: *deer* – **Hirsch**

Es ist das Wort des Tages. Fünf Mal wird mir in Bar Harbor attestiert, dass Lino aussehe wie ein *baby deer.* Eine japanische Touristin behauptet gar allen Ernstes, der Hund sei überhaupt kein Hund, sondern eine Mischung aus Hund und Hirsch. Sie will wissen, ob der Vater oder die Mutter der Hirsch gewesen sei. Ich erinnere mich an einen Spaziergang im Berliner Plänterwald im Stadtteil Treptow, als ein Dutzend Fünfjährige aufgeregt auf Lino zeigten und freudig kreischten: Ein Reh! Ein Reh! Das betretene Gesicht der Kindergärtnerin angesichts der Unwissenheit ihrer Schützlinge. – Nachmittags im Acadia-Nationalpark dann die Begegnung mit einem *deer.* Das mächtige Tier steht auf dem Weg und schaut mich unverwandt an, kaum drei Meter entfernt. Seine Augen auf der Höhe meiner Augen. Im Norden Amerikas sind Hirsche eklatant größer als im Süden, auf den Florida Keys erreichen sie nur noch ein Drittel des Gewichts, Inselverzwergung wird dieses Phänomen genannt. Lino jagt gerade Eichhörnchen, verpasst also die Chance, einen echten amerikanischen Hirsch zu sehen.

Der Cadillac Mountain ist die höchste Erhebung der gesamten US-Atlantikküste, es ist jener Ort, an dem die Morgensonne ihre ersten Strahlen auf die Vereinigten Staaten von Amerika wirft, ein Berg mit einer gewissen mythischen Bedeutung also. Ich stehe in aller Früh auf der Kuppe oben, freier Blick auf das Meer und unzäh-

Hirsch Säugetierfamilie aus der Ordnung der Paarhufer. Die Familie umfasst 45 Arten, dazu gehören auch das Reh, der Rothirsch und der Elch. Das europäische Reh wird auf Englisch *Red Deer* genannt. In Nordamerika ist der Weißwedelhirsch am verbreitetsten, 1950 importierten die Finnen ein paar Tiere, heute hat sich die Art in ganz Skandinavien verbreitet.

lige kleine Inseln, alle dicht bewaldet, keine Sonne, sondern Wolken, dennoch ein beeindruckender Moment. Nicht viele Besucher haben es zu dieser Stunde hierher geschafft, sind die sieben Kilometer lange Serpentinenstraße hinaufgefahren, es ist einsam jetzt, und man fühlt sich erstaunlich weit oben, obwohl der Berg doch nur lächerliche 466 Meter misst. Benannt wurde er nach dem 1658 auf einem französischen Gut geborenen Abenteurer Antoine Laumet, der als junger Mann nach Acadia, also ins heutige Nova Scotia, auswanderte, sich fortan *Antoine Laumet de La Mothe, Sieur de Cadillac* nannte, das Land erkundete, sich mit Botanik, Zoologie und Agrarbau beschäftigte, die Küste kartografierte, sich mit den Indianern anfreundete und ihre Sprache lernte, eine Siebzehnjährige heiratete und mit ihr dreizehn Kinder zeugen sollte, schließlich vom Gouverneur die Gegend um das heutige Bar Harbor als Lehen übertragen bekam, 1701 den Grundstein für die Stadt Detroit legte, was wiederum erklärt, warum eine Automarke seinen Namen trägt, später Gouverneur von Louisiana war, endlich nach Frankreich zurückkehrte und wegen aufrührerischen Verhaltens für fünf Monate in der Bastille landete, seinen Lebensabend mit einer neuen Geliebten als Bürgermeister eines Pyrenäendorfes verbrachte, und von dem mein marxistischer Mitbewohner in Berlin sagt, der Mann sei ein Held seiner Jugend gewesen, *unser aller Vordenker der Gleichheit, ein ganz Großer.* Der Cadillac Mountain also wurde nach ihm benannt, aber Bar Harbor am Fuße des Berges entwickelte sich keinesfalls zu einem Ort der Gleichheit, im Gegenteil, der hübsche Fleck an der wilden Atlantikküste war schon im frühen 19. Jahrhundert Sommerresidenz der wohlhabendsten Familien Amerikas, der Rockefellers, Vanderbilts und Astors, und auch all jener, die im Schatten ihres Glanzes anreisten, so lange, bis 1947 ein zweiwöchiges Feuer 170 Villen zerstörte und fünf Grandhotels noch dazu. Als Folge davon ist Bar Harbor heute ein Ort für die Allgemeinheit und nicht einer für die Eliten, wobei dem als reichster Mann der Neuzeit geltenden

John D. Rockefeller zugutegehalten werden muss, dass er mit seinem Ölgeld hektarweise Land aufkaufte und es dem Staat unter der Bedingung schenkte, dass es zu einem Landschaftsschutzgebiet gemacht würde, er also der eigentliche Gründer des Acadia National Park war, der Menschen aus dem ganzen Land anlockt, auch radikale Nationalisten, die hier oben einen Kult um die frühen Sonnenstrahlen betreiben sollen. Heute sehe ich keinen von ihnen, vermutlich, weil die Sonne nicht scheint.

Auf dem gehäkelten Bettvorleger meiner hübschen, wenn auch überfüllten Dachkammer im Gartenhaus des Captain Jefferds Inn in Kennebunkport (einem der teuersten Ferienorte Amerikas) findet sich ein Lebkuchenbär, auf den jemand mit Zuckerguss-Schnörkelschrift *Topolino* geschrieben hat. Daneben ein Napf (Edelstahl), eine gefaltete Decke (Plüsch), ein Tennisball (neu, gelb) und eine Cellophantüte mit Hundekeksen *(homemade dog cookies, healthy style).* Ich entdecke auf dem Stuhl ein elektrisches Gerät, das ich nicht identifizieren kann, und frage später nach: Es sei eine Lärmerzeugungsmaschine, die in Betrieb genommen werden könne, um die Geräusche im Nachbarzimmer zu übertönen, falls diese unangenehm laut würden, Schnarchen zum Beispiel oder auch anderes; die Trennwand sei sehr dünn.

For our friend and 41st President
George H. W. Bush
An 'Anchor to Windward'
As he was for our nation and world during four years
of tumultuous and historic change,
so, too, has Kennebunkport served, in the words of St. Paul,
"As an anchor of the soul, both sure and steadfast" to him.
Presented by those who love him as much as he loves
this special place.

Stehe an der Ocean Avenue vor einer Gedenktafel für George Bush sen., goldene Lettern auf schwarzem Grund, ein umständlich formulierter Text, das Ganze ist auf einem Steinbrocken befestigt und wird von einer schweren Ankerkette umrahmt, ein metaphorisch aufgeladenes Objekt: *Windward* ist die englische Übersetzung für *Luv,* George Bush also ein Anker im heranbrausenden Wind, oder so ähnlich. Neben mir ein Touristenpaar in knappen Shorts, er ist mindestens dreißig Jahre älter als sie, legt seine Hände auf ihre Hüften, zieht sie zu sich heran und reibt sich ein wenig an ihr, während sie ein Foto macht; ich habe die beiden schon die Küstenstraße entlanggehen sehen und mich gewundert, wie sie das schaffen, zweieinhalb Kilometer Weg von Kennebunkports Zentrum bis hierher, in der Hitze, mit den Schuhen, er in Schlappen, sie auf High Heels. Reisebusse fahren vorbei und bremsen ab, Fotoapparate hinter Scheiben, von dieser Stelle aus lässt sich das Sommeranwesen der Familie Bush gut betrachten, 150 Meter Wasser zwischen ihnen und mir, *Walker's Point* ist auf einer schmalen Landzunge gelegen, kein Sandstrand rundum, sondern scharfkantige Felsen und Geröll, ein wenig atlantische Wildheit, darin gezähmte Natur, ein Pool, ein Tennisplatz, das Haupthaus wurde 1903 von George Bushs Großvater im *Shingle Style* erbaut, der damals populären Schindelarchitektur, neun Schlafzimmer, vier Wohnräume, eine Bibliothek. Alles ist in Dunkelgrau gehalten, die Fassaden, die tief gezogenen Satteldächer, die überhohen Bruchsteinkamine, auch die Nebengebäude und das Gästehaus, die Metallzäune neben der Sicherheitspforte sowieso, man ist beinahe froh um das sonst bis zum Überdruss gesehene Blau-Rot-Weiß der US-Flagge, die an einem Fahnenmast weht, wie düster, wenn nicht gar bedrohlich muss das erst an einem Regentag aussehen; und zu wissen, dass Leute wie Margaret Thatcher, Wladimir Putin und Nicolas Sarkozy hier schon zu Gast waren, macht die Sache nicht eben heiterer.

Der thailändische Kellner, der vor fünf Jahren aus Bangkok in die USA eingewandert ist, das Jahr über in Kalifornien arbeitet und nur im Sommer Geld in Kennebunkport verdient, beklagt sich über die Kriminalität in San Francisco: *Too many people of color, you know. Too many Blacks and Latins.*

Gepflegtes Kollektivfrühstück am langen Mahagonitisch im Esszimmer des Bed & Breakfast; Silberbesteck und Stoffservietten, handgepresste Säfte und Soufflés, mehrere Gänge werden serviert. Eine Art von Nötigung, denke ich, Tischgespräche führen müssen schon um acht Uhr morgens. Außer mir sitzen vier gediegene ältere Ehepaare da, selbstverständlich Seite an Seite, in dieser eigentümlichen Paar-Kletten-Art, bei der jede Regung des anderen wahrgenommen wird, keiner für sich alleine sprechen kann; man fühlt sich manchmal schon recht randständig allein auf Reisen, heute ist solch ein Tag. Der missmutige alte Geschichtsprofessor aus Chicago, der mir gestern erzählte, er sei ein sehr linker Linker und würde sogar in Europa als sehr linker Linker gelten, ist heute früh besserer Laune und spottet darüber, dass in Kennebunkport sogar die Bäume nummeriert und beschriftet seien. Der Fruchtsalat wird aufgetragen, alle langen zu, auch der Professor, der schließlich sagt, wir könnten dankbar sein, dass die lateinamerikanischen Immigranten Melonen und Orangen für uns pflückten, er schäme sich für die Mauer, die zwischen den USA und Mexiko gebaut wird, es sei doch einfach lächerlich, die Einwanderung auf solche Weise stoppen zu wollen, eine Schande, das alles. Seine Frau blickt einen Moment lang betreten, doch dann stimmen die anderen plötzlich ein und geben Geschichten von Illegalen zum Besten, ohne die das Land nicht mehr funktionieren würde, von Kindermädchen, Gärtnern und Bauarbeitern, von eigenen Vorfahren, die einst nach Amerika gekommen sind, auf der Flucht vor irgendwas; die Runde wird gesprächig, und alle sind entspannt. Ich lehne mich zurück, schaue diese wohlsituierten Leute an, denen ich strammstes Republikanertum unterstellt hätte, und schäme mich nun selber, für meine Voreingenommenheit und Kleingeistigkeit.

Auf dem **Rachel Carson** *Trail* lerne ich eine Frau kennen, die von ihrem Sohn erzählt, der sich vor Jahren entschlossen hat, dem kapitalistischen System den Rücken zu kehren, in einer Baumhauskommune in den kalifornischen Wäldern lebt, sich selbst versorgt und nur im äußersten Notfall als Tagelöhner ein paar Dollar verdient. Manchmal ruft er sie an, und wenn sie ihn dann fragt, ob er denke, dass diese radikale Existenzform sinnvoll sei, antwortet er ihr mit Mahatma Gandhis Worten: *Be the change you want to see in the world.*

Bethel –
Welcome to the World's Tallest Snowman

Heute durch Poland, Hebron, Paris und Hanover gefahren, um nach Berlin zu gelangen.

Rachel Carson 1907–1964, Biologin aus Pennsylvania, gilt dank ihrer Studien über die katastrophalen Auswirkungen von Pestiziden als Begründerin der amerikanischen Umweltbewegung. Die Kontroverse um ihr 1962 erschienenes Buch *Silent Spring* führte letzten Endes zum Verbot von DDT.

NEW HAMPSHIRE

»Live free or die«[5]

Welcome to Berlin –
The Heart of the Northern Forest

Berlin geht es nicht gut. Berlin geht es sogar ziemlich schlecht, aber Menschen wie Dick Poulin glauben an die Zukunft dieser Stadt, die zwischen Hügeln am Androscoggin River liegt und in den 1920er-Jahren der weltgrößte Papierproduktionsstandort war, was man heute noch sieht; stillgelegte Industrieanlagen, gemauerte Kaminschlote, herrschaftliche Villen am Fluss, leer stehende Klinkergebäude, eine backsteinrote Stadt in grüner Umgebung. Dick Poulin kommt aus Kanada und ist Mikrobiologe, führt aber einen Laden in der Main Street, den *Middle Earth Shop,* dunkel und höhlenartig, es riecht nach Räucherstäbchen, ein zu groß geratener Kramladen eigentlich, darin alles, was man sammeln kann und nicht braucht, Silberschmuck in Glasvitrinen, Indianerfiguren, hölzerne Tierskulpturen, Uhren, Emailledosen und bunte Kissen, ein Fundus für Dekorationswütige, gut besucht. Ganz in der Nähe standen am Fluss schon 1820 die ersten Sägemühlen, dreißig Jahre später waren Wasserturbinen entwickelt und die Stadt ans Eisenbahnnetz angeschlossen worden, die Hochphase begann. Berlin hieß bis 1829 Maynesborough und wurde zu Berlin dank einer Siedlergruppe aus Berlin in Massachusetts, ein Namensumweg also und keinesfalls eine deutsche Gründung. Wegen der Holzproduktion zogen Immigranten aus Schweden, Norwegen und Russland zu, oberhalb der Petrograd Street thront die russisch-orthodoxe Kirche, goldene

Zwiebeltürmchen, hellblaue Zierbänder, ein Blickfang schon von Weitem. Den Skandinaviern wiederum ist zu verdanken, dass in Berlin der erste Skiklub der Nation gegründet wurde, 1888 nach **Fridtjof Nansen** benannt, nachdem der mit Skiern Grönland durchquert hatte. – Dick Poulin ist der Meinung, dass die Amerikaner weitaus verrückter seien als die Kanadier, weil man die verrückten Europäer in die USA geschickt habe, während nach Kanada die Vernünftigen eingewandert seien. Er kann hier Französisch sprechen, fast ein Drittel der Berliner stammt aus Québec, so wie er. Der Niedergang der Stadt begann mit der Großen Depression von 1929, es gab mehrere staatliche Rettungsversuche, die große Papierfabrik Brown Company wurde immer wieder verkauft, internationale Spekulanten ruinierten schließlich alles, zuerst ein in New York tätiger Mafioso namens Michele Sindona aus Patti in Sizilien, dessen Banca Privata Italiana in diverse Finanzskandale verwickelt war, die auch vor dem Vatikan und der Freimaurerloge P2 nicht haltmachten, und der 1986 im Hochsicherheitsgefängnis von Voghera wohl mit Zyanid vergiftet wurde, nachdem er unvorsichtigerweise einem Reporter mehrere Interviews gegeben hatte; den zweiten Todesstoß versetzte Berlin dann ein iranischer Investor, der heute wegen massiver Finanzdelikte im Gefängnis sitzt. Und so gibt es jetzt all diese leer stehenden Fabrikgebäude hier, weswegen es sich Dick Poulin zum Ziel gesetzt hat, Berlin in eine Künstlerstadt zu verwandeln, mit einem College of Art und Lofts und einem ganz modernen Touch, wahrscheinlich schreibe er bald dem Bürgermeister von *Berlin, Germany,* einen Brief, zwecks Aufnahme möglicher Kooperationsgespräche.

Fridtjof Wedel-Jarlsberg Nansen 1861–1930, norwegischer Zoologe, Polarforscher, Diplomat und späterer Friedensnobelpreisträger.

Die Unkompliziertheit Nordamerikas hat deutliche Vorzüge. Komme seit Wochen mit 1 Löffel, 1 Gabel, 1 Messer und 1 Suppenschüssel aus. Das anfängliche Jammern über die allgegenwärtige Unzivilisiertheit weicht der totalen Hingabe an den hiesigen Lebensstil. *How are you doing, dear? Great, amazing day, isn't it?* Das Bedürfnis nach gepflegten Hotels wird immer geringer, ein Motel mit einem Plastikstuhl vor der Tür tut es auch. Im Lancaster Motor Inn abends dann die Enthemmung schlechthin. Auf einem der vergammelten Sofas in der Lobby liegt (!) eine alte Dame in Socken im Halbdunkel und surft mit ihrem Laptop im Internet, das flackernde *Vacancy*-Schild wirft rhythmisch rotes Licht in den Raum. Der nicht mehr ganz nüchterne Manager stapelt Plastikbecher neben dem Kaffeekrug, ein Bügelbrett steht unbenutzt an der Wand. Ich ziehe die Schuhe aus, lege (!) mich auf ein zweites Sofa, der Hund springt dazu, scharrt den Stoff zurecht und rollt sich ein. Vor der Tür sitzen bärtige Biker auf ihren Motorrädern und rauchen. Ab und zu kommt einer herein, schwatzt drei Sätze und streichelt mit groben Händen sanft den Hund. Ich bleibe einfach liegen. Alles sehr gemütlich hier.

Man zahlt keine Einkommensteuer in New Hampshire, das Staatsmotto rührt daher. Der Staat scheint ein feindliches Gebilde und die Steuer dessen Symbol zu sein. Die Regierung rühmt sich traditionellerweise der Sparsamkeit, der Übername *Granite State* weist auf die Kargheit hin.

Unfassbar grüne Landschaft im Norden von New Hampshire, eine Hügelreihe hinter der nächsten, weiße Kirchen, luftige Dörfer, Blaubeerenstände am Straßenrand, viele Bauernhäuser, Kühe auf den Weiden, auch schottische Hochlandrinder sieht man manchmal, zottelige Viecher, urtümlich anmutend. Wälder und Seen im Herzen des Staates, sogar Skigebiete gibt es, Sessellifte die Berge hoch, alpine Architektur; es springen gut gesicherte Kinder auf Riesentrampolinen und üben an Kletterwänden, von jungen Sommerarbeitsmenschen in grauen Overalls bewacht, idyllische Welt mit einem Hauch Trostlosigkeit, ganze Ferienanlagen sind geschlossen, Parkplätze vor Liftanlagen riesig und öd, eigentlich ein Winterleben, das im Sommer einen zaghaften Vorstoß wagt. Viele leer stehende Wohnhäuser, bei manchen steckt noch das Verkaufsschild im Garten, andere sind so verwittert, dass sich keiner mehr die Mühe macht, die Ruine verkaufen zu wollen; sie sind weitergezogen, haben das Alte einfach sich selbst überlassen, dem Verfall preisgegeben. Ein Künstlerfreund lebt hier in New London; er tut es ungern. Es sei nicht, dass sie sich an seiner Religion stören würden, an Religion störe sich nie jemand in Amerika, es sei seine jüdische Kultur, die sie nicht mögen, sagt D. Sein Anderssein und auch das seiner estnischen Frau, sein Beharren darauf, sich unterscheiden zu wollen von dieser biederen weißen, christlich geprägten Mittelschicht, die beiden uralten Autos, die vor der Garage stehen und eine konsumkritische Haltung symbolisieren, was der Affront schlechthin sei für all die Shoppingsüchtigen, vor allem aber das Kosmopolitische an ihm würden sie hassen; dass sein Maßstab nicht der New-Hampshire-Kleinstadt-Maßstab sei, sondern ein globaler, dass er Neuerungen an seinem Fachbereich am College einführen wolle, wie man sie in New York oder Los Angeles oder Berlin kenne, das sei ihnen fremd, das wollten sie nicht. Und so wie sie ihn hassen, so hasst er auch sie; eine Misstrauensschlaufe, an der sich nichts ändern wird. Es ist das bekannte Leiden des Großstädters an der Kleingeistigkeit der Provinz. Es ist aber auch das Leiden desjenigen, der partout nicht verstehen will, warum die mit sich selbst Zufriedenen nicht von einem zugezogenen Videokünstler gesagt bekommen wollen, dass sie sich um die unbekannte große Welt da draußen kümmern sollen, wo ihnen doch ihre eigene kleine Welt ganz und gar genügt.

Sprachübung: *white lie* – Notlüge

Studierende dürfen nicht angefasst werden, schon ein kumpelhaftes Schulterklopfen könnte falsch verstanden und gegen die Lehrperson verwendet werden. Niemals sollte ein Professor die Tür schließen, wenn eine Studentin zur Sprechstunde in sein Büro kommt, die Gefahr, der sexuellen Belästigung beschuldigt zu werden, ist zu groß. So stehen also die Türen der Dozenten stets weit offen, demonstrative Unschuld die Flure entlang. Eine chinesische Austauschstudentin wünschte eines Tages ein Gespräch mit meinem Künstlerdozentenfreund, betrat sein Zimmer und schloss die Tür. Der arme Mann geriet in Panik, überlegte, was zu tun sei, ohne die Chinesin zu beleidigen oder Vorbeigehende zu irritieren. Die einzige Lösung: eine Notlüge erfinden, aus dem Raum stürzen und beim Zurückkommen die Tür offen stehen lassen. Hochschulleben als Minenfeld.

Eine Nacht auf der elektrisch aufblasbaren Luftmatratze im Wohnzimmer der Freunde, achtzig Zentimeter hoch. Wie so oft in amerikanischen Haushalten ragt im Badezimmer ein buntes Notlämpchen aus der Wandsteckdose, das die Nacht über brennt. Die Gastgeberin ist besorgt darum, ob es mir nicht zu dunkel sein könnte, falls ich aufwache; sie möchte gerne auch noch das Licht über dem Herd in der Küche anlassen. Ich winke ab, ich brauche kein Licht in der Nacht, man ist ja kein kleines Kind mehr. Warum diese Angst vor Dunkelheit hier im Land? Morgens stehe ich als Erste auf. In der Küche brennt das Licht über dem Herd.

Der Ukrainer sagt, er sei schon Amerikaner gewesen, als er noch in der Ukraine lebte, bereits zu Sowjetzeiten sei er im Herzen Amerikaner gewesen. Als Jugendlicher habe er Tag und Nacht von einem *American girl* geträumt, geheiratet hat er dann aber zweimal eine

Ukrainerin, die Amerikanerinnen seien zu verwöhnt, *too bitchy*. Die neue Ukrainerin hat Tarus von zu Hause geholt, als er schon in New Hampshire wohnte, es sei russische Tradition, dass Frauen sich den Männern unterordneten, das gefalle ihm gut und seiner Frau auch, nicht wahr, mein Schatz? Sie schaut ihn stumm an, den glatzköpfigen Mann mit der Bodybuilderfigur, zur Unterordnung gehört auch Schweigen. Er zieht sie zu sich heran, beschmust sie, umarmt sie, ach, sei doch nicht so, irgendwann lacht sie wieder, setzt sich ihm auf den Schoß. Abende mit Tarus würden laut, fröhlich und alkoholreich, hatten die Freunde mich gewarnt, bevor sie ihn einluden, und so ist es auch, die reinste Völlerei, alle Sprachen fliegen durcheinander, Russisch, Ukrainisch, Englisch, Deutsch, sogar Italienisch, Tarus hat in Italien Obst gepflückt, bevor er nach Amerika kam. Als meine Freunde mir am nächsten Morgen das denkmalgeschützte Haus zeigen wollen, das Tarus zwanzig Meilen entfernt gekauft und in jahrelanger Handarbeit renoviert hat, ist alles still, so still, dass wir auf den frühen Besuch verzichten. Wir schleichen um das Haus auf der Anhöhe herum, elfenbeinfarbene Holzschindeln, eine Veranda mit zarten Stützen, ganz puritanische Zurückhaltung, das Gebäude so alt, wie es kaum mehr eines gibt in der Gegend, gebaut vor 1800; im Gras stehen zwei überdimensionierte Geländewagen und ein wuchtiger Rasentraktor, das vollendete amerikanische Dasein, in der Ukraine schon erträumt. In direkter Nachbarschaft ein weißes Holzkirchlein, daneben eine blumenumhäkelte Wiese mit einer Statue mitten darauf, eine Art Dorfplatz oder Verkehrsinsel, wenige Häuser, weit verteilt, South Sutton ist ein sehr kleines Dorf, ein neuenglisches Idyll. Schon bemerkenswert, sagt mein Freund D., dass ein frisch zugezogener Ukrainer kommen müsse, um das einzige historisch wertvolle Gebäude weit und breit vor dem Zerfall zu retten, *He preserves our history and will be part of it*.

Ein Land in Bewegung, das Fahren ein vordringliches Bedürfnis, sehen, weiterfahren, vergessen, Neues sehen, wieder vergessen, nur einzelne Bilder werden eingestanzt, bleiben in Erinnerung, Landschaftsfetzen, Gebäudefetzen, Gesichtsfetzen, Sprachfetzen. Nichts ist so schön in Amerika wie das Fahren, jeder ein Teil dieser kollektiven Bewegung, ein nicht enden wollender Film, nahezu gesprächsfreie Tage, dieses sanfte Aneinandervorüberziehen, reibungslos, wie ferngesteuert, organisch, beinahe lautlos, als ob zwischen diesem riesigen Land und den Menschen, die es bevölkern, eine millimeterdünne Luftschicht läge, auf der alle gleiten und sich neu formieren, immer wieder anders, nichts ist stet, alles unstet, alles im Fluss, und jeder scheint unterwegs zu sein. Der alte Mann im Wohnmobil zum Beispiel, der von Texas nach New Hampshire fährt, um einen Zwergdackelwelpen abzuholen, den die Schwester gezüchtet hat; oder der tätowierte Kerl, der sich für ein Rodeo von seiner Frau fünfhundert Meilen in den Norden chauffieren lässt, um dann drei Sekunden auf einem Bullen zu reiten; die junge Frau, die seit Monaten das Land durchquert, einfach so, um es kennenzulernen. Wenn man plötzlich merkt, dass man mitspielen könnte und sich einreihen in diesen Zug der Bewegung, darin eine Heimat findet, sich geborgen fühlt in diesem Kosmos der unverbindlichen Fluktuation, eine Zelle in einem großen Organismus ist, wenn die eigene Wahrnehmung sich verschiebt, man alles im Zeitlupentempo erfährt, ein wenig Drogenrausch, ein wenig Narkotikum, dann ist man angekommen in Amerika.

MASSACHUSETTS

»Ense petit placidam sub libertate quietem«[6]

Sprachübung: Kein Mensch sagt Massachusetts, sondern *Mass,* auch wenn der Staat offiziell sogar *The Commonwealth of Massachusetts* heißt. Der hier wohnhafte Indianerstamm nannte sich *Moswetuset* oder *Massachusett: mass-adchu-s-et* = in der Nähe des großen Hügels.

Angezogen vom berühmten Namen und auf der Suche nach einem geeigneten Ort für einen Hundespaziergang ein Besuch in Tanglewood, mitten in den Berkshire Mountains gelegen; eine hügelige Landschaft mit lieblichem Flair, Ausflugsort nicht nur für Menschen aus Boston. Die Einfahrt unter Bäumen, am Ende ein ausladendes Steingebäude, an einen toskanischen Hof erinnernd, zwei Handwerkerautos davor, man hört Hämmern, sonst nichts. 1936 spielte das *Boston Symphony Orchestra* zum ersten Mal hier auf der Wiese, unter einem Zelt, vor Tausenden Klassikliebhabern, eine wohlhabende Familie hatte den Ort zur Verfügung gestellt. Im nächsten Jahr kehrte das Orchester zurück, Beethoven stand auf dem Programm, eine erste hölzerne Bühne wurde gebaut, 5000 Zuschauer fanden Platz, eine Musikschule kam dazu, später ein Jazzfestival, der wohlhabenden Familie sei Dank; Tanglewood steht für allerhöchstes Niveau. Leonard Bernstein dirigierte hier sein letztes Konzert, im Sommer 1990. Den Namen hatte der Ort durch ein Buch von Nathaniel Hawthorne, ***Tanglewood Tales***, erhalten, er ist

Tanglewood Tales 1853 in einem Cottage in der Gegend geschriebene Nacherzählung griechischer Mythen für Kinder.

aus der Musiklandschaft kaum mehr wegzudenken. – Lino ist verschwunden, weit weg auf Eichhörnchenjagd, ich gehe über das Parkgelände am Amphitheater vorbei, suche ihn, laufe den Hügel hinab und sehe ein Dutzend winziger Holzhüttchen, frei über die Wiese verteilt, jedes drei mal zwei Meter groß, wie grau bemalte Spielzeughäuschen stehen sie da, eine weiß umrandete Tür, zwei Fenster, Reduktion aufs Äußerste. BACH heißt das eine und BEETHOVEN das nächste, BRAHMS jenes daneben. Ich drücke die BRAHMS-Tür auf, ein Klavier steht darin, ein Stuhl, das war's. Ich setze mich hin, klimpere beschämt, der Hund kommt dazu, ich schließe die Tür. Bedauern, dass ich das Klavierspiel aufgegeben habe, als kleines Mädchen noch, zu unbegabt war ich und zu faul. Es muss bezaubernd sein, stelle ich mir vor, wenn talentierte junge Menschen in diesen Kammern üben, der Natur ganz nah, jeder in seinem Hüttchen, das Schutz vor Regen und Wind bietet und ein Minimum an Diskretion. Wer vorbeigeht, wird einen Spaziergang durch die Musikgeschichte machen können, wird unterschiedliche Klänge hören, die aus den Verschlägen unter den mächtigen Bäumen dringen (warum nur sind die Bäume in Amerika so imposant, so stark?), in diesem Park weit draußen im ländlichen Massachusetts.

Verdichtetes Dasein. Räumlich verdichtet, intellektuell verdichtet. Ein umgebautes backsteinernes Feuerwehrhäuschen in South Deerfield, einem Dorf neunzig Meilen westlich von Boston, Buchladen und Treffpunkt zugleich, ein Hort des Bewahrens und Entdeckens. Ken Schoen ist fast schon eine Berühmtheit, er handelt landesweit mit Judaica, *German Judaica* vor allem. Am liebsten kauft er Bibliotheken aus Privatbeständen auf; die aus dem nationalsozialistischen Deutschland Entkommenen sind Greise geworden, geben ihre Wohnungen ab, wissen nicht, wohin mit den Büchern, die Erben haben kein Interesse mehr daran, sprechen kein Deutsch, am

Schluss landen sie alle bei Ken Schoen. Auf den meterlangen Holzregalen befinden sich Tausende Bücher, ungeordnet, will man meinen, daneben Synagogenbänke, eine Messing-Menora mit elektrischen Kerzen, von Seilen hängende Kleiderstangen, Bücherstapel überall. Der Boden des Feuerwehrhäuschens ist mit abgetretenen Teppichen ausgelegt, Ken organisiert Lesungen und Veranstaltungen, das Ganze eine Synthese aus Trödelladen und Weltwissen. Das Interesse an Holocaust-Literatur nehme ab, sagt Ken, die Schoah werde Geschichte, die Leute seien mehr an Zeitgenössischem interessiert, Psychoanalyse, aktuelle israelische Literatur. Ein junger Mann schaut vorbei, hat gehört von der Schweizerin, die hier zu Besuch sei, ist ein Robert-Walser-Fan. Nathaniel führt Robert-Walser-Tage und -Spaziergänge durch, hat Deutsch gelernt wegen Walser, er liebt das Appenzell. Ich sage scherzhaft, Ken Schoen sehe doch auch aus wie ein Appenzeller mit seinem langen grauen Bart, so schmal, nur die leuchtend blaue Baseballmütze passe nicht zu dem Klischee des Pfeife rauchenden Nordostschweizers. Nathaniel stimmt dem zu, wir lachen, und Ken sagt, viele Juden werde es im Kanton Appenzell wohl nicht geben, nein, sage ich, viele gebe es da wohl nicht. Nathaniel verzichtet auf die Dissertation, Ken sei sein Professor, *Schoen Books* seine Bibliothek, das Feuerwehrhaus seine Akademie. Später sitzen wir im oberen Geschoss des Hauses, Kens Frau Jane tischt ein halbes Dutzend Salate auf, als es klingelt. Ich habe gerade die Geschichte von Schoens Tante Selma gehört, die man im Deutschen Reich habe zurücklassen müssen als junge Frau, schwer psychisch krank sei sie gewesen und in einer Anstalt in Hildburghausen interniert, die Großeltern hätten sie nicht mitnehmen können auf die Flucht, die Einreise in Amerika wäre ihnen verweigert worden mit der kranken Tochter, bis in den Februar 1939 hätten sie gewartet, um Selma nicht alleine lassen zu müssen, zu lange fast, aber Kens Vater Isaak, der schon früher emigriert war und als Kaffeehändler in New York lebte, habe seine Eltern bekniet, und so hätten sie sich auf den Weg gemacht, nachdem man ihnen in der Psychiatrie versprochen hatte, gut auf Selma aufzupassen. Doch Selma kam ins Euthanasie-Programm der Naziärzte, wurde ermordet, ein Familientrauma, jahrzehntelang schamhaft verschwiegen, Ken erfuhr erst davon, als sein Vater 1981 in Queens starb und ihm der *family tree* in die Hände fiel, darauf dieser Frauenname, von dem er noch nie gehört hatte. Vor drei Jahren haben sich Ken und sein Sohn Seth auf den Weg ins thüringische Vacha gemacht, sind auf den jüdischen Friedhof gegangen, wo sie die Gräber der Ahnen gefunden haben, dort haben sie gebetet und für Selma einen Stein niedergelegt, einen ovalen Granit, auf dem zu lesen ist: *Selma Schön, geb. Dec. 12, 1906*. Es klingelt also, Ken steigt die Treppe nach unten, Jane und ich hören Stimmen, bald kommt er zu uns zurück, seufzt und sagt, es sei schon wieder dieser Irre gewesen, dieser von der NS-Zeit Besessene, der weder etwas kaufen noch verkaufen wolle, sondern ihm stets nur voller Stolz die neuesten über das Internet erworbenen Fundstücke präsentiere, heute einen antisemitischen Hetzroman in der Originalausgabe von 1938, eine Rarität. Ein Jude, frage ich. Nein, sagt Ken, der Mann sei kein Jude. Dann essen wir weiter.

Illegal Aliens
Future U. S. A. Citizens &
Obama Voters

In der Lobby des Howard Johnson Motel in Amherst schließlich ein Junge, der mir erzählt, wie der Nachbar seinen Hund erschossen habe, nachdem der dessen Grundstück betreten hatte. Fünf Schüsse – um ganz sicherzugehen. So sei das bei ihnen unten in Richmond, Virginia: *If you don't want to lose your dog, you have to have him on a chain*. Ein Hund, der nicht an der Kette hängt, wird abgeknallt.

Stefan ist Deutscher, er hat hier Ingenieurwissenschaften studiert, ist zu Besuch für zwei Wochen, wir haben uns auf dem Motelparkplatz kennengelernt. Er kommt regelmäßig nach Amherst, in Deutschland vermisst er Amerika, vermisst seine Freunde, vor allem den einen, seinen besten Freund, der auf Cape Cod wohnt und ein echtes Problem hat: R. nämlich ist **Kopte**, achtundzwanzig Jahre alt, Politologe mit Hochschulabschluss und illegal in den USA. Die Eltern haben Ägypten aus politischen Gründen verlassen müssen, sind damals mit einem Touristenvisum nach Amerika eingereist und einfach heimlich geblieben, damals, vor über zwanzig Jahren. R. also hat nahezu sein ganzes Leben in Massachusetts verbracht, ein Geheimniskrämer aus Zwang seit frühester Kindheit, sein einziger Ausweis der Führerschein, mehr ist bislang nicht nötig gewesen, sogar fürs College war der genug. Doch für eine Anstellung reicht das nicht mehr aus, dafür brauchte er ein Visum, das er nicht hat. So geht es ihm wie seinen Eltern, die Mutter Ärztin, der Vater Ingenieur, hoch qualifizierte Illegale, die notgedrungen eine Pizzeria in schlechter Lage betreiben; vermasselte Lebensträume. R. ist widerwillig ins Pizzageschäft eingestiegen, glücklich sei er damit nicht, es ist ein hartes Business, zudem diese dauernde Anspannung, dass er irgendwann auffliegt, ausgewiesen wird, wo sollte er auch hin, nach Ägypten etwa, ein Land, das er gar nicht kennt. Entweder er findet einen Arbeitgeber, der für ihn bürgt, oder er heiratet eine Amerikanerin, eine Koptin am liebsten; das sind die beiden Möglichkeiten, die ihm bleiben. Bemerkenswert: Die 24 Jahre

Kopten Alteingesessene christliche Minderheit in Ägypten, nach Schätzungen 6 bis 10 Prozent der Bevölkerung, je nach Region starken Repressionen ausgesetzt; die koptische Sprache war bis zur Entzifferung der Hieroglyphen die einzige bekannte ägyptische Sprache, in religiösen Zusammenhängen wird sie heute noch verwendet.

Illegalität würden im Nachhinein in einen legalen Status umgewandelt und nicht etwa bestraft. R. ist also das, was ich vor zwei Tagen auf einem handgemalten Schild am Straßenrand gesehen habe und was die Konservativen so erzürnt: ein *ILLEGAL ALIEN* und ein *FUTURE U.S.A. CITIZEN,* hoffentlich.

Wir sitzen neben einer Ziege im Wartezimmer des Tierarztes. Die Ziege ist schwarz-weiß gefleckt, sie ist noch recht jung und möchte hier offensichtlich nicht sein. Sie klemmt zwischen den Armen ihrer Besitzerin und meckert laut. Der Hund saß noch nie neben einer Ziege beim Tierarzt, er schaut interessiert. Die Werbeständer sind voll mit Tipps zum *wildlife watching,* daneben hängen Warnungen vor gefährlichen Insekten, deswegen sind wir auch hier, Präventionsmedikamente gegen den *heart worm* holen. Draußen wartet ein Pick-up vor der Tür, ein Rudel Huskys auf der Ladefläche, eine junge Frau kommt hereingestürmt, sie braucht Medizin für ihr Pferd. Wir sind nicht etwa irgendwo in der Wildnis, sondern in einem Gebiet, das sich *Five College Area* nennt und westlich von Boston liegt, renommierte Colleges, man studiert Russisch, Theater, Literatur, Musik. Immer wieder fällt auf, wie verbunden die Menschen der Natur doch sind, der riesigen – aller Künstlichkeit zum Trotz. Das ist das Herrliche an Amerika.

Am 13. Juni 1870 stiegen in North Adams 75 chinesische Männer aus dem Zug, 75 weitere sollten folgen. Sie hatten eine lange Fahrt hinter sich, waren aus San Francisco quer über den Kontinent transportiert worden. Als sie in der kleinen Industriestadt im nordwestlichsten Massachusetts ankamen, mussten die Chinesen (von denen es Jahre später heißen sollte, sie seien so unglaublich jung, so schüchtern, so freundlich gewesen) eskortiert werden, die aufgebrachten Einwohner wollten ihnen Gewalt antun. Die Männer waren nichts ahnend als Streikbrecher geholt worden, als Billigarbeiter für die

Schuhfabrik von Calvin T. Samson, dessen Arbeiter vorwiegend Französisch-Kanadier waren, unterbezahlte Leute, die endlich einen Aufstand wagten. An der Westküste, sagt Anthony W. Lee, sei alles gut gegangen mit den Chinesen, erst nachdem sie gen Osten gekommen seien, sollten sie von der Regierung gestoppt werden, denn der Osten, das war Amerika, der Westen hingegen, das war Wildnis, da störten ein paar Chinesen nicht. Anthony W. Lee ist Professor für Fotografie und Kunst in **Mount Holyoke**, seine Großeltern waren aus China nach Kalifornien gekommen aus Angst vor Mao, vor der Kulturrevolution, und das, obwohl sie arme Leute gewesen seien. Lee ist in Chinatown in San Francisco aufgewachsen, doch er spricht kein Chinesisch; eines seiner Interessengebiete ist die Einwanderung der Chinesen nach Amerika. Über die Ereignisse in North Adams hat er ein Buch geschrieben, ausgegangen ist er von einem Gruppenfoto der Arbeiter, abgelichtet vor ihrer Fabrik, ein Haufen junger Männer in knielangen Schürzen, die alle in die Kamera schauen. Die Geschichte der streikbrechenden Schuhfabrikarbeiter löste in Amerika eine emotional geführte Diskussion um chinesische Immigranten aus, die zwölf Jahre später in einen gesetzlich verankerten Einwanderungsstopp mündete. Schon vorher waren die Auflagen restriktiv gewesen, nur Männer wollte man in Amerika haben, Chinesinnen war die Einreise verboten, Familiengründungen sollten verhindert werden, im Land der Siedler durften diese Leute keine Siedler sein, nur Lohnarbeiter auf Zeit; man nannte es das *Chinese experiment*. Es gab damals Bücher mit Illustrationen, die zeigten, wer ein Weißer war und wer nicht, Chinesen waren nicht weiß. Auch die Französisch-Kanadier galten als *people of color*, gleichgültig, wie blass sie waren, eigentlich war jeder *colored*,

Mount Holyoke College Älteste Hochschule für Frauen weltweit, gegründet 1837 als *female seminary*, seit 1888 privates *Liberal Arts College*, berühmteste Absolventin ist Emily Dickinson.

der nicht ein **WASP** war, *whiteness* wurde als Kategorie eingeführt, die bis heute gilt. Über das weitere Schicksal der 150 Chinesen von North Adams ist nichts bekannt; nachdem ab 1882 nur noch Chinesen in Amerika leben durften, die im Land geboren waren, tauchten die Männer unter, verschwanden einfach, und als 1906 das große Feuer von San Francisco die halbe Stadt zerstörte, behaupteten viele der illegalen Chinesen, der Brand habe ihre Geburtsurkunden vernichtet, sie seien gebürtige Amerikaner, eigentlich. Es habe sie sowieso keiner unterscheiden können, sagt Anthony W. Lee, die Chinesen hätten für die amerikanischen Beamten alle gleich ausgesehen, *one like the other.* Ein Handel mit fiktiven Identitäten entstand, Dutzende trugen denselben Namen, wohnten in denselben Wohnungen, verwendeten dieselben Papiere, eine unübersichtliche Lage, man nannte die Männer *paper sons,* bis 1947 galt das Einwanderungsverbot. Der Zusammenhalt der Chinesen aber, der sei gestärkt worden durch diese missliche Lage, sagt Lee, es sei eine nahezu autarke *community* entstanden, so wie sie sich auch in Italien in den letzten Jahren gebildet habe, ein unverzichtbarer Teil der Gesellschaft, ganz auf das billige Handelssegment konzentriert, eng verwoben und bestens vernetzt, für Außenstehende undurchschaubar und daher oft befremdlich.

Der *spiritual room* des Mount Holyoke College gleicht einem Kirchenschiff, Holzbalkendecke, an einer Längsseite neugotische, bunte Kirchenfenster, es ist ein kleiner Raum, blassgelb getüncht, mit einem Teppich ausgelegt, zwei Dutzend Stühle in Reih und Glied, zu einem Podium hin ausgerichtet, daneben ein Flügel. An den Wänden stehen Tischchen, Altäre und Schreine, darauf Bilder,

WASP *White Anglo-Saxon Protestant; Anglo-Saxon* nannten irische Katholiken die englischen Lutheraner, Baptisten und Methodisten, das W und das P kamen erst in den 1950er-Jahren hinzu.

Weihrauchschalen, Kerzen, Schriftrollen, Kalligrafien und Mantras, Lebensmittelschalen für die Ahnen, Utensilien der verschiedenen Religionen, alle haben ihren eigenen Platz, die Buddhisten, Hinduisten, Moslems, Bahai, Juden, Christen; man sieht Wurzelstöcke, Eisenglocken, Marienfiguren, Buddha-Statuen. Auf dem Tisch der **Wiccas** dann auch Strohbesen, Kräuterbündel als Weihwedel, Vogelfedern, Pendel und Zauberstab, Haarschmuck, die Doppelaxt, ein fünfzackiger Stern, Mörser und Schalen: Werkzeuge für entfernt vertraute Rituale, nicht unangenehm.

Aktuelle Notiz: In New York kocht der Streit um ein geplantes muslimisches Kulturzentrum samt Moschee in der Nähe von Ground Zero hoch. Greg Gutfeld, Satiriker im rechtspopulistischen Sender *Fox News Channel,* plant nun einen islamischen Schwulenklub neben der Moschee. Was erst eine Schnapsidee war, wird plötzlich zu einer viel diskutierten Sache, die Kommentare auf Gutfelds Blog sind nicht ohne Witz, es gibt geistreiche Konservative in diesem Land, und homophob sind sie offenbar nicht alle.

As an American, I believe they have every right to build the mosque – after all, if they buy the land and they follow the law – who can stop them? Which is why, in the spirit of outreach, I've decided to do the same thing. I'm announcing tonight that I am planning to build and open the first gay bar that caters not only to the west, but also to Islamic gay men. To best express my sincere desire for dialogue, the bar will be situated next to the mosque Park 51, in an available commercial space. (...) As you know, the Muslim faith doesn't look kindly upon homosexuality, which is why I'm

Wicca Wiederbelebte Naturreligion, Glaubensrichtung des Neuheidentums, die Anhänger bezeichnen sich als Hexen und Hexer, leben antipatriarchalisch, antidogmatisch und anarchisch, verehren die Natur als Heiligkeit.

building this bar. It is an effort to break down barriers and reduce deadly homophobia in the Islamic world. The goal, however, is not simply to open a typical gay bar, but one friendly to men of Islamic faith. An entire floor, for example, will feature non-alcoholic drinks, since booze is forbidden by the faith. The bar will be open all day and night, to accommodate men who would rather keep their sexuality under wraps – but still want to dance. Bottom line: I hope that the mosque owners will be as open to the bar as I am to the new mosque. After all, the belief driving them to open up their center near Ground Zero is no different than mine. My place, however, will have better music.
Greg Gutfeld, August 2010

Auf einem Hügel eine einzelne mächtige Buche, darunter leere Stuhlreihen. Menschen entfernen sich in kleinen Gruppen über die Kuppe, bewegte Schattenrisse im grellen Mittagslicht. Später erfahre ich, dass das College während der Sommerferien Kongresse veranstaltet, zurzeit sind die Homöopathen dran. Bildung unter freiem Himmel, den Geruch von Augustwiesen in der Nase.

Hineingeworfen in ein deutsches Umfeld, ein Abendessen mit zwei deutschen Professorinnen, zwei Biografien, unterschiedlich verlaufen und doch durch die Geschichte miteinander verknüpft, **Anna-Seghers**-Forscherinnen beide, an unterschiedlichen Colleges lehrend, sechs Meilen voneinander entfernt, 1938 in Pommern geboren

Anna Seghers, gebürtige Netty Reiling (1900–1983), jüdisch-deutsche Schriftstellerin, die ihren Künstlernamen Seghers von dem niederländischen Maler Hercules Seghers übernahm, der im 17. Jahrhundert die Radiertechnik erneuert hatte, flüchtete nach der von den Nationalsozialisten angeordneten Verbrennung ihrer Bücher über die Schweiz und Paris nach Mexiko, erhielt 1947 den Büchnerpreis, zog 1950 nach Ost-Berlin, war Präsidentin des Schriftstellerverbandes der DDR.

die eine, 1942 in Sachsen die andere, zwei Frauen mit Fluchtgeschichten, jede auf eine andere Art. Ute Brandes ist die jüngere der beiden, sie kam 1957 aus Bitterfeld nach Osnabrück, ihr Vater war in der DDR einer der fünf parteilosen Anwälte gewesen, die es pro forma gab, ein überwachter, da suspekter Mann, der in ernsthafte Schwierigkeiten geriet, als er für eine aus der DDR weggezogene Familie, die Rechtsansprüche auf ihren Besitz geltend machte, das Mandat übernahm. Jemand gab ihm einen Tipp, er wusste, jetzt mussten sie weg. Zwei Tage blieben ihnen, in Einzelgesprächen schärften die Eltern jedem der vier Kinder ein, niemandem von der bevorstehenden Flucht zu erzählen, wirklich gar niemandem. Ute war fünfzehn, und es fiel ihr schwer, der besten Freundin zu verheimlichen, dass sie abhauen würde über Nacht, doch sie schwieg, die Geschwister auch. In Westdeutschland legte man ihr Steine in den Weg, der Besuch des Gymnasiums wurde ihr von offizieller Seite verweigert, weil sie Russisch und kein Englisch sprach. Sie heiratete mit zwanzig den Mann, dem sie nach Amerika folgte und mit dem sie heute noch lebt, in einem vom Architektensohn entworfenen modernistischen Haus mit freiem Blick über die Hügel von Amherst, erst dieses Land ermöglichte ihr das College und die Universitätskarriere, den Ph. D. hat sie in Harvard gemacht. Ute Brandes sagt, sie sei Professorin ohne Abitur, ein kleiner Makel nach wie vor. Sie spricht nicht gerne von ihrer Kindheit, schon gar nicht vom Weltkrieg, den sie noch als dunkles Gefühl erinnert und dessen Traumata sich während des Koreakrieges einen Weg nach außen bahnten, Panikattacken habe sie gehabt damals, schlimme Angstzustände. Aber die Familiengeschichte und die Flucht sind nicht ihre vordringlichen Themen, im Unterschied zu Gertraud Gutzmann, die sowieso ein ganz anderer Charakter ist als ihre elegante, zurückhaltende Kollegin, eine muntere kleine Frau, die gerne und blumig erzählt. Ihre Geschichten stehen wie konturierte Theaterszenen vor einem, wenn sie spricht. Sie lebt seit fünfzig Jahren in Amerika, und doch ist ihr die Kindheit in Hinterpommern ganz präsent, sie schreibt darüber Prosastücke, und wenn sie erzählt, wie sie als Vierjährige am Bahnhof von Wusterwitz ihr Ohr auf eine Schiene legte und der Schaffner zu ihr sagte, *Aber Gertraudchen, was tust du denn da, der Vater kommt doch erst in vier Stunden an,* dann kann man sich das kleine Mädchen in der weiten Ostseelandschaft vorstellen und sieht sie vor sich, wie sie antwortet, *Ich kann den Zug aber schon hören!,* und trotzig auf den Gleisen liegen bleibt. Am 1. März 1945 hatte ihre Familie sich Richtung Stolpemünde auf die Flucht begeben und einen Monat für fünfzig Kilometer gebraucht, sie waren im Kreis gegangen mit Pferd und Wagen, alles war so verstopft gewesen mit Flüchtlingstrecks, irgendwann gelangten sie zurück auf den Hof, fanden die Schweine tot und halb verwest im Keller liegend, die Gläser mit der eingemachten Heidelbeermarmelade in der Küche, sonst nichts, nur Verwüstung, dazu die Geschichten über die Nachbarin, die an einem Tag 23-mal vergewaltigt worden war, schrecklich sei das gewesen. Zwei Jahre blieben sie auf dem Gutshof, der erst unter russischer und dann unter polnischer Verwaltung stand, und während jener Zeit sei ihre Liebe zum Russischen entstanden, sagt Gertraud, sie sei zwar ein *deutsches Pommernkind* gewesen, doch ihre ganze Bewunderung habe der schönen Soldatin Irina gegolten, die ihr Russisch beibrachte und deren Zöpfe flogen, wenn sie zu der Musik ihrer Heimat tanzte, die Akkordeon spielen konnte und mit der sie ins Kurbelkino ging, das man im Hof des Gutes aufgebaut hatte, wo Bettlaken als Leinwand dienten. *Flintenweiber* nannten die Deutschen die russischen Offizierinnen, doch Irina sei ihrer aller Traum gewesen, sie besaß nur ein einziges Kleid neben der Uniform, das zog sie an, wenn sie tanzen ging, und machte damit die Männer verrückt. Gertraud sah ***Panzerkreuzer Potemkin*** auf der Bettlakenleinwand zum ersten Mal, im Erwachsenenleben später hat sie über Eisenstein gearbeitet. 1947 ging dann der Transport gen Westen, auf dreißig Vieh- und Güterwaggons wurden neunhundert Ostpommern in den Harz transportiert, darunter Gertraud, ihr Bruder, die Mutter und der Großvater, der Vater war durch einen Kopfschuss im Krieg gefallen. Eigentlich wollten sie zu Verwandten in die *Westzone,* doch da war die Flüchtlingsquote bereits überschritten, so blieben sie in der *Sowjetischen Besatzungszone* hängen und gingen nach der Zeit im Quarantänelager in ein Dorf namens Bersell in der Nähe von Halberstadt. Gertraud wurde Jungpionierin der DDR, konnte Dutzende Kampflieder singen, die *Bandiera rossa* natürlich, und sogar allerlei auf Vietnamesisch. Sie war gelegentlich bei Verwandten in West-Berlin zu Besuch, ein *Landei* mit Holzkoffer und Zöpfen, die bald einer *flotten Frisur* wichen, sah amerikanische Filme in den Ku'damm-Kinos, lernte Boogie-Woogie, verabschiedete sich ein für alle Mal von den ostdeutschen *Aufbau-Walzern* und flüchtete schließlich im Mai 1956 über Ost- und West-Berlin nach Hamburg, wo sie sieben Monate mit fünfzehn Menschen in einem Zimmer im Flüchtlings-Durchgangslager lebte, ein *fragmentiertes deutsches Leben* nennt sie es. Dann ging Gertraud als Au-pair nach Massachusetts, studierte amerikanische Literatur und moderne Sprachen in Vermont, ein Vollstipendium machte es möglich, Verpflegung inklusive. Sie unterrichtete Deutsch und Russisch, promovierte, heiratete zweimal einen Amerikaner *(der letzte so schön wie Robert Redford),* ließ sich zweimal scheiden, wurde Professorin, hat zwei Töchter, fünf Enkel, alles ist gut, auch mit der ostpommerschen Kindheit ist sie versöhnt, sie sei glücklich, dass all die Gebäude, die ihr wichtig waren damals in Wusterwitz, das jetzt Ostrowiec heißt, der Bahnhof, die Schule, das Haus ihrer Kindheit, sogar der Friedhof, dass all dies nicht mehr stehe, eingeebnet sei, und dass

Panzerkreuzer Potemkin *(Bronenossez Potjomkin)* Russischer Stummfilm aus dem Jahr 1927 von Sergej Eisenstein (1898–1948), auf der Weltausstellung 1958 in Brüssel zum besten Film aller Zeiten gewählt.

die Menschen, die heute da lebten, ihren eigenen Ort und ihre eigenen Bilder hätten, und sie die ihren, die ihr niemand nehmen könne. Und dann sagt Gertraud etwas, das erst erstaunt und dann ganz plausibel erscheint, in dieser weitläufigen Landschaft, auf einer Holzterrasse im ländlichen Massachusetts sitzend, wo es Bären gibt und auch Kojoten, wo die Gärten der Häuser keine Zäune haben und die nächtlichen Geräusche der Natur viel lauter sind, als ich es von zu Hause kenne. Gertraud sagt, sie habe das Leben in Neuengland immer geliebt, weil es so ähnlich wie in Pommern sei, so einfach und so frei.

Dass die Colleges deutsche Fakultäten haben, liegt auch an den vor den Nazis geflohenen Juden, die in New York auf ein antisemitisches Klima trafen, in Massachusetts jedoch gern gesehen waren; die profiliertesten Leute kamen hierher, verdingten sich erst als Deutschlehrer, bevor sie in ihren Fachbereichen Anstellungen fanden. Dadurch gewannen die neuenglischen Colleges und Universitäten einen Geisteszuwachs ungeahnten Ausmaßes, gleichzeitig fasste die deutsche Sprache Fuß in der Gegend. Ein Irrsinn sei es eigentlich, sagt meine Freundin K., amerikanische Professorin mit deutschen Vorfahren, dass diese dem NS-Regime entronnenen Juden in den Fünfzigerjahren dann unter anderem Studenten unterrichten mussten, die das Nachkriegsdeutschland verlassen hatten, um sich in unversehrter Umgebung ihrem beruflichen Werdegang widmen zu können, Studenten aus wohlhabenden Nazifamilien, solche auf der Gewinnerseite, und heute wiederum seien es manchmal ausgerechnet die Kinder dieser Leute, die jungen amerikanischen Juden Deutsch beibrächten. Es ist ein kleiner Kreis, und alle scheinen irgendwie miteinander verstrickt, wenn auch nicht mehr lange, denn die deutschen Fakultäten werden nach und nach verschwinden, Chinesisch und Spanisch treten an die Stelle des Deutschen.

Sprachübung (eine Auswahl deutscher Wörter in der englischen Sprache; bei denen mit negativer Konnotation lassen sich Rückschlüsse auf den Beginn der Verwendung ziehen): *angst, kindergarten, blitzkrieg, dreck, gesundheit!, hinterland, Lebensraum, machtpolitik, Kriegspiel, flak, Weltanschauung, kapellmeister, Festschrift, Bildungsroman, lautverschiebung, urtext, doppelganger, gesamtkunstwerk, Übermensch, gestalt, poltergeist, Götterdämmerung, wunderkind, Waldsterben, dachshund, schutzhund, hamster, zeitgeist, verboten, delicatessen, knackwurst, schnitzel, sauerbraten, sauerkraut, schnaps, heiligenschein, schadenfreude, katzenjammer, ahnentafel, kitsch, gemütlich, coffee klatsch, Gemeinschaft, glockenspiel, wanderlust, Wanderjahr, rucksack, edelweiss, dirndl, Fahrvergnügen, kaput, leitmotif, gedankenexperiment, lederhosen, Weltschmerz.*

Gertraud erzählt eine schöne Geschichte über **Joseph Brodsky**, 1973 hier erlebt: Brodsky, frisch in die USA immigriert, kam für eine Lesung ans College. Er sei ein schwieriger Mensch gewesen, habe gerne provoziert, in der Besenkammer geraucht, weil das Rauchen verboten war auf dem ganzen Gelände, unter dem Türspalt habe man den Rauch hervorquellen sehen. Auch irritierte er all die anwesenden Literaturwissenschaftler, indem er sich beschwerte, dass sie Tolstoi zu wenig kannten, und ihnen an den Kopf warf: *You are Americans, what do you know about Russian literature!* Gertraud habe daraufhin einen von Tolstois Texten auswendig auf Russisch zitiert, wodurch er milde gestimmt gewesen sei, erst einmal. Bei der Lesung selber habe er eigentlich nicht gelesen, sondern eher gesungen, seine Gedichte mit einem solchen Rhythmus vorgetragen, dass

Joseph Brodsky Iossif Alexandrowitsch Brodskij, 1940–1996, russisch-amerikanischer Dichter und Nobelpreisträger, wurde 1972 aus der Sowjetunion ausgebürgert und nach Wien gebracht, wo er den Schriftsteller W. H. Auden traf, der ihn in die USA mitnahm.

selbst jene zu Tränen gerührt gewesen seien, die kein Wort Russisch verstanden. Als dann aber eine schmallippige, magere Studentin seine Texte leise und ausdruckslos auf Englisch vorzutragen begann, sei Brodsky unflätig und laut geworden: *no no no!*, habe er gebrüllt, das sei ja entsetzlich, er verlasse sofort den Raum, wenn diese schreckliche Person nicht unverzüglich zu lesen aufhöre. Gertraud habe schließlich nach Burt gerufen, einem riesenhaften Studenten, der so dick gewesen sei, dass er sich stets mit Wolldecken habe umhüllen müssen, weil er keine Kleider tragen konnte, von Schuhen ganz zu schweigen. Burt sei also gekommen, habe seine fleischige Hand auf Brodskys Schulter gelegt, ihm beruhigend zugeredet und sich auf die beiden Stühle gesetzt, die man für ihn zusammengeschoben hatte. Und dann habe Burt gelesen, mit seiner raumfüllenden Stimme und einem tiefen Verständnis für die Texte, es sei ganz still gewesen im Saal, nur Brodsky habe immer wieder anerkennend gesagt: *You are a big man, Burt. You are a very big man.*

Sprachübung: *pet* – Haustier, *to pet* – streicheln, liebkosen; *pet fee* – in Hotels zu entrichtende Gebühr für Hunde und andere Haustiere, gilt auch für Wellensittiche im Käfig; *pet friendly* – Haustiere, zumeist Hunde, erlaubt (selten)

In Concord angekommen. Hitze, Hunger, die Hotelsuche gestaltet sich schwierig, Lino ist das Problem. Einmal mehr bedauere ich es, keine **Rosinante** zu besitzen, sondern nur ein normales Auto zu

Rosinante Der zu einem Schlafmobil umgebaute Pick-up von John Steinbeck (1902–1968), in dem er gemeinsam mit seinem Pudel Charley 1960 eine Rundreise durch Amerika unternahm, die er in dem Buch *Travels with Charley: In Search of America* beschrieb; nach Rosinante, Don Quijotes Pferd aus dem 1605 und 1615 veröffentlichten Roman des spanischen Autors Miguel de Cervantes.

fahren; wie angenehm wäre es, sich einfach irgendwo hinzustellen. Ich möchte etwas essen, doch das geht nicht, weil kein Restaurant den Hund akzeptiert, nicht einmal draußen, auch nicht die Sandwichbar mit den drei Stühlen vor der Tür. Beim vierten Versuch endlich ein befrackter Kellner, der mich zum hintersten Platz der Terrasse führt, widerwillig, angeekelt fast, auf jedem der Tische eine desinfizierende Handwaschlotion, für die Sauberkeit danach. Es ist Viertel nach zwei, ich bin der einzige Gast. Neben meinem Tisch die Abluftanlage, sie stinkt, sie dröhnt, ich setze mich. Der Kellner schaut entgeistert, der Hund könne hier nicht bleiben, er müsse auf die andere Seite der Absperrung. Auf die andere Seite, frage ich, hinter das Metallgitter? *Of course,* sagt der Mann, hinter das Gitter, neben die Mülltonne. Ich blicke Lino an, blicke den Kellner an, das ist doch absurd, sage ich, der Hund wird nicht ruhig sitzen bleiben, er wird kläffen, so weit weg von mir. Das seien die Gesundheitsbestimmungen des Staates Massachusetts, antwortet der Mann; wenn es mir nicht gefalle, könne ich auch wieder gehen. Ja, sage ich und stehe auf, dann gehe ich mal wieder. Einkaufen und den Hund im Auto lassen ist unmöglich, die Temperaturen liegen bei über 30 Grad. Wir schleppen uns die Hauptstraße entlang, Lebensmittelgeschäfte gibt es in der Innenstadt keine, endlich entdecke ich einen *Cheese Shop,* binde Lino an die Tür, die Sonne glüht. Eiseskälte in dem Geschäft, ich greife die nächsten Kräcker, abgepackten Käse, Oliven im Glas und gehe zur Kasse, der Hund hechelt besorgniserregend. Die Frau hinter der Theke plaudert mit einer Kundin, ich bitte um ein wenig Beeilung, zeige nach draußen, der Hund, die Hitze, *you know.* Beide nicken freundlich und plaudern weiter. Ich schaue zu Lino, seine Augen quellen hervor, ich stelle die Sachen bei der Kasse ab, gehe hinaus, binde ihn los. Für einen Moment hasse ich dieses Land und seinen Hygienewahn, hasse dieses ewige Gerede von Freiheit, die für mich so gar keine ist. Mir wird übel vor Hitze und Hunger, wir setzen uns ins Auto, ich drehe die Klimaanlage hoch, fahre zum State Highway 2A, bestelle bei *McDonald's drive-thru* eine Portion *World Famous Fries* mit Mayonnaise aus purem Trotz, den *Premium Southwest Salad* und eine Cola, einmal mehr. Danach ins Best Western; das Hundezimmer, das auch das Raucherzimmer ist, ist noch zu haben, *10 $ pet fee,* geradezu günstig hier.

Sprachübung: *mine and thine* (poet., veraltet) – meins und deins

Ralph Waldo Emerson (1803–1882), Philosoph und Schriftsteller
Nathaniel Hawthorne (1804–1864), Schriftsteller
Sarah Margaret Fuller (1810–1850), Journalistin und Frauenrechtlerin
Henry David Thoreau (1817–1862), Philosoph und Schriftsteller
Louisa May Alcott (1832–1888), Schriftstellerin

Concord ist ein erstaunlicher Fleck, die Konzentration von bedeutungsvollstem Handeln und Denken auf solch kleinem Raum ist außergewöhnlich, dies ist ein mythisch besetzter Ort für viele Amerikaner, gebildete zumal. Es sind zweierlei Gründe, aus denen die Besucher hierherkommen, man möchte es fast wagen, eine Typologie vorzunehmen. Die einen sind die Historienfreaks, unter ihnen flammende Nationalisten, sie besuchen die Schlachtfelder von Lexington und Concord, wo am 19. April 1775 jener sagenumwobene Schuss fiel ***(shot heard 'round the world),*** der den Beginn des amerikanischen Unabhängigkeitskrieges markierte, die anderen sind die Literaturfreunde, die Träumer und Naturliebhaber, sie begeben

shot heard 'round the world Der Schuss, der um die Welt ging, ist zu einem geflügelten Wort geworden, seit Ralph Waldo Emerson ihn 1837 in der ersten Strophe seines Gedichts *Concord Hymn* beschrieb.

sich auf die Spuren der Philosophen und Schriftstel
wirkten. 1635 war der Ort gegründet worden, das Gebie
nischen Priestern einem lokalen Indianerstamm abg
das Land war nahezu menschenleer, die aus Europa eingeschleppten Pockenviren hatten die *Native Americans* aufs Schlimmste dezimiert. Die Siedler wohnten in den Wäldern, und der Wald ist es auch, der Concord berühmt machte, durch Henry David Thoreau vor allem, durch sein Buch ***Walden oder Leben in den Wäldern***. Mit vierundzwanzig lernte der als Privatlehrer arbeitende Sohn eines Bleistiftfabrikanten den Philosophen Ralph Waldo Emerson kennen, die Begegnung war entscheidend, Emerson hatte sich 1836 in seiner beachteten Essaysammlung *Nature* dafür ausgesprochen, dass der Mensch freiheitlich, selbstverantwortlich, einfach und im

Walden oder Leben in den Wäldern
Ein Buch in 18 Kapiteln von Henry David Thoreau:
Ökonomie.
Art und Zweck meines Lebens.
Lesen.
Laute.
Einsamkeit.
Gäste.
Das Bohnenfeld.
Das Dorf.
Die Seen.
Baker Farm.
Höhere Gesetze.
Nachbar Tier.
Der Kamin.
Frühere Bewohner und winterliche Gäste.
Tiere im Winter.
Der See im Winter.
Frühling.
Schluss.

Einklang mit der Natur leben sollte, eine für viele Intellektuelle faszinierende Lebenshaltung, die aber subversiv war, da staats- und verfassungsfeindlich, was Emerson dann auch die Anstellung an der Harvard University kostete. Er gründete den *Transcendental Club,* der junge Thoreau wurde bald Mitglied der Transzendentalisten, die sich regelmäßig in einem Gartenhaus zum Gespräch trafen. Sie publizierten die Zeitschrift *The Dial,* Emerson arbeitete mit und auch Thoreau, die Frauenrechtlerin Sarah Margaret Fuller war die Herausgeberin, bis sie zur *New York Tribune* wechselte, als erste Frau in der Redaktion einer großen Tageszeitung überhaupt (Fuller sollte jung am Ende einer Fahrt von Italien über den Atlantik nach Amerika sterben, ihr Schiff sank vor New York). Es war die Zeit der großen sozialen Experimente; der Schriftsteller Nathaniel Hawthorne (dem Herman Melville seinen *Moby-Dick* widmete), eng befreundet mit Emerson und Thoreau, aber kein Transzendentalist, versuchte sich als Mitglied der sozialutopischen Landkommune *Brook Farm,* kehrte nach sechs Monaten ernüchtert nach Concord zurück und verarbeitete die Erlebnisse in einem Roman, *The Blithedale Romance.* Thoreau hatte sich Hawthornes abschreckende Erlebnisse aus dem Kommunenleben genau angehört und einen Entschluss gefasst, der in eine ganz andere Richtung ging: Er baute sich beim Walden Pond eine Blockhütte, in der er für zwei Jahre leben sollte; seine Naturbeobachtungen sind von solcher Detailgenauigkeit und philosophischen Tiefe, dass sich nicht nur die Naturschutzbewegung später darauf berief, sondern auch Wissenschaftler seine Aufzeichnungen als Quellen benutzten, Klimaforscher etwa heute noch. – Durch Concord kann man gehen und gehen, eine Parklandschaft greift in die nächste, man kommt immer wieder an Häusern vorbei, die zum Besuch einladen, das Wohnhaus der Schriftstellerin Louisa May Alcott, deren Jugendroman *Little Women* für Generationen von Mädchen prägend war, das zweistöckige weiße Wohnhaus von Emerson, das geistige Zentrum der Transzendentalisten, das

240 Jahre alte Pfarrhaus, in dem schon Hawthornes Großvater lebte und wo Thoreau einen Gemüsegarten für seinen Freund und dessen Frau anlegte, das kleine Ortsmuseum, dessen Obergeschoss gefüllt ist mit Thoreaus Büchern, Notizen, Bleistiften, Steinen, getrockneten und beschrifteten Pflanzenteilen, auch der berühmte *Walden*-Schreibtisch steht hier, und sogar die Lesebrille von Thoreaus Vater ist zu sehen. Im Erdgeschoss macht eine resolute alte Dame die Führung durch die Dauerausstellung, ich höre, wie sie dem Publikum eine Frage stellt und ihre stumm dastehenden Zuhörer schließlich streng ermahnt, *It is your history, so care about it!* Sie erzählt Schönes, zum Beispiel, dass in der indianischen Sprache die Worte *mine and thine* fehlten und dass die lokalen *Natives* beteten, bevor sie ein Tier schlachteten, um sich bei ihm zu entschuldigen und zu versichern, dass sie alles von ihm verwenden würden, damit es sein Leben nicht umsonst gelassen hatte, eine Denkart, die auch Thoreau entgegenkam, der als einer der Ersten Utensilien der Ureinwohner sammelte und ihren Wert zu schätzen wusste. Emerson war darüber hinaus Vegetarier, berühmt geworden ist ein Zitat, das ich schon kannte und das ich mag: *Sie haben soeben zu Mittag gegessen: Und wie sorgfältig auch immer das Schlachthaus in einer taktvollen Entfernung von einigen oder vielen Kilometern verborgen sein mag – Sie sind mitschuldig.* Im Garten des Museums steht eine Replik von Thoreaus Hütte mit dem steilen Giebeldach; dass die *cabin* klein war, wusste ich, aber dass sie so klein war, überrascht dann doch, immerhin lebte der Mann zwei Jahre in diesem Raum, fünfzehn Fuß lang, zehn Fuß breit, zwei Fenster, ein schmales Bett, ein Kamin in der Wand, ein Tisch, zwei Stühle. Thoreau verbrachte damals auch eine Nacht im Gefängnis, weil er seine Steuern zu zahlen verweigerte, aus Protest gegen die Sklaverei und den Krieg in Mexiko. Jener kurze Gefängnisaufenthalt veranlasste ihn, das Standardwerk *Über die Pflicht zum Ungehorsam gegen den Staat* zu schreiben, worin er forderte, sich dem Recht des Staates nur zu beugen, wenn es mit

den eigenen Moralvorstellungen übereinstimme, auch kritisierte er demokratische Mehrheitsentscheide, weil die Mehrheit nicht immer moralisch agiere, er forderte ein individuelles Gewissensrecht. Sein Aufruf zum zivilen Ungehorsam prägte später Mahatma Gandhi und auch Martin Luther King; Henry David Thoreaus Wirken ist grenzübergreifend, die *Thoreau Society* hat weltweit rund 1200 Mitglieder, auch einen Messtechniker vom linken Niederrhein, so sagt man mir.

Sprachübung: *mole cricket* – Maulwurfsgrille (im deutschsprachigen Raum auch Halbteufel, Werre oder Zwergel genannt)

Henry David Thoreaus Tagebucheintrag vom 16. August 1853: *How earthy old people become, – mouldy as the grave! Their wisdom smacks of the earth. There is no foretaste of immortality in it. They remind me of earthworms and mole crickets.*

Sleepy Hollow Cemetery. Dicht bewaldet, schattig und kühl, einst als Landschaftsgarten angelegt und erst später zum Friedhof ernannt, zwischen steilen Hügeln winden sich schmale Straßen, einmal eine Begegnung mit einer Schlange, sie richtet sich auf, züngelt, der Hund rennt bergauf und bergab, über Steinplatten und dürres Gras, der Friedhof geht nahtlos in den Wald über, hinter den letzten Gräbern ein weitläufiger, dunkler Sumpf, Insekten schwirren, Natur und Tote in unprätentiöser Einigkeit. Wir sind alleine, Schilder weisen zum *Author's Ridge*, erst hinten auf dem Literatenhügel dann ein Mann in Shorts und Sandalen, er legt ein Blatt Papier über eine Inschrift, paust mit Bleistift Buchstabe für Buchstabe ab, *ALCOTT* kommt zum Vorschein, die Dichterin wurde nicht sehr alt, eine Typhuserkrankung war mit Quecksilber behandelt worden, das hatte sie vergiftet nach und nach. Ralph Waldo Emersons Ruhestatt ist unverwechselbar, ein mächtiger Granitbrocken, unbearbeitet und rau, Menschen haben Kieselsteine dazugelegt, an der Gedenktafel klemmt ein Zettel, eine mit Kugelschreiber gezeichnete Pusteblume darauf, darüber steht geschrieben: *Ralph – Thank you. Bridget.* Neben den Gräbern von Emerson, Alcott, Thoreau und Hawthorne schließlich ein großer Grabstein, rot und glänzend poliert, mit auffallend langer Inschrift, elf Zeilen gelebtes Schweizer Leben:

ANTOINE RUPPANER
Born in Switzerland 1833
Emigrated to United States 1852
Graduated at Harvard 1855
Doctor of Medicine Harvard 1857
Practised in Boston till 1865
In New York City after That Founded there a Dispensary
for Diseases of the Throat and Chest 1869
U. S. Commissioner to Vienna Exposition 1873
Established the New York Goethe Society 1884
Died on a Visit to Concord 1892

Minute Man National Historical Park. Auf diesem geschichtlich so bedeutsamen Fleck stehend, die im Wald verstreuten Holzbauten und Repliken von Häusern des 18. Jahrhunderts betrachtend, dann plötzlich der Gedanke, dass dieses Beharren darauf, Amerika sei das freieste Land der Welt, daher rühren könnte, dass der Unabhängigkeitskrieg von 1775 bis 1783 der große Stolz der Nation ist, das Sich-frei-Schlagen von der britischen Kolonialmacht zu einem Mythos des ganzen Landes wurde, in den Schulen gelehrt und an jeder

Minutemen Innerhalb einer Minute kampfbereite, begeisterungsfähige und sehr junge Männer der Miliz in den britischen Kolonien Nordamerikas.

historischen Stätte sorgfältigstens konserviert oder rekonstruiert. *Patrioten* werden im Amerikanischen die Leute genannt, die sich gegen die englische Krone auflehnten, sie heißen auch *Rebellen,* und von daher verwundert es nicht, wenn ein linker Intellektueller sich *patriot* nennt, wie neulich geschehen. Der im Deutschen eher anrüchige Klang des Wortes kann nicht direkt übertragen werden.

Aktuelle Notiz (Zahlen zur Freiheit): 1404503 Menschen waren am Stichtag des *Prison Count 2010* inhaftiert, das sind 0,3 Prozent weniger als zwei Jahre zuvor, aber gleichwohl sitzt jeder hundertste erwachsene Amerikaner im Gefängnis. Anders ausgedrückt: Die USA stellen weniger als 5 Prozent der Weltbevölkerung, doch beinahe ein Viertel aller Gefangenen weltweit. (San Marino übrigens steht an letzter Stelle der Statistik: Zur Zeit der Zählung gab es 1 Gefangenen bei einer Bevölkerung von 30 000 Einwohnern.)

Die Freundlichkeit des Nordens ist nicht mehr und die Herzlichkeit des Südens noch nicht vorhanden. Kühle, geschäftige Zwischenzone, eher uncharmant.

Erstaunliche Hitze, sehr schwül, keine Brise trotz der Verzahnung von Meer und Stadt. Mühselige Parkplatzsuche im Zentrum von Salem, der roten Backsteinstadt, die sich *Witch City* nennt und ihrem Namen hemmungslos gerecht wird, Geschäfte sind mit Hexenplakaten, Hexenfigurinen und Hexenmasken dekoriert, auch Folterinstrumente im Miniaturformat stehen da, Gummiskelette baumeln in Schaufenstern wie andernorts Krawatten. An Halloween sei hier die Hölle los, sagt die Kellnerin, von der ich auch erfahre, dass sie erst neulich von ihrem Freund verlassen worden ist, weil der sich nach Jerusalem abgesetzt habe, nachdem er schleichend orthodox geworden sei, was ihr, obwohl selbst Jüdin, gar nicht gefallen habe. Nach Israel auswandern – niemals, schon gar nicht an der Seite eines orthodoxen Mannes, dann doch lieber sitzen gelassen werden. Diese Geschichte ausgerechnet in Salem erzählt zu bekommen, das bereits als Ortsname im Alten Testament auftaucht und gemeinhin als Jerusalem interpretiert wird, hat einen gewissen Reiz, allem Liebesleid der jungen Frau zum Trotz. Salem in Massachusetts wurde von einer Gruppe puritanischer Fischer im Jahr 1626 gegründet, 26 Jahre bevor jene hysterisch aufgeladenen Hexenprozesse stattfanden, die in die Geschichtsschreibung der Ostküste eingehen sollten und die nicht nur viele Menschen das Leben kosteten, sondern auch Schriftsteller wie Nathaniel Hawthorne und Arthur Miller zu literarischen Interpretationen anspornten. Zwei Mädchen hatten sich eigenartig verhalten, wirres Zeug geredet und sich verkrochen, ihnen wurde Teufelsbesessenheit attestiert, jemand musste sie verhext haben, das Fallbeil des Gerüchts fiel auf drei Frauen, eine Bettlerin, eine alte Kranke und die Leibeigene des Pfarrers. Die Stimmung in der Stadt war schlecht, Zwiste zwischen Indianern und Siedlern verursachten ein Klima der Angst, puritanische Geistliche peitschten die Gläubigen während stundenlanger Predigten auf, es gab Spannungen zwischen den Bewohnern, Hass auf allen Seiten, die Landwirtschaft wurde vernachlässigt, der Handel eingestellt, eine Region im Schockzustand, im Wahn. Den ersten Anklagen folgten weitere, ein Schauprozess jagte den nächsten, zwanzig Menschen wurden hingerichtet, vorwiegend Frauen, sie starben am Galgen, einen Greis zerquetschte man zwischen Steinen. Dutzende wurden durch Folter zu Falschaussagen gebracht, insgesamt zweihundert Menschen inhaftiert und der Hexerei verdächtigt, auch ein vier Jahre altes Mädchen, die Tochter der Stadtstreicherin Sarah Good, die man gehängt hatte am 19. Juli 1692, eine kleine Grabplatte erinnert heute noch an sie. Ich lande vor einem der Hexenmuseen, dem schlechtesten wohl, auf dem Bürgersteig stehen Folterapparaturen, Touristen stecken Köpfe und Hände durch Holzlöcher, es wird fotografiert und gelacht, ich will nur schnell in den verliesartigen Museumsshop hinein, eine übellaunige alte Mitarbeiterin raunzt mich an, Hunde nicht erlaubt, natürlich nicht, die Hygiene, ich weiß; ich möchte Lino anbinden vor der Tür, sie kommt hinterher und schickt mich weg, keift mich an, ich keife zurück. Die Alte schaut wütend, wird plötzlich sehr hässlich, sie hat es wohl ganz verinnerlicht, das Gummimaskenhexengesicht, sogar ihr Rock kommt mir voraufklärerisch schlampig vor, nur der Besen fehlt. Hinter ihr lese ich auf einem Schild ein letztes Mal das Wort, das einen durch ganz Salem verfolgt – *WITCH*. Ich drehe mich um, schimpfe vor mich hin und denke gereimtes Böses.

Sprachübung: *bitch* – Hündin, zum ersten Mal um 1000 n. Chr. im Englischen nachgewiesen, seit dem 14. Jahrhundert in der Vulgärsprache abwertend für eine promiske, sexuell angeblich unersättliche Frau verwendet, die sich verhalte wie eine läufige Hündin *(bitch in heat)*. Auch heute ein verächtliches Schimpfwort, jedoch variationsreicher benutzt und teilweise über das weibliche Geschlecht hinausgehend, etwa in dem Ausdruck *life is a bitch*. Im Feminismus manchmal auch als sogenanntes Geusen- oder Trotzwort für selbstständige, starke Frauen gebraucht, als Antistereotyp zur schwachen, unterwürfigen Frau. Kann auch auf Männer angewandt werden, beispielsweise im Bereich der *prison sexuality*, wo der rangniedrigere Gefangene als *bitch* bezeichnet wird.

Welcome to Plymouth – America's Hometown

Ich war vorgewarnt. Klein solle er sein, hatte ich mehrfach gelesen, überraschend klein. Der **Plymouth Rock**, im kollektiven Gedächtnis des weißen, protestantischen Amerika fest verankert als jener Fels, über den am 21. Dezember 1620 die ersten der 102 Passagiere der *Mayflower* an Land gegangen sein sollen (nachdem ihr Siedlungsversuch in Provincetown missglückt war), um sich endgültig in der

Neuen Welt niederzulassen, ein Moment, der nirgends schriftlich festgehalten wurde; erst ein gutes Jahrhundert später erklärte der fast hundertjährige Thomas Faunce einen Felsbrocken am Hafen zu jenem, auf den die Ankömmlinge gesprungen seien, so habe ihm das sein Vater erzählt. Damit rückte er jedoch erst heraus, nachdem er erfahren hatte, dass der Fels als Baumaterial für ein Hafenfundament benötigt werde, was er verhindern wollte; all die Jahrzehnte zuvor war nie die Rede davon gewesen, auf alle Fälle deutet keine Quelle darauf hin. Der Plymouth Rock, so steht zu befürchten, scheint ein Mythos zu sein, ein *fake*, entstanden aus einem Gerücht. Von Weitem schon zu sehen ist die allseitig offene Säulenhalle, 1920 im dorischen Stil erbaut, sechzehn Säulen im Rechteck angeordnet, hinten die Straße, vorne das Meer, ein wenig Antike nach Amerika geholt, bedeutungsvolle Architektur, schwergewichtig. Darin ein Metallgeländer, ein paar Menschen beugen sich darüber, starren in die Tiefe, schauen fassungslos, ich auch, so klein hatte ich ihn mir dann doch nicht vorgestellt, den Stein, der dort unten liegt. Zum Meer hin ist der Bau geöffnet, das Wasser kann zwischen Gitterstäben einlaufen bei Flut, den Stein umspülen, es hat eine hübsche Wellenzeichnung hinterlassen da im Sand. Weiter hinten liegt der Nachbau der *Mayflower* an der Pier, ein dickbäuchiger Dreimaster mit auffällig hohem Heckkastell, man sieht ihr an, dass sie ein Cargoschiff war, ein Weintransporter auf europäischen

Plymouth Rock ist auch eine neuenglische Hühnerrasse, zum ersten Mal 1869 auf einer Ausstellung gezeigt; großes Huhn mit stolzer, aufrechter Haltung, unterschiedliche Farbvarianten, zumeist jedoch braun-weiß gesprenkelt; ausgesprochen friedfertiger Charakter, die Hennen gelten als fürsorgliche Mütter; wegen der dualen Eignung als Legehenne und Speisehuhn schnell zu einem der populärsten Zuchthühner avanciert, bereits um 1880 nach Deutschland eingeführt, wo sich 1901 der heute noch aktive Sonderverein *Plymouth-Rock*-Huhn gründete.

Routen zumeist. Eine junge Frau in Uniform erklärt, wie der Fels zu einem läppischen Stein entzaubert wurde, immer mehr abhandengekommen ist im Laufe der Jahrhunderte, horizontal zerbrochen, vertikal zerbrochen, eine Hälfte hierhin transportiert, die andere dahin, Menschen mit Hämmern und Meißeln kamen angereist, klopften, stahlen, so lange, bis das klägliche Restchen gerettet und mit einer Gravur versehen wurde. *God's Own Country* hatten die religiösen Separatisten ihre Siedlung genannt, die weiß Gott nicht die erste europäische im Lande war, bereits 1607 war in Virginia gesiedelt worden, auch Santa Fé bestand schon längst, den Trumpf aber hält St. Augustine in Florida in der Hand, 1565 wurde es von den Spaniern gegründet, was im angelsächsischen Norden gerne vergessen wird, die *pilgrims* gehören zum Bestand der amerikanischen Folklore, gottesfürchtig und strebsam, wie sie waren. Die Hälfte der Siedler überstand den ersten Winter nicht, und auch der Rest hätte wohl nicht überlebt, wäre ihnen nicht ein Englisch sprechender Patuxet-Indianer zu Hilfe gekommen, der fünfzehn Jahre zuvor als Gefangener eines Expeditionsschiffes nach London entführt worden war, zwischendurch als Sklave nach Spanien verfrachtet wurde, bevor er ein Jahr vor Ankunft der Pilgerväter wieder über Neufundland nach Neuengland kam; Squanto war ein Mensch, der von der Welt mehr gesehen hatte als die meisten der Exilanten. Noch ein anderer *Indian American* spielte eine wichtige Rolle; seine Plastik steht überlebensgroß in der Nähe des Hafens, glänzende Bronze, ein fast nackter Mann von beinahe pornografischer Schönheit, die Muskeln ausgearbeitet bis ins letzte Detail, den Kopf mit einer Feder geschmückt, einen Schurz um die Lende (sein reales Vorbild trug laut eines Siedlerbriefes bis auf ein Wolfsfell über der Schulter keine Kleidung, nur eine Kette schmückte die Körpermitte; vor der Skulptur stehend dann doch ein leises Bedauern über die Zensur). Es ist der prächtige Massasoit, der Obersachem der Wampanoag, dem Amerika *Thanksgiving* zu verdanken haben soll, weil die Indianer in freundlicher Eintracht mit den puritanischen Siedlern im Herbst 1621 die neue Freundschaft, die nur kurz eine bleiben sollte, gefeiert hätten, ein Fest, das in die Annalen des Landes eingegangen ist. Indianerverbände sahen in diesem Datum keinen Grund zur Freude und ernannten 1970 den vierten Donnerstag im November zum Nationalen Trauertag, dem *National Day of Mourning*.

Sprachübung: *cod* – Kabeljau

Über die Sagamore Bridge nach **Cape Cod**. Spaziergang im bewaldeten Nickerson State Park, kein Mensch auf dem Wanderweg trotz Hochsaison, alles hält sich in Parkplatznähe auf, Schwimmen am hinteren Ende des Sees, ein wenig zaghaft; einmal mehr der Gedanke, dass man in diesem Land problemlos verloren gehen kann, tot herumliegen oder auch nur sich neu erfinden irgendwo. Später die Fahrt durch idyllische Dörfer, *Cranberry*-Marmelade wird am Straßenrand verkauft, dann durch imposante Dünenlandschaften, weitläufig und hoch, gleißendes Sommerlicht, links das Meer, rechts das Meer, man denkt an Thoreaus Wanderungen über die Insel, an die Kennedys und an die erste Funkverbindung zwischen England und Amerika, Theodore Roosevelt grüßte 1903 König Eduard VII.; Guglielmo Marconi, der Pionier der drahtlosen Kommunikation, hatte es möglich gemacht.

Die sonst allgegenwärtigen *Stars and Stripes*-Flaggen sind in Provincetown der Regenbogenflagge gewichen, der Patriotismus hat ein paar Kilometer lang Atempause, wird abgelöst vom Stolz des

Cape Cod 120 Kilometer lange Halbinsel in Angelhakenform, 1602 von dem britischen Entdecker Bartholomew Gosnold wegen des massenhaften Auftretens von Kabeljau so benannt, heißt im Lokaljargon meist *The Cape*.

LGBT *(Lesbian, Gay, Bisexual and Transgender Movement);* an fast jedem Haus, auf fast jeder Terrasse weht eine der Regenbogenfahnen, Kleinstadtidyll, in seiner Geschlossenheit kaum noch rebellisch. Im Laden der *Human Rights Campaign* hängen Kinderhemden mit Aufdrucken wie *I ♥ my two moms* oder *I ♥ my gay uncle* oder *Please Let My Dads Get Married,* daneben T-Shirts für Erwachsene: *courage, diversity, joy, spirit, community, equality.* Ich entscheide mich für *diversity,* in Blassgrau. Den *pilgrims* wäre dieser Ort ein Graus gewesen, ein Hort des Teufels. Es ist eine nette Koinzidenz, dass sich ausgerechnet jener Fleck, an dem die separatistischen Gottesfürchtigen aus England im November 1620 zum ersten Mal nordamerikanischen Boden betraten und den sie schließlich zum Siedeln ungeeignet fanden – zu sandig, kaum fruchtbar –, zum schwul-lesbischen Mekka der Ostküste entwickelte, wo ein dicker alter Mann in unverschämt kurzem zitronengelbem Tutu, das kaum den Stringtanga über pickeliger Haut verdeckt, unbehelligt durch die Straßen und an den Strand gehen darf, derweil ein junger Mensch ungeniert, auf den Treppenstufen des *gay hotel* sitzend, seine Fußnägel schneidet, während der Liebhaber gelangweilt neben ihm steht. Doch etwas Puritanisches ist geblieben; Kinderwagen schiebende Mütter- oder Väterpaare, ältere Männer, die artig Hand in Hand gehen, alle sehen gepflegt und zweimal täglich geduscht aus, keinerlei Obszönitäten sind im öffentlichen Raum auszumachen, eine durch und durch züchtige Angelegenheit, sogar nachts in den Bars, anders als etwa in Berlin bei einschlägigen Anlässen, wo die Lust am Subversiven einen durchaus verworfenen Ausdruck findet.

Sprachübung: *Spa* – Mineralquelle (ursprünglich), seit dem 17. Jahrhundert im Englischen verbreiteter Begriff; abgeleitet vom belgischen, in den Ardennen gelegenen Badeort Spa, den britische Reisende gern frequentierten; seit den 1950er-Jahren verwendeter Ausdruck für sogenannte Wellness-Oasen, zumeist Badebereiche von

Hotels. Die Mineralwasserquellen von Spa könnten schon den Römern bekannt gewesen sein, historisch gesichert ist das allerdings genauso wenig wie die These, dass das Wort *Spa* ursprünglich *spucken* oder *speien* bedeutete.

Warum nur hier, ausgerechnet an diesem Ort der gelebten sozialen Utopie, das leise Gefühl der Unzufriedenheit, der eigenen und der fremden? Ein latenter Missmut überall, vielleicht ist es nur meiner, der wie ein Echo zurückgeworfen wird, die zum ersten Mal während der Reise gefühlte Einsamkeit angesichts dieses Idylls, das bei böser Betrachtung keines zu sein scheint. Warum die Frage, womit sich die Menschen in diesem Land eigentlich tagein, tagaus beschäftigen? Als ob man sich diese Frage zu Hause nicht stellen könnte; aber dort scheint sie nicht so evident wie hier, man ist selber mehr eingebunden in tägliches Tun. Warum dieser Eindruck einer allgemeinen Sprachlosigkeit, eines Abgrunds, der unter allem wohnt, überdeckt wird von den Fahrrad fahrenden und joggenden Menschen, den üppigen Gärten, den Seifenblasen, die über die Straße schweben und Kinder zum Staunen bringen (und sich dann als Werbemaßnahme für ein Spa entpuppen), den Korbstühlen auf den dekorierten Veranden, eines Abgrunds, in den hineinzufallen droht, wer kritisch denkt und Fragen stellt, sein Unglück und seine Zweifel nicht zu verstecken vermag. Was, wenn am Ende das kleine Paradies des freien Lebens gar keins ist, so wie das Paradies des Reichtums in Kennebunkport keines war oder wie man in kaum einem Land so von inneren Ängsten geplagt werden kann wie in der Schweiz, wo alles nahezu perfekt ist und abgesichert, so sehr, dass das persönliche Unglück des Einzelnen sein eigenes Versagen sein muss, weil es ein allgemeines Unglück in diesem wohligen Nest der Sicherheit gar nicht geben darf. Was, wenn am Ende des (erkämpften) Weges einfach nur noch gähnende Langeweile steht?

Morgens um sechs ist Provincetown ein herrlicher Ort. Am Hauptplatz unten am Meer hat ein Café geöffnet, die Stimmung ist friedlich, niemand stört sich an der schwer schnaufenden Französischen Bulldogge im Ausschankraum, man kauft Muffins und *FAIR TRADE ORGANIC COFFEE,* alles sitzt mit Kaffeebechern in der Hand unter Bäumen auf Bänken aus Holz, portugiesischstämmige Fischer, Schwule in Jogginghosen, Handwerker und Segler, John und ich. John ist Truckfahrer, sehr dick, sehr verschwitzt, sehr freundlich. Er beliefert die Bars und Restaurants im Ort mit Bier, ist Provincetowner in fünfter Generation. Seine Mutter sei letzten Monat im Alter von fünfundneunzig Jahren gestorben, sagt John, er habe sein Leben lang mit ihr zusammengewohnt, jetzt sei er alleine und tue sich noch schwer mit dem Haushalt, meist esse er auswärts, so merke er weniger, wie still sein Leben geworden sei. Johns Urgroßvater ist Dorfpolizist gewesen vor über hundert Jahren, *peace man* hieß das dazumal. In dieser meerumschlungenen Kleinstadt am äußersten Zipfel von Cape Cod hat es stets Parallelgesellschaften gegeben, die miteinander zurechtkommen mussten, verbissene Puritaner und grobschlächtige Walfänger, auf amerikanischen Schiffen angeheuerte portugiesische Seeleute, die sich hier niederließen, um Fischer zu werden, Ende des 19. Jahrhunderts schließlich Schriftsteller und Künstler; P'town entwickelte sich zu einer Art intellektueller Außenstelle des Greenwich Village, dann kamen die Hippies und später die Homosexuellen. Als kulturelle Gruppe recht geschlossen geblieben sind die Portugiesen, zu ihnen gehört auch John, der kein Wort Portugiesisch mehr spricht, sich dennoch Portugiese nennt. Seine Mutter habe ihm früh schon beigebracht, dass jeder so sein solle, wie er eben sei, und dass jeder das Recht habe, hier zu leben, auch die *gays,* wie fremdartig sie ihm auch erscheinen mochten. Das sei schließlich Amerika, habe sie immer gesagt, *a free country.*

New Bedford. Heute ein Foto von einem historischen Walfängerladen gemacht (hölzerne, beinahe lebensgroße Seefahrerfiguren); für einen Menschen zu Hause, dem das gefiele.

New Bedford Walfang spielte im 19. Jahrhundert die zentrale Rolle in der Stadt, vor allem durch Immigranten aus Portugal, von den Azoren und den Kapverdischen Inseln; Herman Melvilles Erzähler Ismael lernt in *Moby-Dick* (1851) in einer hiesigen Herberge den tätowierten Harpunier Queequeg aus der Südsee kennen, mit dem er auf einem Walfangschiff anheuert; der Spitzname der Stadt ist *The Whaling City.*

RHODE ISLAND

»Hope«[7]

RI ist der kleinste Bundesstaat, besteht zu einem Drittel aus Wasser und heißt offiziell *State of Rhode Island and Providence Plantation*. Afroamerikanische Gruppen möchten den zweiten Teil des Namens entfernt haben, zu eng ist das Wort *Plantation* mit der Sklaverei verknüpft. Ihr Referendum scheitert in diesem Jahr, 78 Prozent der Wähler sprechen sich für das Beibehalten des ursprünglichen Namens aus, was ein wenig erstaunt, da Rhode Island als progressivster Staat des Landes gilt.

Anne Hutchinson und Mary Dyer, zwei Frauen, die ein öffentliches Ärgernis waren, Theologin und Autorin die eine, ihre Anhängerin die andere, einflussreich waren sie beide. Hutchinson (1591–1643) veranstaltete in Boston gemischtgeschlechtliche Diskussionszirkel, kritisierte die elitäre Haltung der Puritaner, erklärte weltliche Autoritäten für irrelevant, wenn das Individuum nur mit Gott eine Einheit bilde; eine subversive Person, die später die Transzendentalisten prägte und gar als früheste Feministin gilt. Sie wurde wegen unsittlichen Verhaltens aus Massachusetts verbannt und zog mit ihrem Mann in die Narragansett Bay, wohin auch der Vorkämpfer der Religionsfreiheit und Gegner der calvinistischen Prädestinationslehre Roger Williams (1603–1683) geflüchtet war; gemeinsam gründeten sie 1636 eine Niederlassung, die Williams *Providence* nannte. Die Basis für den Staat Rhode Island war gelegt, ein Hort des religiösen Liberalismus, der 1658 auch fünfzehn sephardische Familien von den Niederländischen Antillen anziehen sollte, die von dem freiheitlichen Experiment vernommen hatten und in Newport die zweite jüdische Gemeinde auf nordamerikanischem Boden gründeten. Auch Mary Dyer (1611–1660) hatte zu den Verbannten um Hutchinson gehört, sie konvertierte während eines Englandaufenthalts zum Quäkertum, wollte die pazifistische Gesinnung in Neuengland verbreiten, wurde dafür von den Puritanern zum Tode verurteilt und gehängt; sie gilt als letzte religiöse Märtyrerin Amerikas. Anne Hutchinson wiederum ging in die Geschichte ein als die einzige Frau, die einen der Bundesstaaten mitgegründet hat. Rhode Island ist, seiner Kleinheit zum Trotz, ein ganz besonderer Staat.

In der sich tief ins Landesinnere hinein verästelnden, von Segelbooten übersäten Narraganset Bay fand bemerkenswerterweise auch James Cooks *Endeavour* ihr Ende, jenes Schiff, mit dem er von England aus seine erste Entdeckungsreise in die Südsee unternommen hatte. Man hatte sie nach seiner Rückkehr verkauft, in *Lord Sandwich* umbenannt und für kommerzielle Fahrten genutzt, während des amerikanischen Unabhängigkeitskrieges als Truppentransporter verwendet und 1778 in der Narraganset Bay versenkt, wo sie einer französischen Flotte, die den Kolonisten zu Hilfe kam, die Zufahrt blockieren sollte. Die genaue Stelle wurde nicht lokalisiert, aber Relikte gefunden, ein paar Kanonen etwa und auch ein Anker. James Cook selber wurde im Jahr darauf auf Hawaii getötet. Die Inselgruppe sollte seine letzte Entdeckung gewesen sein, ironischerweise hatte er sie Sandwich-Inseln genannt, nach demselben Lord der Admiralität, dem Earl of Sandwich, der auch der umgetauften *Endeavour* als Namensstifter diente.

Sprachübung: *poison ivy* – nordamerikanischer Gift-Efeu *(Toxicodendron radicans)* in Form eines Strauchs, einer Kriech- oder Kletterpflanze; der aus den Blättern austretende Milchsaft kann zu schweren, dauerhaften Hautentzündungen führen.

Dann dieser Reichtum. Newport, die Inselstadt, die sich nicht mit nur einem Spitznamen zufriedengibt, *City by the Sea, Sailing Capital of the World, Queen of Summer Resorts, America's Society Capital,* jeden davon trägt sie wohl zu Recht, Schiffbaustadt ist sie seit frühester Zeit, Stammsitz des **America's Cup**, Sommerresidenz für den Geldadel seit dem 19. Jahrhundert, auch die Astors und die Vanderbilts lebten hier, triumphal exzentrische Villen bestimmen das Bild, ein Wettstreit unter Wohlhabenden. Das Verschmelzen von Parklandschaften, Gartenanlagen, Küstenwegen und Herrschaftshäusern ist dennoch geglückt, es ist ein Tanz aus Natur und Architektur, harmonisch ineinandergreifend, vom Ozean umringt. Der *Cliff Walk* ist öffentlich, schlängelt sich die Küstenlinie entlang über Klippen und Wiesen, ein einzigartiger Weg, fast sechs Kilometer lang, Paläste auf der einen Seite, der Atlantik auf der anderen, ein Weg, mit dessen Bau 1880 begonnen wurde, einige der Grundstücksbesitzer hatten dieses geradezu sozialistisch anmutende Unternehmen unterstützt; in der Verfassung von Rhode Island steht geschrieben, dass jeder Mensch ein Recht auf freien Zugang zum Meer habe, *Fisherman's Rights* nennt sich das Gesetz. Es war ein zäher Kampf zwischen Gerechtigkeitsliebenden und Besitzstandswahrenden, ein Ringen, das an einigen Stellen jetzt noch währt, auch wenn die renitenten Reichen weder Stiere noch Hunde auf Spaziergänger hetzen, wie früher geschehen. Die größte Gefahr droht heute vom Gift-Efeu, ich werde mehrfach davor gewarnt, man zeigt sich be-

America's Cup Älteste Segelregatta der Welt, bei der zwei Jachten gegeneinander antreten; während der Weltausstellung in London 1851 erstmals ausgerichtet, das Rennen zwischen einem amerikanischen und einem englischen Zweimaster fand vor der Isle of Wight statt, die Amerikaner siegten, das Rennen wurde zur Tradition, die amerikanische Gewinnsträhne dauerte 132 Jahre, 25 Rennen wurden gefahren, drei Siege errang auch Harold S. Vanderbilt, Urenkel des Unternehmers Cornelius Vanderbilt.

sorgt um Lino, er läuft ohne Leine, als Einziger wie meist, Amerikas Hunde kennen diese Freiheit für gewöhnlich nicht. Später dann, ich habe mich gerade an diesen sonnenbeschienenen Wohlstand gewöhnt, kommt mir in der Innenstadt ein Wesen entgegengeschlurft, wie ich es an diesem Ort nicht vermutet hätte, eine Greisin im knapp die Scham bedeckenden Rock, die mageren Beine in weiße Kniestrümpfe gesteckt, der Rock aus altrosa Spitzen, sie schiebt einen Karren mit ihrem Hab und Gut vor sich her. All das wäre nicht weiter verwunderlich, es wäre die ganz normale Armut in diesem Land der sozialen Bodenlosigkeit, doch die alte Frau hat sich Tücher um den Kopf gewickelt und trägt eine Gasmaske vor dem Gesicht, olivfarben und grob, ein baumelndes Gerät, an ein großäugiges Insekt erinnernd, ein Schreckensbild in dieser makellosen Welt der Segeljachten, Golfklubs und gestreiften Baumwollpullover, der Gärtner und blondierten Muttis, die ihre Kinder im Tennisdress von der Schule abholen. Plötzlich ist sie wieder da, die Realität, wird einem entgegengeschleudert in Form einer monströs daherkommenden Frau, die an Krieg denken lässt, an Vietnam und den Irak, an Giftgas und Bunker und Tod, aber auch an rosagespreizte Schönheitswettbewerbe, an Hollywood, Michael Jackson und gescheiterte Lebensträume.

Ich bin schon dankbar, wenn ich mich mit dem Hund irgendwo draußen zum Essen hinsetzen darf, heute hinter dem Bierausschank eines Ausflugsrestaurants, die Mülltonnen neben mir, Pappgeschirr auf den Knien. Später zum Ausgleich und gegen die Depression ein Motel auf einem Hügel, freier Blick über Stadt und Meer.

Manchmal scheint es, als seien sie immer noch Pioniere, Wandernde auf der Suche nach dem Neuen, die immer weiter wollen, vielleicht morgen schon, aufbrechen, um das große, unerschlossene Land zu entdecken (gewappnet für den Kampf gegen wilde Tiere, ungezähmte Natur, üble Widersacher und sonstige Unannehmlichkeiten, stets schussbereit). Angesichts dieses Gedankens verwundern weder die maroden elektrischen Systeme, all das Gebastelte und Zusammengeschusterte, die leichtfüßigen Häuser mit ihren knarzenden Böden und windschiefen Fenstern, Türen, die nicht schließen wollen, Waschbeckenarmaturen, die unermüdlich tropfen, verrottende und schimmelnde Badewannen, in denen man nur unbequem kauern kann, weil gleich hinter dem schmalen Rand am Kopfende die Wand beginnt, mit Raumspray übertünchter Modergeruch, der aus feuchten Teppichen dringt, verlotterte Tankstellen mit öden Rückseiten, die niemand sehen will, und natürlich die Trailerparks, End- und Anfangspunkt aller Mobilität. Amerika – ein einziges großes Provisorium, jederzeit zum Abriss und Aufbruch bereit.

CONNECTICUT

»Qui transtulit sustinet«[8]

Welcome To Mashantucket
Wuyeepuyôq

Sprachübung: *Wuyeepuyôq – Komm auf eine gute Art,* Aussprache: weeee-pee-on-kwa, Begrüßungsformel der Pequot-Indianer

Was sich hier abspielt, ist eine Tragödie. Die einen sind reich, die andern sind arm, doch **Pequot**-Indianer sind sie alle. Die Armen gehören zur *Eastern Pequot Tribal Nation,* die Reichen zum *Mashantucket Pequot Tribe,* man spricht von den *Eastern* und den *Western Indians.* Ihre Vorfahren erlebten Grausames, das Massaker vom Mystic River ging als eine der ersten und brutalsten Schlachtereien in die Geschichte ein, am 26. Mai 1637 ermordeten die Puritaner und einige ihrer indianischen Verbündeten über sechshundert Pequots, ein ganzes Dorf hatten sie eingekesselt und angezündet, die meisten Bewohner verbrannten bei lebendigem Leib, vom Kommandanten James Mason wurde der Tag später in glühenden Worten geschildert, Gott musste als Rechtfertigung herhalten wie meist: *Gott hohnlachte über die Feinde, die Feinde seines Volkes, und ließ sie zu einem Feuerofen werden. So richtete der Herr die Heiden, und häufte die Toten auf, Männer, Frauen, Kinder.* Die Überlebenden flüchteten, wurden von den christlichen Siedlern gefangen genommen, in die Leib-

Pequot *Pequod* hat Herman Melville (1819–1891) das Schiff von Kapitän Ahab in *Moby-Dick* genannt.

eigenschaft gezwungen oder als Sklaven verkauft, einige landeten gar auf den Bahamas, andere wurden auf fremde Stämme verteilt, wenige wieder in der Gegend um den Mystic River angesiedelt, eine unspektakuläre Landschaft, waldreich und nicht besonders hügelig. Es ist Montagmorgen, ich fahre über leere Straßen, auf dem Highway ist mir schon mehrmals signalisiert worden, wohin ich bald kommen werde. *FOXWOODS RESORT CASINO – Black Jack – Roulette – Poker – 1406 Hotel Rooms – MGM Grand – 340 000 square feet – MOST SLOT MACHINES of ANY CASINO in the WORLD.* Die Anlage dann enorm groß, Hotels und Casinogebäude im üblichen postmodernen Einheitslook, gepflegte Gartenanlagen, eine Blütenpracht mit südlichem Flair; *Foxwoods* ist in der Tat eines der weltgrößten Casinos, die Spielhallen allein haben eine Fläche von 32 000 Quadratmetern, das Theater fasst 4000 Zuschauer, es gibt Hunderennen, Pferderennen, einen Golfplatz natürlich. Geführt wird es von den Pequots, den Mashantucket Pequots aber nur. In den 1970er-Jahren zogen Stammesmitglieder in die ausgestorbene Gegend zurück, bauten kleine Geschäfte auf, verkauften Ahornsaft und merkten bald, dass ihr Land illegalerweise vom Staat Connecticut übernommen worden war, sie forderten es zurück, gewannen den Prozess und 700 000 Dollar dazu. Ronald Reagan unterschrieb 1983 den Vertrag, das Reservat war wiedererstanden und mit ihm rechtliche Freiheiten, legales Wetten zum Beispiel; man kaufte sich das schlechte Gewissen vom Leib. Die Gemeinde baute mithilfe eines malaysischen Investors eine Bingohalle, das Geschäft florierte, das erste Casino kam dazu, heute bezahlen die Betreiber jährlich 200 Millionen Dollar Steuern, ein später Triumph, eine 800-Seelen-Indianergemeinde als Saniererin des Staats mit Tausenden von Angestellten, sogar ein Museum wurde gebaut, das die Geschichte der Mashantucket und anderer Stämme dokumentiert. Die Eastern Pequots allerdings haben es nicht geschafft. Keine Häuser mit Pool, keine sonnenbeschienenen Wiesen, nur grässliche Trostlosigkeit,

Wohnwagen und Hütten im Wald, Hunde an Ketten vor der Tür, gestapelter Autoschrott, soziales Elend; 1130 Menschen auf der Verliererseite, viele von ihnen sind schwarz, haben sich im Laufe der Jahrhunderte mit Afroamerikanern vermischt, eine seltsame Sache, niemand fühlt sich recht zuständig für sie. Ihr Wiedergutmachungsantrag wurde im Jahr 2002 abgelehnt, ein neuer gestellt, die Angelegenheit ist anhängig, und nichts passiert.

Sprachübung: *neutered / fixed* – kastriert; *neuter* – das Neutrum / geschlechtslos / sächlich

Immer wieder die leicht indignierte und beinahe flüsternd gestellte Frage: *Your dog is not … neutred?* Gleichzeitig ein verstohlen-interessiertes Betrachten von Linos Hoden, während er mannesfröhlich um all die kastrierten Rüden herumscharwenzelt, sich wohl kaum bewusst, dass seine wohlgeformten kleinen *testicles* eine Obszönität ausstrahlen, die manche Leute hier erschauern lässt.

A. ist meine Freundin. Sie sagt von sich, sie sei konservativ. Wir sind politisch selten einer Meinung, und dennoch sind wir befreundet, seit Langem schon; A. ist achtzig Jahre alt. Man trifft nicht häufig auf Menschen, mit denen es sich gut auskommen lässt, wenn die Weltanschauungen weit auseinandergehen. Unser Verhältnis ist eines, wie ich es nur aus Süditalien kenne, wo die kommunistischen Großeltern Gesellschaften gaben, bei denen auch der reaktionäre Polizeipräsident der Stadt anwesend war oder Parteimitglieder der *Democrazia Cristiana,* man stritt sich bis aufs Blut und aß dennoch zusammen. Zudem reden A. und ich Schweizerdeutsch miteinander, Sprache verbindet. Wir sind uns vor Jahren auf einem Kreuzfahrtschiff begegnet, es war eine Vergnügungsreise für sie und eine Berufsreise für mich, wir gehörten zu einer Handvoll Frauen inmitten von 1600 schwulen Männern, eine unterhaltsame Woche, man hat allerlei erlebt an Bord, vieles gesehen, auch Sexuelles, was mich nicht gestört hat und sie ebenso wenig. A. ist zwar konservativ, aber sicher nicht kleinkariert. Ich bin zu Besuch bei ihr in ihrem Haus im Wald, eine *gated community* in den Litchfield Hills, 470 Schindelhäuser unter hohen Bäumen verteilt, alle im selben Sandton gestrichen, Tennisplätze, ein Badesee, Pferdeställe und für den Winter ein kurzer Skilift; die Feriensiedlung ist schon alt, nicht mehr viele der Gäste sind Besitzer der ersten Generation, A. schon. Ihr Haus liegt am Ende einer der gewundenen Straßen, dahinter nur noch Wildnis: Elche, Rehe, Hirsche, manchmal auch Kojoten und Rotluchse, Eichhörnchen und Vögel sowieso. Sonst lebt A. in einer Wohnung in der Nähe von New York, den Winter über in Florida, drei Wohnsitze seien ein wenig viel für eine Frau ihres Alters, sagt sie, einen werde sie aufgeben müssen, das Haus im Wald wird es sein. Sie unternimmt diese Reisen mit ihrem Auto, auf dem Beifahrersitz den kleinen Papagei im Käfig, *lovebirds* nennt man die Vögel in Amerika, die Unzertrennlichen, in Europa werden sie nur als Paar verkauft. *'s Vögeli,* sagt A., wenn sie von dem Tierchen spricht, *'s Vögeli* ist immer dabei, oft sitzt es ihr auf der Schulter oder auch im grau-blond gelockten Haar. Sie lebt seit mehr als fünfzig Jahren in den Vereinigten Staaten, doch fühle sie sich als Schweizerin, nie hat sie den US-Pass beantragt, obgleich ihre Biografie eine klassische Einwanderergeschichte ist, wie sie erfolgreicher nicht sein könnte; dieses Land und seine offene Gesellschaft hätten ihr alles ermöglicht, sagt sie und ist dankbar dafür. Der 11. September 2001 habe sie amerikanischer werden lassen als vieles zuvor, patriotischer auch. Sie stand an jenem sonnigen Herbstmorgen auf dem Balkon ihrer Hochhauswohnung in New Jersey, am Hudson River gelegen, auf der gegenüberliegenden Flussseite Manhattan, ein fantastischer Blick auf die Skyline der Stadt, Schiffe davor. Sie goss gerade die Blumen, als sie Rauch aus einem der Türme des World Trade Center aufsteigen sah. Anfangs habe sie nicht verstanden, was da vor sich ging, erst als das zweite Flugzeug in den anderen Tower krachte, wurde ihr schlagartig alles klar; diese Bilder vergesse man nicht, sagt sie, ihre Freundin B. habe sich davon nie mehr erholt, leide heute noch unter Angstattacken, sie wohnt weit unten in Manhattan, ganz nah dran. A. kannte viele Leute, die in den Trümmern starben, ihr Stammrestaurant war das *Windows of the World* im 107. Stock des Nordturms gewesen, es wurde ein Frühstücksbuffet vorbereitet an diesem Tag der fundamentalen Erschütterung, 73 Mitarbeiter fanden den Tod, Immigranten aus Südamerika oder Asien zumeist, Kellnerinnen und Köche, auch viele vom Management, sie erstickten oder verbrannten, wurden erschlagen, sprangen in die Tiefe, all die freundlichen Menschen, die ihr so vertraut geworden waren im Laufe der Jahre. Womöglich habe sie wegen 9/11 für das Minarettverbot in der Schweiz gestimmt, und dass man jetzt in der Nähe von Ground Zero eine Moschee bauen wolle, gefalle ihr nicht. A. und ich verbringen die Tage redend, trinken Chardonnay, ein bisschen zu früh und ein bisschen zu viel, in diesem schattigen Haus im Wald, ein angenehmer Ort für warme Sommertage. Sie erzählt mir ihr Leben, das für mich fremder kaum sein könnte, mich dennoch beeindruckt, diese Unabhängigkeit, diese Selbstbestimmung, ich schätze das sehr bei Frauen, es ist selten genug. Wie aber eine Biografie erzählen, die so dicht ist und so abwechslungsreich? Ein Versuch in Kürze: Geboren in einem Dorf in der Nähe von Winterthur im Kanton Zürich, Gymnasium, kaufmännische Ausbildung, Sekretärin beim Aluminiumverband in Lausanne, ein erster Ausflug in die nahe Fremde also, Französisch im Alltag, so wie es damals für ambitionierte Deutschschweizerinnen üblich war. 1954 dann die lebensverändernde Entscheidung, der Aufbruch in die wirklich große Welt: gemeinsam mit der Schwester auf der *Ile de France* über den Atlantik nach New York, A. war vierundzwanzig, die Schwester einundzwanzig Jahre alt. Durch eine Agentur für Kindermädchen fanden beide eine Stelle, A. bei einem jugoslawischen Reeder und seiner amerikanischen Frau in Manhattan, die *Green Card* erhielten sie zügig, sechs Monate dauerte dieser erste Job. Dann eine Autoüberführung nach San Francisco, die USA durchqueren als Einstiegsdroge in dieses Land. Allerlei Jobs an der Westküste, Geld hatten sie kaum. Später, nach einem Zwischenaufenthalt in Europa, zurück nach Amerika, wieder Kindermädchen, diesmal in Texas, die Familie sehr vermögend, fünf schwarze Angestellte gab es da. Es herrschte Segregation, A. erinnert sich, wie sie und ihre Schwester hinten im Bus saßen, bei den Schwarzen, und wie der Busfahrer sie nach vorne holen wollte, sie sich aber geweigert hätten und sitzen geblieben seien aus Protest. Die Schwester ging zurück in die Schweiz, A. blieb. Eine Reise nach Südamerika, eine zerbrochene Liebe, aber immer die Gewissheit, dass sie in Amerika alles erreichen konnte, wenn sie es nur wollte, es war die Zeit, als es Möglichkeiten gab auch ohne Studium, *learning by doing* eben. 1960 die erste richtige Stelle in New York, bei United States Navigation, man vertrat Hapag und andere Reedereien, ein Leben im Umfeld der Seefahrt begann. Sie arbeitete als Assistentin der Passagierschifffahrt, war viel auf See, kannte die Kapitäne, besuchte nebenbei Vorlesungen von **Ayn Rand**, die Autorin sei wichtig für sie gewesen, sagt A., sie habe ihr mangelndes Selbstbewusstsein gestärkt. Dann musste sie eine Kollegin der Militärabteilung vertreten, und plötzlich war sie zuständig für den Transportverkehr zwischen der deutschen Regierung und einer deutschen Militärstelle in Washington, zweihundert Leute arbeiteten da, durch den Marshallplan war viel Geld nach Deutschland geflossen, Militärmaterial musste zurückgekauft werden, damit das Geld wieder nach Amerika kam, *reimburse military assistant* lautete die Stellenbezeichnung. Ausgerechnet sie, die 1939 als Neunjährige vom Vater schießen gelernt hatte, um die Schweiz gegen die Nationalsozialisten zu verteidigen, die als Kind alles Deutsche fürchtete und hasste, wie die meisten Schweizer alles Deutsche fürchteten und hassten, so wie meine Stiefgroßmutter, die später immer wieder erzählte, sie habe während der Wehen die Beine zusammengepresst, damit ihr Baby nicht am 20. April geboren würde, sondern erst nach Mitternacht, niemals hätte sie ein *Hitlerkind* haben wollen; sie also begann für die Deutschen zu arbeiten und mochte sie sehr. In jenem Jahr lernte sie auch einen ungarischen Baron kennen, mit dem sie fast dreißig Jahre lang liiert war, diese ganze Adelssache habe sie nie interessiert, und Heirat kam für sie nicht infrage, erst ein halbes Jahr vor seinem Tod habe sie seinem Werben schließlich nachgegeben. 1974 wurde A. die Hauptverantwortliche für die Militärtransporte, Hapag wollte eigentlich jemand anderen haben für die Stelle, einen Mann, doch die deutsche Regierung habe Druck gemacht, und so blieb sie zehn Jahre lang in dieser Position, organisierte später auch für die NATO die Munitionsverschiffung, flog in den NATO-Flugzeugen nach Europa, und das als Schweizerin. Man arbeitete bis zu achtzehn Stunden am Tag, es war die Zeit des Kalten Krieges, die Welt war hoch bewaffnet, und fast alles funktionierte über den Seeweg, eine reine Männer-

Ayn Rand 1905–1982, eigentlich Alissa Sinowjewna Rosenbaum, in Russland aufgewachsene Philosophin aus deutschstämmiger jüdischer Familie, während der Oktoberrevolution enteignet; emigrierte 21-jährig in die USA, schrieb mehrere Bestseller, darunter *The Fountainhead,* einen Roman über Frank Lloyd Wright, mit Gary Cooper in der Hauptrolle verfilmt; entwickelte den Objektivismus, eine philosophische Richtung, die beinhaltet, dass das Individuum eigennützig, erfindungsreich und tüchtig handeln soll, ohne dabei anderen zu schaden, die Rolle des Staates wird auf den Schutz vor Gewalt reduziert; die Texte der Kommunistenhasserin gehören zu den meistgelesenen in den USA, bei einer Umfrage der Library of Congress, welche Buchlektüre das Leben der Leser am meisten verändert habe, kam ihr Roman *Atlas wirft die Welt ab* auf den zweiten Rang, Platz 1 belegte die Bibel; der Ökonom Alan Greenspan sagte, ihr Werk habe ihm gezeigt, dass der Kapitalismus nicht nur effizient und praktisch, sondern auch moralisch sei.

welt, sehr angenehm, sagt A., dies Kumpelhafte. Hapag habe enorm viel Geld verdient mit den Kriegssachen, erst als die Deutschen eigene Flugzeuge und Schiffe kauften, änderten sich die Dinge. Eines Tages habe sie herausgefunden, dass ihr Telefon abgehört worden war, weder die deutsche Regierung noch die Telefongesellschaft habe klären können, von wem, man tippte auf die Russen. Erst viel später lernte sie auf einer Party in Florida einen Mann vom FBI kennen, der sagte: *Did you ever think of Stasi?* In dieser Welt aus Spionage, Militär und Cocktailpartys inmitten von einflussreichen Menschen ist das Mädchen aus der Winterthurer Provinz, das A. einmal war, nicht ganz verloren gegangen. Das Haus im Wald ist dekoriert mit historischen Stichen, Fotos aus dem Heimatdorf, die Eltern, die Schwester, Schweizer Berglandschaften, Erinnerungen, von denen A. sagt, sie seien ihr *Anker, den man in diesem Land ohne Wurzeln braucht.*

Heute in Litchfield gewesen, dem Geburtsort von Harriet Beecher-Stowe (1811–1896), Autorin von *Onkel Toms Hütte.* Das Anti-Sklaverei-Buch erschien erst als Fortsetzungsroman in der Abolitionisten-Zeitung *The National Era,* im März 1852 wurde es in einer Auflage von 5000 Exemplaren gedruckt und war nach zwei Tagen schon vergriffen. Innerhalb eines Jahres verkauften sich 300 000 Stück, noch mehr Erfolg hatte *Uncle Tom's Cabin* in England, wo über eine Million Exemplare Absatz fanden, man habe immer gewusst, dass die Neue Welt rückständig und grausam sei, wurde gespottet. In den Vereinigten Staaten löste der Roman große Kontroversen aus, Kritiker aus den Südstaaten monierten, Harriet Beecher-Stowe habe niemals eine Plantage betreten, sei voreingenommen und ahnungslos. *Anti-Tom*-Romane wurden geschrieben, in den neun Jahren bis zum Beginn des Bürgerkrieges rund dreißig Stück. Unzähligen Menschen jedoch galt die Geschichte um Tom und Eliza als jenes Buch, das dem Kampf gegen die Sklaverei den endgültigen Auftrieb gab.

Uncle Tom's Cabin wurde in derart viele Sprachen übersetzt und von so vielen Menschen gelesen, dass selbst Sigmund Freud sagte, er habe mehrere Patienten, deren sadomasochistische Fantasien von den im Roman geschilderten Auspeitschszenen herrühren könnten. Die spätere Rezeption fiel nüchterner aus, US-amerikanische Kritiker beklagten sowohl die passive Haltung der Sklaven als auch die Stereotype zementierende Beschreibung der Figuren. Dass in Berlin eine der berühmtesten Wohnsiedlungen aus den 1920er-Jahren *Onkel Toms Hütte* heißt, mag Amerikaner verwundern; in den USA wird der Begriff mittlerweile als Schimpfwort verwendet.

Der Physiker, der sagt, es sei doch unfassbar, dass ausgerechnet jene Leute, denen schon die Reagan- und später die Bush-Regierung das letzte Hemd gestohlen habe, wieder und wieder die Republikaner wählten. Sie, die Leidtragenden des unaufhörlich wachsenden sozialen Ungleichgewichts, die Armen und die Ungebildeten, unterstützen mit ihrer Stimme den eigenen Untergang, lobpreisen das konservative Gedankengut, statt sich einfach den Demokraten anzuschließen oder gar eine Revolution anzuzetteln, aber eine Revolution wäre ja sozialistisch und der Sozialismus des Teufels. Sie sind immer noch überzeugt von der Großartigkeit und Unfehlbarkeit Amerikas, auch wenn sie ganz unten angekommen sind. – Die Erinnerung an zwei Exilkubaner, Nestor und Eduardo, vor Jahren in Miami kennengelernt: traurige Literaten, von der Hand in den Mund lebend, erfüllt vom Hass auf Fidel Castro; ihr amerikanischer Traum hatte sich in einen Albtraum verwandelt, aber sie machten sich selber immer noch weis, dass alles gut sei, sie Teil eines wunderbaren Systems geworden seien, das ihnen alle Möglichkeiten offenbare, sie müssten nur ergriffen werden. – Die Idee, die beiden zu suchen in ein paar Wochen, wer weiß, vielleicht leben sie ja noch, irgendwo in Little Havana.

Drähte im Abendlicht, immer wiederkehrendes Element, das Bild zerschneidend, horizontal gesponnene Fäden, zwischendurch rot-gelb-grün leuchtende Lichtpunkte in der Vertikale, schwankend im Wind. Erst die Windschutzscheibe, dann die Drähte und zuletzt der Himmel.

NEW YORK

»Excelsior«[9]

Eine Zeitreise, die doch keine ist, denn aller Nostalgie zum Trotz ist das heutige, sauberkeitsfanatische Amerika ganz dort angekommen, wo einst Freaks und Hippies, Kiffer und Junkies sich befreit haben für ein Wochenende, wo Kinder gezeugt und sogar geboren wurden, wo nackte Körper sich aneinanderrieben und ineinanderdrangen, wo junge Menschen sich entfesselt fühlten wie nie zuvor in diesem Land, wo Mescalin und LSD offen gehandelt wurden, Marihuana sowieso. Der Name des Ortes steht für so vieles, was selbstverständlich geworden ist und wofür ich als Nachgeborene dankbar bin: Woodstock. Ein Straßendorf in den Hügeln westlich des Hudson River Valley, Janis Joplin aus Pappe auf dem Bürgersteig, lebensgroß, neben ihr Jimi Hendrix mit Gitarre und gleich dahinter Bob Marley, obwohl der gar nicht dabei war an jenen drei Tagen im August 69. Die passende Musik klingt aus den Läden, Joan Baez natürlich, zwei Häuser weiter dann Joe Cocker. Bunte Kleidergeschäfte, Gitarren aus Draht, steinerne Löwen, Plakate und Sticker, Ketten und Kettchen, Aufrufe zum *International Walk for World Peace,* alles ist da, auch Galerien, Kunstgewerbestände, Yogastudios und eine sogenannte moderne Kirche – *Exploring Progressive Christianity.* Ein großes, handgemaltes Schild verkündet: *Free Spirit Woodstock.* Ich suche ein Bett für die Nacht, möchte gerne in das legendäre Motel am Fluss unten neben der Mühle, wo schon Bob Dylan und Van Morrison gewohnt haben. Überhaupt soll das Festival Dylan zu Ehren *The Woodstock Art and Music Fair* genannt worden sein, weil er damals in der Nähe lebte, obwohl das Festival gar nicht hier stattfand, sondern fünfzig Meilen entfernt in Bethel, auf einer Wiese von Milchbauer Max Yasgur, dem es egal war, dass die Massen sein Feld zertrampelten; 50 000 Dollar erhielt er für die Zeit, 35 000 kosteten ihn die Schadensersatzklagen der Nachbarn. Man hatte mit 60 000 Besuchern gerechnet, aber eine Million Menschen hatte sich auf den Weg gemacht, wovon es allerdings nur 400 000 bis auf die Wiese schafften, der Rest blieb unterwegs hängen, auf verstopften Straßen irgendwo. Das Motel sieht hübsch aus, hellblau gestrichen, an einem schattigen Platz unter mächtigen Bäumen, vor der Tür das *Vacancy*-Schild, im Café sitzt eine junge Hippiefrau und löst Kreuzworträtsel, leise Musik, wie nett. Ich frage nach einem freien Zimmer, sie schaut mich und Lino an, ein kalter Blick, Schulterzucken, dann wendet sie sich wieder dem Rätsel zu. *No dogs.* Das ist nicht ihr Ernst, frage ich, im Kultmotel der 68er: *No dogs?* Sie ist genervt, ich bin es auch, sie sagt, ich könne mir die Mühe sparen, weiterzusuchen, kein Hotel in Woodstock akzeptiere Hunde. Ich gehe durch den Ort und sehe plötzlich alles anders, sehe nur noch schrecklichen Kommerz und billigen Tand. Mir begegnen abgemagerte Frauen mit lederner, gelber Haut und dürre Männer, die womöglich älter scheinen, als sie sind, die verwahrlosten Haare zum Pferdeschwanz gebunden, verlottert, zahnlos, müde. Hier leben geriatrische Drogensüchtige, hängen geblieben in alten Zeiten, der Höhepunkt des Lebens ein Wochenende der Liebe und Musik im Jahr 1969. Eine Bäckerstube bietet fair gehandelten Kaffee und selbst gebackene Croissants an, darin eine Frau in Batikbluse mit einer Frisur, die keine Frisur ist, sondern einfach nur langes Haar. Ich beklage mich bei ihr über diese Absurdität, dass ausgerechnet hier, wo die alternative Lebenskultur einst ihren unumstrittenen Höhepunkt fand, kein einziges Hotel einen winzig kleinen Hund aufnimmt, wo doch jeder sein Geld mit der Aura der Hippies verdient, denen ein Hund im Zimmer wohl scheißegal gewesen wäre, in ihr befreites Leben hätte prima auch noch ein Tier gepasst, auf die verschmuddelte Matratze oder unter den löchrigen Schlafsack; mein Gott, was ist bloß aus diesem Land geworden. Die Frau schaut mich verständnislos an und meint, die Zeiten hätten sich geändert, man habe gelernt, dass man sich schützen müsse vor Krankheiten, Dreck, Zecken, Bakterien, Viren. Es gehe schließlich um Hygiene, ja, um Hygiene!

Sprachübung: Es fehlt ein englisches Wort für *spießig*. Verschiedene Wörterbücher bieten verschiedene Übersetzungen an: *pedantic, bourgeois, conventional, middle-class, narrow-minded, philistine, smug, square, suburban, stuffy, white-bread.*

American Women I (Morgenbegegnung): Olga ist sechzig Jahre alt. Als sie siebzehn war, kam sie mit ihren Eltern aus Griechenland nach Amerika. Das Haar blond, die Haut gebräunt, die Lippen voll, ein geschmeidiger, rundlicher Körper; eine auffallend schöne Frau. Sie arbeitet als Kellnerin im *Diner* ihres geschiedenen Mannes, er ist ein mürrischer Mensch, das eine Auge schielt zur Seite hin, das andere schaut grimmig. Er schleicht heran, als er hört, dass Olga sich mir anvertraut. Ein schlimmes Land sei das, sagt sie und flüstert dann, ach, Europa, wie sehr ihr Europa doch fehle. Als Europäerin könne man erst einmal gar nicht glauben, wie krank Amerika sei, durch und durch krank. Menschen ohne Herz lebten hier, so wie ihr ehemaliger Mann, ich solle ihn gar nicht ansehen, diesen bösen Menschen; alle seien sie so kalt, kennten keine Werte, seien hoffnungslos verloren, einsam und unglücklich. *They don't care about anything!* Dieses Land könne nur unglücklich machen; sie selber weine jeden Abend, wenn sie nach Hause komme. Der herzlose Mann legt die Rechnung auf den Tisch, demonstrativ. Ich bezahle bald. *Send me a postcard from Europe,* sagt Olga und begleitet mich zur Tür.

American Women II (Abendbegegnung): Marjorie sitzt neben mir am Tresen. Das blonde Haar schulterlang, batikstoffbezogene Ohrringe, falsche Wimpern, die Leopardenbluse weit ausgeschnitten. Es ist laut, Livemusik hinten, Sport auf Fernsehbildschirmen vorne, jeder Platz besetzt, um uns herum drängen sich Menschen. Marjorie ist schlecht zu verstehen, sie hat Schwierigkeiten mit dem Sprechen, das liegt nicht am Alkohol, obwohl sie Martini trinkt, es liegt an ihren Lippen. Die Frau ist über achtzig, der Mund aber ist der einer Zwanzigjährigen, ein Julia-Roberts-Mund, perfekt modelliert und dennoch verstümmelt, eine teuer bezahlte Blowjob-Fantasie. Marjorie kramt eine Visitenkarte aus ihrer Handtasche und reicht sie mir, *ARTIST* steht unter ihrem Namen geschrieben, das Porträt eines Mädchens daneben, wahrscheinlich ein Selbstbildnis. Jedes Mal, wenn sie das Glas abstellt, strahlt sie mich an und sagt: *So nice meeting you.* Ihre Finger klopfen zum Takt der Musik, vier Ringe an jeder Hand, in Silber gefasste Steine, grob geschliffen. Sie zeigt auf einen jungen Mann neben der Tanzfläche, das sei ihr Chauffeur, er bringe sie nachher wieder nach Hause, es habe aber nichts mit Sex zu tun, müsse ich wissen. Ob ich viel Sex hätte? Eine Antwort erwartet sie nicht. Und dann: *So nice meeting you.* Marjorie durchsucht ihre Handtasche, reicht mir eine Visitenkarte. Ich bedanke mich und packe sie in mein Portemonnaie.

American Women III (Nachtbegegnung): Daisy trägt Shorts, Tennissocken, ein blaues T-Shirt; eine stämmige, kleine Person mit kurz geschnittenem Haar, in Strähnen blondiert, sehr blasse Haut. An ihrer Seite Bandit, ein weißer Hund, nicht groß, nicht klein. Daisy ist Mitte vierzig, hat drei Töchter und acht Enkelkinder, von Männern ist nicht die Rede. Sie sucht ein Motel für die Nacht, der Rezeptionist behauptet, das Haus sei voll. Das stimmt nicht, ich weiß es genau, es ist schon meine zweite Nacht vor Ort. Ich gehe hinein, frage nach, warum habe ich denn ein Zimmer bekommen und Daisy nicht, ihr Hund ist doch auch nicht viel größer als meiner. Das Motel sei voll, lügt er mir ins Gesicht. Es ist spät, längst schon dunkel, die Frau ist müde, das sieht er doch, seit fünf Uhr morgens auf den Beinen, hat sie gesagt. Der Mann zeigt kein Erbarmen. Es liegt nicht am Hund, es liegt auch nicht an ihr, es liegt an ihrem Beruf, Daisy ist Truckfahrerin. Das Motel ist nicht teuer, aber auch nicht so billig, dass man Lastwagen vor der Tür haben möchte. Wir stehen vor dem mächtigen Gefährt, die Hunde spielen, Daisy erzählt. Eigentlich kommt sie aus Louisiana, dort leben auch die Töchter, mit denen sie jeden Tag telefoniert. Ihr Arbeitsvertrag läuft über drei Jahre, drei Jahre immer im Norden, das Fahrgebiet von Maine bis New Jersey, es gefällt ihr nicht hier oben, die Leute seien kaltherzig, geschäftstüchtig, nur an Geld interessiert, ganz anders als im Süden. Dass sie jede Nacht woanders schläft, sei nicht schlimm, sie habe ja Bandit. Sie hebt den Hund auf den Sitz und klettert in die Fahrerkabine. Weiter unten auf der Interstate gibt es ein Motel 8, das soll *pet friendly* sein. Es ist kurz vor Mitternacht, Daisy lässt den Motor an, was für eine Maschine, was für ein Sound. Sie fährt los, hinein in die dunkle Nacht.

WANTED
DEAD or ALIVE
CHINESE MITTEN CRAB
This crab recently entered the Hudson River system.
It may damage native species and habitat.
If you trap a Chinese mitten crab DO NOT return it to the river.
If possible, please freeze the crab for future DNA testing.

Dass es schön sein soll, wusste ich. Dass es aber so schön ist, hatte ich nicht erwartet. Das Hudson River Valley ist breit, weitläufig und hügelig, eine Gegend, die einem vertraut scheint, man kennt solche Landschaften aus Europa, der Rhein, wo er offen und episch wird, die Donau hinter Budapest, wo sie sich weitet und in den Ufern zu verlieren scheint. Schilf im Wasser, leuchtend grüne Seerosenfelder ziehen sich tief in den Fluss hinein, Reiher staksen darauf herum, ein Leuchtturm auf einer Insel, im Hintergrund die Catskill Mountains, eine Hügelkette folgt der nächsten, es ist nicht aufregend, nicht atemberaubend – und doch: Hier liegt etwas Besonderes in der Luft, etwas, das aus einer schönen Landschaft eine poetische macht, eine, bei der die Menschen von Spiritualität und Geist und Ewigkeit zu sprechen anfangen, die sie besuchen, um Teil dieser besonderen Aura zu werden, so wie es die Maler der ***Hudson River School*** taten oder die Lehrerin aus Brooklyn, die das alles in Worte zu fassen versucht und ein Buch über die Spiritualität des Tals schreibt, über die Seelen der toten Indianer und die Herrlichkeit der Natur (eine Frau, die ansonsten ganz im Leben steht, haitianische, brasilianische und afroamerikanische Schüler unterrichtet und die sagt, das Nebeneinander gehe sehr gut, solange die Leute ihre eigenen Kulturen beibehielten, zudem sei es so, dass wieder die Einwanderer den *American Dream* lebten und nicht die alteingesessenen Amerikaner, die fett und träge geworden seien und den Immigranten die Energie und den Glauben an eine bessere Zukunft missgönnten). Erst waren es ein paar Holländer gewesen, die hier gesiedelt hatten, 1714 dann 35 deutsche Familien aus der Pfalz, die mit falschen Versprechungen über den Atlantik gelockt worden waren, sich erst aus der Knechtschaft eines britischen Gouverneurs

Hudson River School Gruppe amerikanischer Landschaftsmaler Mitte des 19. Jahrhunderts; der gebürtige Engländer Thomas Cole (1801–1848) gilt als ihr Begründer, er befuhr mit einem Dampfschiff 1825 den Hudson River und malte als Erster die Catskill Mountains; die Gruppe stand der deutschen Romantik nahe, die Maler arbeiteten auch in Europa, gaben zusammen mit den Denkern Emerson und Thoreau der Bewegung zur Schaffung von Nationalparks die stärksten Impulse.

befreien mussten, der sie als Arbeiter in eine Manufaktur gezwungen hatte, wo sie Tausende Fichten schlagen mussten, um daraus Teer zu gewinnen, bevor sie endlich eigenes Land bewirtschaften konnten, Rhinebeck nannten sie den Ort. Deutsche Bauern waren es auch, die auf Fruchtwechsel, gute Düngung und ein Gleichgewicht zwischen Feldern, Wäldern und Wiesen achteten, also die positivsten Aspekte der Sesshaftigkeit als Kulturgut in ihre neue Heimat einbrachten, der Landausbeutermentalität der frühen Siedler, die einfach weiterzogen, sobald der Boden ausgelaugt war, etwas entgegensetzten. Im Poet's Walk Park, einem romantisch angelegten Landschaftsgarten aus der Mitte des 19. Jahrhunderts, ist dann die Synthese von Natur und menschlichem Eingriff formvollendet geglückt, Wege führen über Wiesen und durch den Wald, an ausgewählter Stelle ein Ausblick über den Fluss, eine Brücke und die dahinterliegenden Berge. Und damit man nicht vergisst, dass man mitten im Land der Mobilität ist und nicht irgendwo im vorindustriellen Rheinland, hört man manchmal den schrillen Pfiff eines *Amtrak*-Zuges, der laut ratternd nach New York hinunterfährt.

Man sagt hier *THE CITY* und meint damit Manhattan. Eine Frau erzählt, sie fahre täglich 120 Meilen mit dem Zug zur Arbeit in die Stadt, zwei Stunden hin, zwei Stunden zurück, die Zeit in der Subway nicht eingerechnet, eine gut bezahlte Stelle im Finanzdistrikt. Die hübschen Farmen, die man im Hudson River Valley sehe, gehörten übrigens nicht mehr Bauern, sondern Rentnern aus *THE CITY*.

Aktuelle Notiz (Aufruf zur Demonstration): *On Sunday at 11 a. m. protesters will converge to tell President Obama, the Hamas terrorist organisation, Mayor Bloomberg and Imam Rauf: NO MEGA-MOSQUE at Ground Zero! Stop Shariah! Stop Jihad mosques in America!*

uelle Notiz (Freund D. kommentiert per Mail das Geschehen): *y, these protesters are going to be pissed when they show up at Ground Zero and realize that the mosque is not actually there, but at 51 Park Place, two blocks away!*

Die State Route No. 9 ist eine phänomenale Straße, 180 Kilometer sind es von Rhinebeck bis ins tiefste Manhattan, 180 Kilometer Richtung Süden den Hudson River entlang, oft nah dran, manchmal ein Stück entfernt, erst ist sie Highway, dann wird sie Broadway, man könnte sie als Querschnitt durch die Gesellschaft eines Landes lesen, das seine Pluralität vor einem aufblättert wie ein Buch, oder man nutzt sie als *storyline* für ein eigenes Roadmovie, drei Stunden lang. Blank geputzte Kleinstädte, hügelige Wälder, blühende Sommerwiesen, Dunst über dem Wasser, weitläufige Parkanlagen hinter hohen Mauern, darin Aussichtspavillons und Wanderwege, Herrschaftshäuser in europäischen Schlossdimensionen, der Name **Hyde Park** erinnert daran, auf Vanderbilt folgt Roosevelt, auch uralte Motels gibt es hier, eins nach dem anderen, es könnten Filmsets sein. In Poughkeepsie eine stillgelegte Eisenbahnbrücke von 1888, für Spaziergänger umgenutzt, zwei Kilometer schnurgerader *walkway* hoch über dem Hudson River, ein Rundumblick von großer Erhabenheit, die längste Fußgängerbrücke der Welt. Man wandert hin und wieder zurück; Frauen in adretten Jogginganzügen, Stirnbänder um den Kopf, miteinander schwatzend; der Drang, mindestens bis in die Mitte zu gehen, 64 Meter über einem Gewässer zu stehen, das träge unter einem hindurchzieht, nur den Himmel über sich; es

Hyde Park, New York Geburts- und Wohnort von Franklin D. Roosevelt (1882–1945); der 32. Präsident der Vereinigten Staaten liegt neben seiner Frau Eleanor (1884–1962) und Scottish-Terrier-Hündin Fala (1940–1952) im Rosengarten seines Anwesens *Springwood* begraben.

ist ein Ort, an den man eigentlich nicht gehört, bodenlos. Bei Tarrytown zwischen enger werdender Bebauung schließlich ein neugotisches Anwesen in einem Park, *Lyndhurst* ist ein absurd anmutendes Landhaus mit Türmen und Dekors, die einen glauben machen, man stünde vor einem mittelalterlichen Schloss-Kathedralen-Zwitter in England, 1832 aus Kalksteinblöcken erbaut, die im nahe gelegenen Ossining gebrochen wurden, ob von Gefangenen aus **Sing Sing**, wird im Prospekt diskret verschwiegen. Der Gärtner warnt vor einem Rudel Kojoten im hinteren Teil des Parks, erzählt später, er gehöre einer linksradikalen Splitterpartei an; er möchte die Vereinigten Staaten revolutionieren, ein Mehrparteiensystem einführen, und beneidet uns Europäer um die aktive Linke, es ist ein nettes und langes Gespräch, ganz unerwartet, mitten in diesem Ausflugsziel für Schüler aus New York City. Und dann, nur wenige Meilen südlich, eine plötzliche Dynamisierung, komprimierte Architektur, mehrgeschossige Häuser, gestaffelt und geschichtet, Menschen auf den Straßen, nicht vereinzelte, sondern unzählige, überall gehen und stehen sie, Jugendliche sitzen auf Autos, spielen Ball, von einer Minute auf die andere ist man hineingeworfen in die Urbanität, die Subway rattert als Hochbahn über einem, lässt die Straße vibrieren. Es wird laut und dicht, unendlich dicht, bunte Kleider, alle sind sie da, nicht mehr nur die Weißen, an die man sich im Norden gewöhnt hat als vorherrschendes Bild, auf einen Schlag Hautfarben in jeder Schattierung, Menschen, die ihre Zugehörigkeit zu einer Ethnie, einer Kultur, einer Nation, einer Gesinnung oder Religion zeigen,

Sing Sing Correctional Facility Staatliches Hochsicherheitsgefängnis, 1826 von den Gefangenen selber gebaut, der Name wurde abgeleitet vom lokalen Indianerstamm Sint Sinck; 1963 wurde der letzte Gefangene auf dem elektrischen Stuhl getötet, insgesamt wurden 614 Männer und Frauen hingerichtet; zurzeit rund 2000 Gefangene.

indem sie Stoffe mit Bedeutung tragen; an der roten Ampel stehend lauter Köpfe, die vorüberziehen, von links nach rechts, von rechts nach links, darauf Turbane, Kopftücher, Dastare, Kippot, Hidschabs, Baseballkappen und Sonnenbrillen, cool, nachlässig, verhüllt, Gesten der Persönlichkeit. Die Route No. 9 führt durch die Bronx, über den Harlem River hinein nach Manhattan, durch Latinoviertel, die Upper West Side und Midtown hinunter bis an die Südspitze der Insel, der Verkehr wird zäh, die Menschen werden marginalisiert, die Architektur spielt die Hauptrolle, erschlägt und erhebt einen zugleich, stundenlang war das Auto ein majestätischer Aussichtsposten in horizontaler Landschaft, jetzt ist es ein flach getretener Fleck auf dem Asphalt, man ist nichts in dieser Stadt der Höhe, und doch ist man alles.

Sommerregentage in New York, die Gewitter so heftig, das Klima so schwül, dass das Hotel zum bevorzugten Aufenthaltsort und Martin, der Hotelportier, zum steten Gesprächspartner wird. Er stammt aus der Bronx und sagt von sich, er sei ein *anti-capitalist,* einer der wenigen in dieser Stadt. Ich sitze gerne draußen vor der Tür auf der Raucherbank, den Hund auf dem Schoß, und schaue Martin zu, wie er den Gästen aus dem Taxi hilft, warte auf schauerfreie Momente für einen kurzen Gang durch die Straßen im südlichen Manhattan. Einmal setzt sich ein Mann mittleren Alters neben mich, er raucht eine dicke Zigarre, ein blonder Mensch mit blassen Augen und fahler Haut, er trägt einen hellen Leinenanzug, den Gürtel hat er ein wenig zu eng geschnallt. Es freut ihn nicht, dass ich nach seiner Muttersprache frage, er glaubt, sein Englisch sei frei von jeglichem Akzent. Ein Franzose, stellt sich heraus, übers Wochenende in New York, um seinen Bruder zu treffen. Er lebt in Schanghai, der Bruder in Paris, New York liegt einigermaßen in der Mitte, für beide ein Nonstop-Flug. Nur übers Wochenende, frage ich, von Schanghai nach New York? Ja, ja, Freitag hin, Montag früh zurück, dazwischen Gespräche mit dem Bruder, dessen Jetlag nicht seinem entspricht, Galerienbesuche, gutes Essen, ein paar Drinks hier unten in SoHo. Später erzähle ich Martin von der Begegnung, er sagt nur: *See, it's the city of capitalism.* Martin führt seinen persönlichen Kampf gegen den Kapitalismus, fährt einmal jährlich mit Jugendlichen aus der Bronx ins ländliche Ghana, auf den Kontinent seiner und ihrer Ahnen, damit sie anderen helfen lernen und sehen, was Armut bedeuten kann; Geld für die *non-profit organisation* habe er auch schon von prominenten Hotelgästen erhalten, von Bruce Springsteen etwa oder von Sandra Bullock. Er war in der Armee, lange Jahre, in Somalia, in Bosnien, auf Haiti, im Irak, die liebenswürdigsten Menschen habe er in diesen Ländern kennengelernt. Einer mehr, der sagt, nur Amerikaner, die wohlhabend oder beim Militär gewesen seien, kennten die Welt, keiner sonst würde reisen, ignorant, wie sie seien, *They don't care about anything,* diesen Satz höre ich nun zum wiederholten Male; nur eine Minderheit habe einen Pass, wenn er an George W. Bush denke, *this idiot,* der keinen besaß bis zum Tag seiner Wahl. Am Sonntag ruft Martin mir ein Taxi, das dritte nimmt mich und den Hund schließlich mit, ein Inder fährt uns zur Anti-Moschee-Demonstration, es regnet stark. Es ist ein trauriges Trüpplein, das da vor dem *AMISH MARKET* steht und unter Regenschirmen Flaggen schwingt, man spielt Marschmusik, drei Polizeiwagen warten auf der einen Straßenseite, die andere ist nicht einmal gesperrt. Ein paar Hells Angels sind dabei, Menschen mit blau-weiß-roten Hüten auf dem Kopf, kaum ein Schwarzer; auf den Plakaten steht *No Shariah* und *Protect Israel* und *I am afraid the mosquerade is over* und *Preserve the dignity of the victims.* Ich bleibe nicht lange, die Angelegenheit ist nicht sehr interessant, zudem der Regen; mehr als dreihundert Menschen sind das nicht, Passanten gibt es keine, warum auch, an einem Sonntag im Finanzdistrikt, nur Kameraleute stehen da, *Fox News* wird berichten. Als ich zum Hotel zurückkomme, sehe ich, wie Martin von einem Gast beschimpft wird, irgendetwas mit den Koffern stimmt wohl nicht, es ist eine hässliche Szene. Ich setze mich auf die Raucherbank, er kommt und fragt, wie die Demonstration gewesen sei. Nichts Aufregendes, sage ich, kaum Leute da. Gut so, antwortet er, schließlich könne man nicht Millionen Menschen für zwanzig wahnsinnige Terroristen verantwortlich machen.

Ein vergessenes Bild taucht auf, blitzartig, an einer Straßenkreuzung der Fifth Avenue ist es gewesen, vielleicht an dieser, vielleicht ein paar Blocks weiter. Ein Wintertag kurz vor Weihnachten, es dämmerte schon, dazu eisiger Regen, emsiges Durcheinander, ganz New York im *shopping stress*. Vor einem Kaufhauseingang saß ein Mann im Rollstuhl, saß nur da und starrte vor sich hin, hinter ihm das Schaufenster voller Goldlametta, Menschen gingen ein und aus, *Jingle Bells* aus den Lautsprechern. Plötzlich setzte sich der Rollstuhl in Bewegung, fuhr ganz langsam Richtung Straße, zeitlupenhaft inmitten all dieser blinkenden und funkelnden Nervosität, der Mann tat nichts dazu, saß einfach nur stumm in seinem rollenden Gefährt, das schließlich zum Stillstand kam, noch auf dem Bürgersteig, doch unter freiem Himmel, der kalte Regen trommelte auf ihn herab, ich sah, wie er den Kopf nach vorne fallen ließ, das Wasser rann ihm in den Nacken, er blieb sitzen, so eingeknickt, und keiner scherte sich darum, niemand schob ihn ins Trockene zurück, nicht der singende Weihnachtsmann vor der Tür, nicht die Passanten mit ihren Tüten in der Hand, ein tieftrauriger Moment, damals, zwei Jahre vor 9/11, als die Stadt noch unbeschwert und unbeschädigt war.

Mit der Hygiene scheint man es hier weniger genau zu nehmen als anderswo, das ist sehr angenehm. Lino wird in Restaurants mit Außentischen willkommen geheißen, Wassernäpfe stehen bereit, Katzen sitzen auf Treppenstufen, endlich unverkrampftes Großstadtleben. Es gibt eine Hundeschwemme in Manhattan, an jeder Ecke hocken, pinkeln, gehen sie. Ich erfahre Befremdliches über die Gepflogenheiten, höre von Bernhardinern in Einraumapartments und Pudeln, die die Wohnung nur selten verlassen, das Katzenklo ist ihre Anlaufstelle, *house-trained* nennt sich das. Frühmorgens im Central Park dann aber frei laufende Hunde, eine neue Erfahrung in Amerika, dem Land des rigorosen Leinenzwangs, von den Haltern mit Gehorsam hingenommen. Ich lasse Lino lieber angeleint, all die Horden von Joggern, Skatern und Rennradfahrern, eine wahre Leistung, diese sich kaum tangierenden Bewegungsströme, Parallelwelten und Randinteressen schichtweise nebeneinandergelegt, voneinander scheinbar ungerührt. Nachmittags im *dog park* auf dem Washington Square: ein eingezäunter Flecken Sand, links die großen, rechts die kleinen Hunde, kein Gebell, keine Stänkereien, die Tiere sind die Enge offensichtlich gewohnt, zudem die Kastriererei, alle hormonell untersteuert, frei von Aggression. Viel Lärm auf dem Platz, Musiker trommeln, Kindergeschrei, Polizeisirenen. Ich halte Ausschau nach einem früheren Gefährten, der mir vor Jahren verloren ging und hier wohnt, natürlich taucht er nicht auf, der Zufall wäre zu groß, anrufen mag ich nicht; die leise Angst, dass man sprachlos voreinanderstünde. Nachts ein Spaziergang in die Christopher Street, bekannter Mikrokosmos, flirrend und entspannt, ein Drink mit einem alten Freund; Lino knüpft auf dem Rückweg mehr Kontakte als ich, zufrieden sind wir beide.

Der Ire im Restaurant sagt, einer, der seit sechs Wochen in New York wohne, sei ein New Yorker, aber einer, dessen Familie seit sechs Generationen in Irland lebe, sei immer noch kein Ire.

Es wird ein schwieriges Gespräch, unbehaglich für mich und eine Zumutung für mein Gegenüber, das ist nach wenigen Minuten schon klar. Man hat mich hierhergeschickt, ich müsse Frau R. unbedingt kennenlernen, hatte mir Ken Schoen, der Judaica-Buchhändler aus Massachusetts, gesagt, und so sitze ich in dieser Wohnung am Riverside Drive, jenem legendären Boulevard, an dem auch Hannah Arendt, Uwe Johnson, Robert Oppenheimer und Saul Bellow wohnten. Ein mächtiges Eckgebäude, der Portier hat mich angemeldet, ein holzverkleideter Fahrstuhl, mehrere Wohnungen auf einer Etage, die schmalen Flure mit cremefarbenen Teppichen ausgelegt, gedämpftes Schreiten, im Wohnzimmer von Frau R. dann Parkettboden, darauf ein verblichener Perserteppich, durch die Bäume der Blick auf den Hudson River; es ist sehr warm hier drin. Wie sprechen mit einer Frau, von der ich nichts anderes weiß, als dass sie die Konzentrationslager Ravensbrück und Theresienstadt überlebte, Psychoanalytikerin ist, und die mich mit ihrem undurchdringlichen Ernst und der Frage verunsichert, was genau ich eigentlich von ihr wolle. Es ist auch ihr Wohnraum, der mich verschreckt, ein Zeitsprung zurück in meine frühe Kindheit, alles scheint vertraut, das nordische Mobiliar, das dreisitzige Rosenholzsofa mit den quadratischen blauen Kissen, die dazu passenden Bücherregalbretter, von der Decke bis zum Fußboden von schwarzen Metallstützen durchstoßen, selbst das dänische Geschirr kenne ich, die klassische Eleganz der 1960er-Jahre, museal, wie konserviert. Auf dem Couchtisch schreibmaschinenbeschriebene Manuskriptseiten, das Wort *Auschwitz* sticht mir entgegen, daneben alte Schwarz-Weiß-Fotos und Briefe auf Luftpostpapier, stapelweise Bücher mit Titeln wie *The Nazi Doctors* oder *Die Gegenwart der Schoah* oder *The Years of Extermination,* ich werde hineinkatapultiert in ein fremdes, ein verstörendes Leben, in die hermetische Welt des Holocaust, draußen das warme Vormittagslicht eines New Yorker Sommertages und hier drin das Grauen, das plötzlich vor einem steht, gnadenlos. Frau R. fragt mich bald den einen Satz, der zwischen uns jene Kluft entstehen lässt, die wir nur mit Mühe wieder kitten können im Laufe der folgenden zwei Stunden, einen Satz, den sie nur stockend hervorzubringen vermag: *Und … Sie … leben … gerne … in … Deutschland?* Ja, antworte ich nach kurzem Zögern, ich lebe gerne in Deutschland, seit über zwanzig Jahren schon. Vielleicht ist es das darauf folgende Schweigen, das mich irrsinnigerweise dazu bringt, meine klugen, offenen, kritischen deutschen Freunde und mit ihnen dieses Deutschland zu verteidigen als ein geläutertes Land, eines, das wachsam und reflektiert ist gerade wegen seiner faschistischen Vergangenheit. Ob ich nie Angst hätte, fragt Frau R., da drüben in Deutschland. Nein, sage ich, Angst hätte ich eigentlich nie. Ob sie denn Angst habe, wenn sie nach Deutschland reise, frage ich zurück. Ja, sagt Frau R., schon beim Zoll fürchte sie die Gesichter der Beamten; und dass man im Hotel seinen Namen und seine Adresse in Formulare für die Behörden eintragen müsse, sei doch schrecklich, bedrohlich finde sie das, so etwas wäre in den USA undenkbar, sie schätze die Freiheit hier, niemals fühle man sich kontrolliert. Ich denke an *fingerprint* und Iris-Foto bei der Einreise in die USA, an Guantánamo, *waterboarding* und Todesstrafe, sage aber nur, mich würde ein amerikanischer Streifenwagen, den ich im Rückspiegel näher kommen sehe, in leise Panik versetzen, während ich bei einem deutschen ungerührt bliebe, es mir höchstens lästig wäre, angehalten zu werden, doch niemals würde ich befürchten, dass mir ernsthaft Unrecht geschähe, auch wenn ich Falsches getan hätte, hier jedoch würde ich mich vor der Willkür der Polizisten ängstigen, vor ihrem Imponiergehabe, ihren Waffen, vor dem barschen und kalten Tonfall, so wie neulich beim Grenzübergang von Kanada nach Maine. Frau R. ist schockiert, als ich ihr das Verhör durch Officer McShalley schildere, seine Einschüchterungsversuche und Drohgebärden, so etwas habe sie aus den USA noch nie gehört, das müsse eine Ausnahme sein, eine derartige Behandlung kenne sie nur aus Deutschland. Es ist, wie gesagt, ein schwieriges Gespräch, das sich erst nach und nach entspannt, als sie mir dann doch ihre Lebensgeschichte zu erzählen anfängt, die 1925 in einer orthodoxen jüdischen Familie in Frankfurt am Main beginnt. 1935 ziehen die Eltern mit den zwei Töchtern nach Amsterdam, der Vater stirbt bald. Deutschland besetzt die Niederlande, die drei Frauen verstecken sich, werden im Herbst 1943 verhaftet, ins Durchgangslager Westerbork gebracht und im Februar 1944 ins Frauen-Konzentrationslager Ravensbrück in der Uckermark deportiert. Siemens hat schon zwei Jahre zuvor neben dem KZ ein eigenes Werk errichtet, 30 Prozent der Siemens-Belegschaft sind Zwangsarbeiterinnen, die Schwestern gehören dazu, Frau R. montiert Widerstände. Immer mehr Frauen werden hertransportiert, Kriegsgefangene der Roten Armee, Jüdinnen aus geräumten KZs aus dem Osten des Deutschen Reiches, deutsche Kommunistinnen, auch Französinnen und Skandinavierinnen. Vor allem den Polinnen habe man viel Leid angetan, sagt Frau R., man nimmt **medizinische Experimente** an ihnen vor, die chirurgischen Eingriffe erfolgen ohne Betäubung, Himmlers Leibarzt hatte damit begonnen, Fremdkörper werden in die Frauen hineinoperiert, um anschließend an den eiternden Wunden die Wirkung von Antibiotika zu erforschen. Das Lager wird immer voller, die Baracken reichen nicht mehr aus, es werden Zelte aufgestellt, über zehntausend Jüdinnen und Polinnen nach Auschwitz ins Vernichtungslager transportiert. Der Winter ist kalt, die Frauen sind entkräftet, es gibt kaum noch zu essen. Im Januar 1945 stirbt die Mutter von Frau R. an Hunger und Typhus, die beiden Töchter werden wenig später nach Theresienstadt deportiert, während die Lagerkommandantur in Ravensbrück mit der systematischen Erschießung und Vergasung arbeits-

Medizinische Experimente in Ravensbrück Wanda Poltawska, 1921 in Lubin geboren, Widerstandskämpferin und KZ-Überlebende, schrieb ein Buch darüber: *Und ich fürchte meine Träume;* die Psychiaterin wurde eine Freundin von Karol Wojtyła und war eine der wenigen Vertrauten am Sterbebett des Papstes.

unfähiger Inhaftierter beginnt. In Theresienstadt hält die Lagerleitung die Schwestern von den restlichen Gefangenen getrennt, SS-Obersturmbannführer Adolf Eichmann verhört die jungen Frauen persönlich, Frau R. sitzt also jenem Mann gegenüber, dem die Organisation der Deportation der Juden untersteht, der die Eisenbahntransporte in die Konzentrationslager koordiniert und direkt mitverantwortlich für die Ermordung von sechs Millionen Juden ist und gegen den die Schwester 1961 beim Eichmann-Prozess als Zeugin aussagen wird. Theresienstadt wird von den Russen befreit, die beiden Schwestern schleppen sich zu Fuß nach Prag, ausgemergelt, ohne jeden Besitz, überall sind Menschen unterwegs, es ist ein einziges Gewirr, sie kehren noch einmal ins Lager zurück, um sich von ihren Mitgefangenen zu verabschieden, von Prag aus schlagen sie sich dann durch nach Amsterdam, drei Wochen brauchen sie für den Weg, gehen zurück in ihre Wohnung, die von den Deutschen nicht leer geräumt worden ist, sie finden sie vor, wie sie sie verlassen haben, sogar der Frühstückstisch sei noch gedeckt gewesen, sagt Frau R. Sie weiß zu dem Zeitpunkt noch nicht, dass ihr älterer Halbbruder den Abtransport aus dem KZ Bergen-Belsen nicht überlebt hat, nach der Befreiung gestorben ist in dem Zugwaggon, in dem er mit anderen an Typhus erkrankten Häftlingen eingepfercht war. Frau R. erhält kurz nach Kriegsende ein Stipendium für ein Studium in Genf, bleibt ein Jahr dort, arbeitet mit jüdischen Kriegswaisen, sie und ihre Schwester überqueren dann mit der *Veendam* der *Holland Amerika Lijn* den Atlantik, kommen als Staatenlose in Amerika an. Direkt vom Schiff seien sie zum Immigrationsbüro gegangen, sagt Frau R., und sofort hätten sie Papiere erhalten. Nach der Gründung des Staates Israel ziehen sie beide in das junge Land am Mittelmeer, die Schwester wird später Vize-Bürgermeisterin von Jerusalem, Frau R. kehrt 1955 nach New York zurück, setzt ihr Studium fort, wird Psychoanalytikerin. In keinem der drei Länder habe man sich für die Erzählungen der Überlebenden interessiert, nicht in der Schweiz, nicht in den USA und auch nicht in Israel, denn das sich in Aufbaustimmung befindende Land will nicht mit Geschichten von vergangenem Elend konfrontiert werden. Sie lernt bei Amnesty International einen deutschen Politologen kennen, der über Demokratisierung forscht und mit der sogenannten Transitologie eine Theorie entwickelt, die besagt, dass nicht soziale oder wirtschaftliche Vorbedingungen notwendig seien, um aus einem autoritären einen demokratischen Staat zu machen, sondern eine nationale Einheit, deren Spielregeln die Eliten bestimmen. Sie heiratet also einen deutschen Mann, der kein Jude ist, dessen Vater aber 1933 nach Istanbul emigrierte, weil er zum Umfeld von Rosa Luxemburg gehört hatte, einen Witwer, zwei seiner vier Kinder zieht sie groß. Der Mann ist mittlerweile gestorben, die Schwester auch, Frau R. ist alleine. Alleine mit sich und all den Erzählungen ihrer Patienten, von denen ein Großteil Opfer des Nationalsozialismus waren. Psychoanalytikerin sei sie geworden, sagt Frau R., um das Schlechte und Böse im Menschen zu verstehen, weil sie wissen wollte, wozu Menschen imstande seien und weshalb. Und, frage ich, konnte sie diese Fragen beantworten? Alle hätten alles in sich, sagt Frau R. So sitze ich also auf dieser Couch mit all den Bildern und Holocaust-Büchern vor mir und dem Marzipancroissant auf dem dänischen Dessertteller, höre zwischendurch, wie Frau R. am Telefon mit starkem deutschem Akzent Englisch spricht, und versuche, dieses Leben zu verstehen, ein Leben, das mit meinem oder dem meiner Familie nichts zu tun hat, ich fühle keine Schuld, es ist nicht meine Geschichte, anders, als ich es von mir nahestehenden Deutschen kenne, denen ihr Land ein einziger Albtraum ist; der Vater eines engen Freundes war ein leidenschaftlicher Nazi, ein schlimmer, ein brutaler Mensch, was den Freund oft schweißgebadet aufwachen lässt mitten in der Nacht, voller Hass auf diese Geschichte und auf diesen Mann, der doch sein Vater bleibt auch nach dessen Tod. Dieser Freund würde es verstehen, wenn Frau R. sagt, über Gräueltaten, die heute geschehen, wisse sie zu wenig, das sei furchtbar, aber es sei nicht ihr Thema, er würde sagen, sie habe Thema genug gehabt für ihr ganzes Leben. Ich sitze also da und weiß, diese Frau konnte nicht anders handeln, als sie es tat, ich bewundere sie für ihre Hartnäckigkeit, für ihren Mut zur steten Konfrontation, dafür, dass sie trotz ihrer Angst mehrmals im Jahr nach Deutschland fliegt, um vor Siemens-Mitarbeitern und Schülern im KZ Ravensbrück über ihre Erfahrungen zu sprechen. Dennoch bleibt zu meiner Beschämung auch ein Moment des Nichtverstehens, ich frage mich, warum sie anders als andere Holocaust-Überlebende, die ich kennengelernt habe, den Weg gewählt hat, sich dem Kosmos des erlebten Bösen ganz und gar zu verschreiben, drinzubleiben in dieser Spirale und sich immer tiefer hineinzugraben, intellektuell wie emotional, warum sie sich nicht nur die Unbeschwertheit und die Kindheit und die Familie von den Nationalsozialisten hat vernichten lassen, sondern ihr ganzes Leben der Schoah unterworfen hat, dem Horror also nie entkommen konnte, einfach nie.

Wieder das Gefühl, immer genau dann, wenn man entschieden hat weiterzufahren, könnte es anfangen. Nach drei Tagen New York das Bedürfnis, zu bleiben. Dann aber über die George-Washington-Brücke aus Manhattan hinaus, ein Spaziergang im Liberty State Park, ein letzter Blick über den Hudson River hinweg auf die Südspitze der Stadt, auf die Freiheitsstatue und auf Ellis Island.

Georges Perec und Robert Bober (aus: *Geschichten von Ellis Island oder Wie man Amerikaner macht*):

es ist eine kleine, vierzehn Hektar große Insel, einige hundert Meter von der Spitze Manhattans entfernt.

die Indianer nannten sie die Möweninsel, und die Holländer die Austerninsel
ihr erster Besitzer war ein reicher holländischer Reeder namens Paw,
dann ein gewisser Kapitän Dyre, Zolleinnehmer, dann ein Thomas Lloyd,
1765 wurde ein Pirat mit Namen Anderson hier aufgehängt
und etwa zehn Jahre lang
hieß die kleine Insel die Galgeninsel,
dann kaufte sie der Mann, der ihr für immer seinen Namen geben sollte,
Samuel Ellis

er hinterließ sie seinem Enkel,
der sie an einen gewissen John Berry weiterverkaufte,
welcher sie der Stadt New York abtrat,
die sie schließlich für zehntausend Dollar
der Bundesregierung verkaufte.

während des Sezessionskrieges und danach war sie ein Munitionsdepot
dann, gegen 1890,
beschloss das Amt für Einwanderung,
hier ein Auffanglager zu bauen,
das an die Stelle der zu klein gewordenen Gebäude von Castle Garden kommen sollte

die Gebäude waren noch nicht ganz fertig, als am 1. Januar 1892 die erste Einwanderin offiziell auf Ellis Island empfangen wurde. Es war eine fünfzehnjährige Irin aus der Grafschaft Cork namens Anni Moore. Und man überreichte ihr als Willkommensgruß eine Zehn-Dollar-Goldmünze die heute ungefähr fünfhundert Mark wert wäre

fast dreiundsechzig Jahre später,
am 12. November 1954, machte das Fährschiff Ellis Island,
das ständig zwischen dem

Hafen von New York und der Insel hin und her pendelte, und das man auch heute noch halb versunken neben dem Landungssteg sehen kann, seine letzte Fahrt:
es transportierte nur einen einzigen Passagier, den letzten
auf Ellis Island registrierten Einwanderer,
einen norwegischen Matrosen

unterdessen
waren annähernd sechzehn
Millionen Männer, Frauen und Kinder
durch Ellis Island gekommen,
davon mehr als dreiviertel
zwischen 1892 und 1914

in jenen Jahren
kamen
mehr als sechstausend Personen täglich

seit 1954 aufgelassen, sind die Gebäude von Ellis Island, die die Architekten Barling und Tilton im französischen Renaissance-Stil erbaut hatten, 1976 anlässlich der Zweihundertjahrfeier der Vereinigten Staaten unter Denkmalschutz gestellt und für das Publikum wieder zugänglich gemacht worden.

Doch die Auswanderung in die Vereinigten Staaten hatte bereits begonnen, lange bevor Ellis Island beginnt, und sie hörte auch nicht mit seiner Schließung auf.

Die Mexikaner, die Puertoricaner, die Koreaner, die Vietnamesen,
die Kambodschaner haben die Nachfolge angetreten

NEW JERSEY

»Liberty and Prosperity« [10]

Zahlen zur Todesstrafe: New Jersey schaffte 2007 die Todesstrafe ab, als 14. Bundesstaat im Land. 1967 war sie landesweit durch ein Vollstreckungsmoratorium ausgesetzt worden, 1972 vom Obersten Gerichtshof für nichtig erklärt und nach Überarbeitung der Gesetze, die Willkür ausschließen sollten, Ende 1976 wieder eingeführt worden. Am 17. Januar 1977 wurde der Raubmörder Gary Gilmore als erster Häftling nach der Wiedereinführung in Utah erschossen, er wählte die Tötungsart selber, es sei ein Tod *with grace and dignity,* soll er gesagt haben, seine Asche wurde aus einem Flugzeug über der Ortschaft Spanish Fork verstreut. Über ihn entstanden Bücher, Filme und Musikstücke, das bekannteste heißt *Gary Gilmore's Eyes,* weil er seine Augen für eine Transplantation gespendet hatte, sogar die *Toten Hosen* coverten den Song. Seit jenem Tag starben in den USA 3 Menschen durch Erschießen, 3 durch Erhängen, 11 durch Vergasen, 157 auf dem elektrischen Stuhl und 1043 durch eine Giftspritze. 12 von ihnen waren Frauen, die letzte Hingerichtete hieß Teresa Lewis, sie war geistig behindert und wegen Anstiftung zum Mord an ihrem Mann und Stiefsohn in Virginia schuldig gesprochen worden.

Der Fischer steht im Marschland und legt tote Fische in Käfige, um damit Krabben zu fangen. Er zeigt mir auf einer krabbenbebilderten Messskala, wie groß die Tiere sein müssen, damit sie legalerweise gefangen werden dürfen, kleinere wirft er ins Meer zurück. Zwei weitere Männer kommen in einem Pick-up angefahren, laden

Käfige und Seile aus, sie tun es lautstark. Wir befinden uns am Ende eines langen Schotterweges, mitten im Naturschutzgebiet, ein Wald direkt am Meer, außer uns ist niemand hier. Hundert Kilometer südlich von New York ist alles schon wieder sehr ländlich, die Fischer sind Menschen mit grober Sprache, mit groben Händen. Sie betrachten mein Nummernschild, der eine fragt, ob ich aus Maine komme. Nein, antworte ich, das sei ein Mietwagen. So was habe er sich gedacht, sagt er, ich hätte schließlich keinen ***hillbilly***-Akzent. Alle drei lachen. Dass sich Flachlandprovinzler über Berglandprovinzler lustig machen, verwundert ein wenig, das Wort jedoch lässt mich an eine frühere Reise denken, während deren ich bei Freund D. zu Gast war, in Baltimore ist es gewesen, mein Besuch fiel auf den jüdischen Neujahrstag Rosch ha-Schana, ich begleitete die Familie in die Synagoge, die zu anderen Stunden auch *First Christian Church* war, man teilte sich den Gottesraum. Nachdem die Rabbinerin die Namen der im letzten Jahr Verstorbenen verlesen hatte und Gemeindemitglieder, die einen weiteren Toten betrauerten, nacheinander aufgestanden waren und den Namen laut in den Raum gesagt hatten, schritt eine junge Frau nach vorne, drehte sich um und begann, zu uns zu sprechen. Sie trug ein rosa Baumwollkleid, bodenlang und grob, darin ein draller Körper, das rotbackige Gesicht umrahmt von strohfarbenem Haar, das bis auf die Hüften reichte, eine auffällige, mächtige Erscheinung. Eine Konvertitin sei das, flüsterte mir D.s Frau bedeutungsvoll ins Ohr, und so hörten wir

hillbilly Abwertender Begriff für die Bevölkerung aus den Appalachen; taucht schriftlich erstmals 1900 im *New York Journal* als Synonym für ungebundene, schießfreudige, Whiskey trinkende weiße Männer aus Alabama auf; wandelt sich während der Großen Depression zum Stereotyp für konservative, ignorante und arme Hinterwäldler mit einer großen Kinderschar; wird mittlerweile auch selbstironisch positiv besetzt.

also zu, was die Konvertitin zu erzählen wusste. Sie habe auch Ausgrenzungserfahrungen gemacht, sagte die Frau, sie habe gelitten in ihrer Jugend, denn sie sei verspottet worden, *hillbilly* habe man sie geschimpft in der Schule, als sie vom Dorf in die Stadt gezogen sei. Sie sprach und sprach, schilderte in immer drastischeren Worten ihr Anderssein, die Fremdheit, die sie empfunden habe, und dass man jeden Menschen in der Gesellschaft akzeptieren müsse, auch einen *hillbilly,* wogegen sicher niemand etwas einzuwenden wusste, was aber doch einen seltsamen Beigeschmack hatte, eigentlich eine Anmaßung war im Angesicht von Pogromen und Holocaust. Später, man plauderte draußen, teilte Brot und aß in Honig getunkte Apfelscheiben, sah ich die Frau dastehen in ihrem festlich rosa Ungetüm, alle waren liebenswürdig zu ihr, aber ich wusste, der verzweifelte Versuch, sich mit solch einer Rede gleichzustellen, war zwar zur Kenntnis genommen worden, doch missglückt.

Sprachübung: *boardwalk* – Knüppeldamm; ein ursprünglich über Moore oder Sümpfe führender, mittels Holzbohlen befestigter Gehweg; die Bautechnik ist in Europa seit dem 16. Jahrhundert weit verbreitet, der älteste bekannte Bohlenweg liegt im Campemoor in Niedersachsen und wurde auf die Zeit um 4800 v. Chr. datiert; in den USA wird der *boardwalk* oft als parallel zur Küstenlinie geführte Strandspaziermeile genutzt.

Atlantic City, was für ein Desaster. Die Stadt am Meer mit dem legendären *boardwalk,* neun Kilometer lang und damit der längste der Welt, ein Ort, der Mitte des 19. Jahrhunderts durch den Bau der Eisenbahn zum mondänsten, elegantesten Vergnügungsplatz schlechthin wurde, in den 1920er-Jahren *THE place to go* war, ein Grandhotel reihte sich ans nächste, Flanieren auf dem breiten Holzweg, davor der Strand, dahinter die Stadt, es muss herrlich gewesen sein. Nach dem Krieg dann der Abstieg, die Menschen kamen nicht mehr mit dem Zug angereist, um hier mehrere Wochen zu verbringen, sondern fuhren Auto, wurden flexibler, blieben nur wenige Tage, Vermögende besaßen zu Hause mittlerweile Häuser mit Pools, die *suburbs* entstanden, die Sommerfrische in der Nähe war nicht mehr so gefragt, Flugreisen ermöglichten exotischere Destinationen, Miami Beach und die Bahamas wurden populär. Anfang der Siebzigerjahre riss man die ersten Hotels wieder ab, Arbeitslosigkeit, die Kriminalitätsrate stieg, noch weniger Gäste kamen, der übliche Kreislauf. Und dann, 1976, die Entscheidung der Bevölkerung, Atlantic City zur Spielerstadt zu machen, zur *gambling city,* was sie nicht gerettet, sondern weiter zerstört hat, obwohl es zwischenzeitlich einen Aufschwung gab, auch dadurch, dass **Mike Tyson** die meisten seiner Boxkämpfe hier abhielt. Die Casinokomplexe sind enorm, die Stadt ist eine urbanistische Katastrophe, Brachflächen von abstrusen Ausmaßen, dazwischen Billigmotels und ganze Häuserblocks, die nur aus Rückseiten zu bestehen scheinen, ein postmodernes Potpourri, vereinzelt Menschen, die durch die Straßen irren, eine kapitalistische Hochburg, die sich dem schnellen Gewinn verschrieben hat, nachts eine billig glitzernde Illusion, tagsüber nur auf dem *boardwalk* zu ertragen, der bei schlechtem Wetter oder zu früher Stunde durchaus reizvoll ist.

Mike Tyson 1966 in Brooklyn geborener Boxer; galt als Kind als schüchtern, war aber schon als Zwölfjähriger in kriminelle Handlungen verstrickt; begann mit dreizehn seine Boxerlaufbahn, wurde 1986 jüngster Schwergewichtsweltmeister aller Zeiten; 1992 wegen Vergewaltigung zu zehn Jahren Haft verurteilt, konvertierte im Gefängnis zum Islam, wurde 1996 erneut Weltmeister, mehrere Gefängnisaufenthalte folgten. Tyson ist heute trotz der 300 Millionen Dollar, die er im Laufe seiner Karriere verdiente, hoch verschuldet, hat acht Kinder, lebt in dritter Ehe, ist Veganer und züchtet Brieftauben.

YIELD TO PEDESTRIANS IN CROSSWALK

Sprachübung: *to yield* – Ertrag abwerfen, nachgeben, Vorfahrt gewähren; das Verkehrszeichen wurde 1950 von dem Polizeibeamten Clinton Riggs (1910–1997) nach jahrelanger Knobelei als gleichschenkliges Trapez in Gelb entworfen, in Heimarbeit gebaut und erstmals an der Columbia Avenue in Tulsa, Oklahoma, aufgestellt, der Ursprungstext lautete: *SLOW – YIELD RIGHT OF WAY.* Jahre später wurde es in das international bekannte rot-weiße Dreieck umgewandelt, das in den USA zumeist das Wort *YIELD* enthält.

Welcome to Ocean City –
America's Greatest Family Resort

Irrwitzig, als kinderlose Alleinreisende in eine Kleinstadt zu fahren, die sich rühmt, Amerikas großartigstes *family resort* zu sein, zumal es auch noch eine *dry city* ist, nicht einmal betrinken kann man sich inmitten all des Kinderglücks. Das Alkoholverbot ist kein Marketing-Gag der letzten Zeit, sondern gilt seit der Stadtgründung im Jahr 1879, vier methodistische Visionäre wollten es so. Die Theologen trafen sich unter einem Zedernbaum, der auch heute noch steht, und sprachen darüber, wie das Projekt eines christlichen Ferienlagers anzugehen sei, wo genügend Platz für Predigten und religiöse Erweckungsveranstaltungen unter freiem Himmel wäre; sie planten Straßen und teilten die acht Meilen lange Insel in rechteckige Grundstücke auf. Früher war das schmale Eiland Fischercamp der Indianer gewesen, um 1700 Walfängerstation und später Wohnsitz eines Farmers, der auch Agent für Schiffsversicherungen war. Ein Jahr nach dem Baubeschluss fand bereits das erste Sommerlager für Gläubige statt, fleißig wurden Hotels, Kirchen, Häuser und eine Schule errichtet, auch einen *boardwalk* entlang des makellosen Sandstrands gab es bald. 1881 wurde schriftlich verfügt:

A striking peculiarity of this city by the sea is that there are no liquor saloons or places of a questionable character within its bounds. The sale of liquor is forever prohibited, and as a result the best classes of people are drawn here, and disorder and drunkenness are unknown. Schon 1882 zählte der Ort 180 Gebäude, es gab Handwerksbetriebe und Ställe, einen Drugstore, Lebensmittelgeschäfte, drei Restaurants, zwei Fotostudios, Badehäuser und drei Rettungsschwimmerstationen, einen Friseursalon und zwei Immobilienbüros, alles war sorgfältig durchgeplant. Der Stadtstruktur hat dieser geordnete Anfang gutgetan, Ocean City ist wirklich hübsch, kleine Häuser in kleinen Gärten, alles sehr gepflegt, ein Urlaubsort mit Tradition, James Stewart verbrachte Sommer um Sommer hier, auch Grace Kelly war gerne da. Im Winter leben 15 000 Menschen in der Stadt, in der Saison schwillt die Einwohnerzahl auf 120 000 an – und dennoch ist es ruhig, evangelisch gesittet halt. 94 Prozent der Einwohner sind Weiße, was überdurchschnittlich viel ist für einen Ort in New Jersey, nach den Methodisten kamen auch Italiener, Sandra ist eine von ihnen, Italienerin in vierter Generation, sie geht noch auf die Highschool, arbeitet im Sommer im Strandcafé. Sandra will nach dem Jurastudium zurückkehren, der Zusammenhalt sei stark unter den Einwohnern, vor allem im Winter, so ganz unter sich; es sei sehr christlich hier, anders als in Margate drüben, das vorwiegend jüdisch sei. Keine zwanzig Kilometer vom Spielerirrsinn Atlantic Citys entfernt, ist Ocean City ein eigenartiger, ein in sich gekehrter Ort, der dank der jungen russischen Studentinnen, die in jedem Laden, in jedem Restaurant jobben, sogar ein gewisses verwegenes und internationales Flair bekommt, aller Prohibition und heilen Kinderwelt zum Trotz.

Inmitten dieser frömmelnden Atmosphäre dann die Ungeheuerlichkeit, dass Kleinkriminalität in der Lokalzeitung annonciert wird, Gottes Auge wacht überall: *Ocean City Police Blotter* (aus: *The Press,*

*August 25): **Helen Beres,** 63, of Absecorn, was arrested Aug. 7 and charged with shoplifting. **Robert Demarets,** 46, of Ocean City, was arrested Aug. 8 and charged with criminal trespass and criminal mischief. **Aaron James,** 19, of Fairfax, Va., was arrested Aug. 8 with possession of marijuana. **Stephanie Perkins,** 21, of Buena, was arrested Aug. 11 and charged with defiant trespassing. **Eleanor Joyce,** 46, of Bear, Del., was arrested Aug. 13 and charged with driving while intoxicated. **Banessa Camacho,** 23, of North Bergen, was arrested Aug. 15 and charged with driving under the influence. **Justin Harrington,** 18, of Egg Harbor Township, was arrested Aug. 16 and charged with possession of a controlled dangerous substance, possession of marijuana and possession of drug paraphernalia.*

Das Bed & Breakfast hat sieben Gästezimmer und wird von einer durchtrainierten Blondine mit vier kleinen Kindern geführt, das jüngste noch ein Baby. Sie rät mir zur *Fireplace Suite* im oberen Geschoss, es sei ruhiger da. Die Suite ist ein kleines Zimmer, mit einem **Jacuzzi** direkt neben dem Bett, der Kamin ein Elektrogerät, digitale Flammen züngeln an der Wand. Der Ehemann ist tagsüber nicht im Haus, dafür gibt es zwei Möpse, von denen einer ein Kläffer ist, nachmittags wird in der Küche Blockflöte geübt. Im Erdgeschoss liegen Spielsachen und Lammfelle auf dem Fußboden, ob für die Kinder oder die Hunde, ist nicht klar, womöglich für alle. Auf der Veranda schwingen Babykörbe, Glasbehälter stehen auf Fensterbänken verteilt, randvoll mit Süßigkeiten, **Marshmallows** und Bonbons, im Zimmer ein blumenvasengroßes Erdnussdepot. Es ist das einzige Gästehaus in Ocean City, das Hunde erlaubt, und so sammeln sich hier Nacht für Nacht all die verzweifelten

Jacuzzi Sieben aus Norditalien nach Kalifornien eingewanderte Brüder gründeten 1910 die Firma Jacuzzi Brothers, tüftelten ab den Vierzigerjahren an Pumpen für medizinische Hydrotherapie und brachten 1968 den ersten Whirlpool auf den Markt.

Menschen, die mit ihren Tieren nirgendwo anders unterkommen. Heute schlafen in diesem viktorianischen Haus die 2 Besitzer, ihre 4 Kinder, 9 Erwachsene, dazu 2 Säuglinge und 6 Hunde. Ich reise morgens zeitig ab.

Welcome To Cape May –
The Nation's Oldest Seashore Resort

Marshmallow Ursprünglich als Erkältungsmittel aus den Wurzeln des Echten Eibischs *(Althaea officinalis)* hergestellt, dessen Saft in Nordeuropa auch als Klebstoff diente; heute wird statt Eibischwurzeln Gelatine verwendet; in den Sechzigerjahren entwickelte der 1930 geborene, aus Wien emigrierte Psychologe Walter Mischel an der Universität Stanford das Marshmallow-Experiment, worin Vierjährige auf ihr Verhalten untersucht wurden, wenn man sie vor die Wahl stellte, ein Marshmallow, das vor ihren Augen lag, sofort zu essen oder eine Viertelstunde zu warten, um dann zwei zu erhalten. Jahre später wurden die 600 Probanden befragt, und jene, die beim Test vorausschauende Selbstbeherrschung gezeigt hatten, schienen sich im Erwachsenenleben durch höhere Sozialkompetenz auszuzeichnen.

DELAWARE

»Liberty and Independence«[11]

Welcome to Lewes –
The First Town in the First State

Mit der Fähre von Cape May nach Lewes, achtzig Minuten Seeluft, Möwengeschrei, Pelikane gleiten vorüber, Sommerglück. Mit an Bord sind Menschen, die zum *Tax Free Shopping* hinüberfahren, Delaware ist Steuerparadies und Briefkastenadresse für unzählige Firmen, auch internationale, ein kleiner, ein reicher Bundesstaat. Lewes hat weniger als 3000 Einwohner, besteht aus einem intakten Zentrum mit historischen Holzhäuschen, hieß ursprünglich Zwaanendael und war 1631 von niederländischen Walfängern als Umschlagplatz gegründet worden. Die Kolonie hatte aber nur ein Jahr Bestand, die 28 Männer wurden von den Lenni Lenape getötet, einem Indianerstamm, der schon Jahre zuvor im Norden mit holländischen Pelzhändlern in Kontakt gekommen war und die Niederländer mit Biberfellen versorgt hatte, was zu Streitereien unter den Stämmen und einer Destabilisierung der ganzen Region führte. Die Besiedlung durch die Europäer war aber nicht aufzuhalten, Engländer ließen sich nieder, **William Penn** benannte Zwaanendael schließlich in Lewes um, die Lenni Lenape wurden vertrieben, mussten (allen idealistischen Vorstellungen Penns zum Trotz) nach Westen ausweichen, die gehetzte Vorhut der Siedler gewissermaßen. Das älteste Haus im Ort stammt aus dem Jahr 1765, *Cannonball House* wird es genannt, weil im Krieg von 1812 eine britische Kanonenkugel einen Teil des Gebäudes zertrümmerte, eine faustgroße Kugel, die heute dekorativ im Gemäuer steckt. Delaware war jener Bundesstaat, der als erster die amerikanische Verfassung unterzeichnete, daher die Bezeichnung *First Town in the First State*. Der Superlative aber noch nicht genug: Die Strände des Kaps von Lewes wurden von William Penn zum ersten *public land* überhaupt deklariert, eine öffentliche Parklandschaft. Dort gibt es heute mehr Kriegerisches als eine Kanonenkugel zu sehen, zwischen Dünen immer wieder Bunker, Wachtürme und Schießplätze, eine ganze Militäranlage steht hier noch, 1941 erbaut, doch bereits während des Amerikanischen Bürgerkrieges war das Kap strategisch bedeutend gewesen, genauso in den Kriegen, die noch folgten. Hinter einem Bunker lerne ich Kate und Dean kennen, sie campen im Pinienwald, ihre zwei Dackel schaffen den Kontakt. Kate, so erfahre ich bald, ist Mitte fünfzig und arbeitet in Philadelphia als OP-Schwester, immer so lange, bis sie genügend Geld beisammenhat, um dann in jenen Ländern zu helfen, die von Kriegen oder Naturkatastrophen verwüstet wurden, sie war in Uganda, in Ruanda und in Haiti, eigentlich reist sie seit zwanzig Jahren den Katastrophen hinterher, unbezahlt, monatelang, als *volunteer*. Dean bleibt meist zu Hause, arbei-

William Penn Der aus einflussreicher englischer Familie stammende Quäker und Autor William Penn (1644–1718) erhielt von Karl II. ein riesiges Gebiet Land in der nordamerikanischen Wildnis, da der König in der Schuld der Familie Penn stand. William Penn gründete dort die auf Egalität und Freiheit basierende Kolonie Pennsylvania, in der die Siedler mit den Indianern in friedlicher Übereinkunft leben und Religionsfreiheit herrschen sollte, ein Modell, das seiner Zeit voraus war und welches Penn das heilige Experiment nannte. Sein Freund Franz Daniel Pastorius wanderte mit dreizehn Quäker- und Mennonitenfamilien aus Krefeld in die neue Kolonie aus und gründete die Stadt Germantown. Vier dieser Siedler sollten 1688 den ersten Protest gegen die Sklaverei initiieren, William Penns Einfluss war noch über Generationen spürbar.

tet als Elektriker, organisiert Handwerkskurse für Kinder und passt auf die Hunde auf. Viel Geld haben sie nicht, deswegen zelten sie. Von Gott ist bei ihnen, wie angenehm, nicht die Rede. Die beiden verkörpern jenes Amerika, das stets wieder fasziniert: Sie sind unkompliziert, naturverbunden und hilfsbereit, glauben an sich und packen die Dinge einfach an, immer wieder aufs Neue, erst hier, dann da.

Welcome to Rehoboth Beach –
The Nation's Summer Capital

Es ist schon ein erstaunliches Land. Vorgestern Atlantic City *(gambling)* und Margate *(jewish),* gestern Ocean City *(dry),* heute Lewes *(historic)* und jetzt Rehoboth Beach *(queer);* es ist, als ob jede Stadt Teil eines Baukastensystems wäre, vor dem man sitzt und die Auswahl hat, wohin es einen denn zieht, in welches Kistchen man am besten passt. Rehoboth Beach wurde, genau wie Ocean City, als Versammlungsort für religiöse Erweckungserlebnisse gegründet, daher der Name, Rehoboth taucht als Ortsbezeichnung im Alten Testament mehrmals auf. Die Stadt ist aber nicht den Weg der frommen Abstinenz gegangen, sondern im Gegenteil zu einem Treffpunkt der *gay community* geworden, wo man mit einem Haufen Katzen in einem von alten Lesben geführten Gästehaus sitzt, das Hunde, aber keine Kinder erlaubt, und zur Zeit der Dämmerung im Lehnstuhl schaukelnd auf der moskitonetzumspannten Veranda dem unfassbar lauten Gesang der Zikaden lauscht, bevor man sich schließlich aufmacht in die Verheißungen der Nacht.

MARYLAND

»Fatti maschii parole femine«[12]

Heute die **Mason-Dixon-Linie** überquert.

Sprachübung: *lightning rod* (US) – *lightning conductor* (UK) – Blitzableiter

Ein Meisterwerk von einer Brücke, vielmehr von zwei Brücken, parallel und hochelegant, die eine 1952 eröffnet, die andere zwanzig Jahre später, je sieben Kilometer lang, in leichtem Schwung über die Chesapeake Bay gelegt, eine Bucht, die Kapitän John Smith 1608 sagen ließ, dies sei ein *Siedlungsplatz für Menschen, auf den sich Himmel und Menschen noch nie besser geeinigt* hätten, es ist die größte Flussmündung der USA. Glänzendes Wasser, Sonnenlicht, grünes Maryland, Bauernland hinter mir, die flache Konsumwüste der Küsten von New Jersey und Delaware schon beinahe vergessen, dann die Einfahrt nach Annapolis – und alles ist anders als zuvor. Es mag an dem Wissen liegen, dass dies der Beginn der Südstaaten ist, oder daran, dass Maryland die einzige katholische unter all den protestan-

Mason-Dixon-Linie Nach dem Astronomen Charles Mason und dem Geometer Jeremiah Dixon benannte Grenzlinie; symbolisiert traditionellerweise die kulturelle Differenz zwischen Nord- und Südstaaten; aus einem Grenzstreit zwischen englischen Siedlerfamilien entstanden, von Mason und Dixon zwischen 1763 und 1767 vermessen. Die Linie gewann 1820 eine neue Bedeutung, weil ihre westliche Verlängerung die Trennung zwischen Sklavenhalterstaaten und Staaten, in denen die Sklaverei verboten war, markierte.

tischen Kolonien war, an der Farbigkeit, die von kühlen atlantischen Holzhäusern in ein warmes Braun und Rot umgeschlagen ist, die Backsteinbauten, die Schindelhäuser, sogar die gepflasterten Straßen sind in Rottönen gehalten, vielleicht liegt es auch an den Menschen, die einem in die Augen schauen, Zeit zu haben scheinen, daran, dass viele Schwarze unterwegs sind und nicht mehr nur Weiße wie die letzten Tage, es ist, als würde alles flirren und flirten, vielleicht liegt es auch einfach an mir, an dieser beschwingten Leichtigkeit, die einen überfällt bei dem Gefühl, endlich im Süden angekommen zu sein. Annapolis ist Sitz der staatlichen Marineakademie, Anlass zu Unbehagen eigentlich, in Anbetracht von Flugzeugträgern, Zerstörern und Fregatten, doch es herrscht eine andere Stimmung in der Stadt, Wochenende, überall Seekadetten in Uniformen, Frauen, Männer, geputzt und gepflegt und bestens gelaunt. Es ist ein Ort, in dem die Menschen zu Fuß gehen, die Hauptstraße hoch und hinunter bis zur Marina, wo John F. Kennedys Segeljacht *Manitou* liegt, 1947 gebaut und neunzehn Meter lang, schönstes Mahagoni und Teak, Aristoteles Onassis wollte sie Jackie schenken, als er um sie warb, das Boot war nach Kennedys Tod von der Regierung verkauft worden, und Jackie vermisste es sehr, doch der Grieche hatte kein Glück, die Jacht blieb in fremder Hand und steht erst jetzt zum Verkauf. Neben der Plastik von **Billy the Goat**,

Billy the Goat Maskottchen der Football-Mannschaft der United States Naval Academy; geht auf eine Schiffsziege namens Billy zurück; 1893 wurde erstmals ein Ziegenbock als Glücksbringer zu einem Spiel mitgebracht; Billy XVI. und Billy XVII. starben an Unkrautvernichtungsmitteln, seit den 1970er-Jahren wird ihr Weideland giftfrei gehalten; 1995 entführten Spieler der Military Academy drei Ziegenböcke, die erst nach Intervention des Pentagon zurückgegeben wurden, das verkündete, *kidnapping of cadets, midshipmen or mascots will not be tolerated;* zurzeit ist Billy XXXI. im Amt und teilt sich den Stall mit seinem Nachfolger Billy XXXII.

dem springenden Ziegenbock, posiert ein Brautpaar, er in schwarzer Uniform, sie im schulterfreien Hochzeitskleid, es sind nicht die einzigen Kadetten in der Stadt, die sich heute auf das Experiment der Ehe einlassen, mir begegnen andere Paare, eines spaziert Hand in Hand die Main Street hoch, keine Freunde oder Verwandten sind dabei, nur sie beide, die Ränder ihres Brautkleids schon ein wenig schmutzig vom Straßenstaub, die hochhackigen Schuhe trägt sie in der Hand. Alles geht in dieser Leichtigkeit weiter, ich sitze einfach nur draußen im Schatten, und Lino knüpft die Kontakte, zum hundertsten Mal die Frage *What kind of dog is that?* (die Antwort heißt: *an* ***Italian Greyhound***), und so lerne ich Erica aus Oklahoma kennen, deren Freund Tätowierer ist und aus Deutschland stammt, sie ruft ihn an und reicht mir ihr Handy, der Mann spricht tiefstes Bayerisch, wir verabreden uns für den nächsten Tag, er will mir sein Tattoostudio zeigen; später kommen der alte George und die Serbin Julka dazu, die Novi Sad vor drei Jahren verlassen hat, als Kellnerin arbeitet und sich über die amerikanischen Männer beklagt, weil sie unzuverlässig und allesamt Säufer seien, wogegen George heftig protestiert, auch wenn seine Haut eine andere Sprache spricht und er mittags trotz der Hitze schon Rotwein trinkt. Julka scherzt, er

Italian Greyhound oder Italienisches Windspiel. Die kleinsten aller Windhunde stammten ursprünglich aus Nordafrika; später wurden sie in Europa an königlichen Höfen beliebt; Friedrich II. (1712–1786) war ihr berühmtester Züchter, die Grabsteine seiner Lieblingshunde Alkmene und Biche sind heute noch im Schlosspark von Sanssouci zu finden; von Biches Tod erfuhr Friedrich in Schlesien und veranlasste, dass ihr Sarg in seine Bibliothek gestellt würde, bis er zurückkam; er verfügte zudem schriftlich, dass er neben seinen Hunden bestattet werden sollte; die Tiere wurden als Begleithunde und als Rattenfänger, in erster Linie aber als Wärmeflaschen für kalte Schlossnächte eingesetzt; ein Windspiel, das nicht im Bett schlafen darf, ist ein unglückliches Windspiel.

solle besser schweigen bei solchen Themen, immerhin habe er seine Frau und die vier Kinder sitzen gelassen, aber George meint nur, diese Frau hätte er zwanzig Jahre früher verlassen sollen, worauf Erica einwirft, so sei es ihr mit dem Vater ihres Sohnes auch gegangen, viel zu lange habe sie an seiner Seite ausgeharrt in Oklahoma drüben, aber jetzt gebe es ja den Mann aus Bayern, der sei die bessere Wahl, worauf Julka neidisch sagt, ja, einen Deutschen, so einen hätte sie auch gern. Dann bekommt die Leichtigkeit ihre ersten Brüche, alle drei erzählen, das Überleben sei schwer angesichts der wirtschaftlichen Situation. Julka denkt darüber nach, weiter nach Norden zu ziehen, und der alte George, der einen Beruf ausübt, den ich nicht kannte, er ist Agent für Häuser, allerdings kein Makler, sondern einer, der an der Seite der Käufer den Kaufpreis zu drücken versucht, indem er bauliche Mängel an dem Objekt aufspürt, George also hat einfach gar nichts mehr zu tun, weil der Immobilienmarkt komplett am Boden liegt. Es stellt sich heraus, dass er als Nachtportier in meinem Hotel arbeitet, ein Kumpel ist von dem mindestens genauso alten Dan, den ich schon frühmorgens kennengelernt habe neben einem lang gezogenen Elektromobil, in dem er Touristen durch die Stadt transportiert, ein raupenhaftes Gefährt, geräuschlos nahezu. George, der Sarah Palin verehrt oder begehrt, aber glaubt, sie sei zu dumm für das Präsidentenamt, schwört darauf, dass man es schaffen könne in diesem Land, wenn man nur wolle, und dass auch er es noch einmal schaffen werde. Irgendwann kommt Dan in seinem weißen Raupentier angerollt, ich verabschiede mich und springe auf, der Platz neben ihm ist frei, wir fahren kreuz und quer durch die Stadt, Dan sammelt Touristen auf, setzt sie wieder ab und erzählt mir zwischen Sightseeing-Kommentaren sein Leben, das, um es kurz zu sagen, an seinem Tiefpunkt angelangt ist. Eigentlich sei es gut gelaufen bis zum Bankenkollaps, da habe er alles verloren, quasi über Nacht, erst den Job bei einer Versicherung, dann das Ersparte, schließlich das 300 Quadratmeter große Haus mit dem schönen Garten. Er ist der Erste, den ich sagen höre, der *American Dream* sei endgültig gescheitert, ein neues Zeitalter sei angebrochen, nur hätten das die Amerikaner noch immer nicht verstanden. Dan wohnt seit zwei Jahren mit seiner Frau, der Tochter und dem Hund bei seiner greisen Mutter, in einer Wohnung im vierten Stock, 90 Quadratmeter für sie alle, elf Stunden am Tag fahre er *this silly car,* ohne festen Lohn, auf Trinkgeldbasis. Wir sind bei der Kennedy-Jacht am Hafen unten, Dan dreht sich zu den Passagieren um, es folgt der Satz, den er ein Dutzend Mal sagen wird an diesem Tag: *One million nine hundred thousand dollar and this wonderful boat is yours.* Ich steige aus, gehe zu Fuß weiter, ein grauhaariger Herr mit Hund an der Leine spricht mich an. Sein Foxterrier sei Zuchtrüde in einer ***puppy mill*** in Pennsylvania gewesen und hätte eingeschläfert werden sollen, eine Tierschützerin rettete ihn aus den Händen der Welpenproduzenten, *Amish People* allesamt, die seien führend in dem Geschäft, was mich verwundert, fanatisch religiös und dann Tiere misshandeln. Ja, sagt der Mann, genau das sei der springende Punkt, sie behaupteten, Gott habe ihnen die Tiere zum Geschenk gemacht, damit sie sie nutzen könnten; er habe Bilder gesehen, bis zu fünfhundert Hunde hausten auf solchen Farmen in Käfigen, illegalerweise, wohlgemerkt, er habe jeglichen Respekt vor den *Amish People* verloren, eine unerträgliche Doppelmoral, so etwas. Ich gehe weiter, vorbei am Maryland State House, dem ältesten durchgängig genutzten Parlamentsgebäude der USA, ein mythisch besetztes Haus, hier wurde am 14. Januar 1784 der Vertrag zur Anerkennung der dreizehn Kolonien als Vereinigte Staaten von Amerika ratifiziert, der spätere Präsident John Adams (1735–

puppy mills Rein kommerziell angelegte Hundezuchtstätten; oft illegal; die Tiere sind meist in gestapelten Gitterverschlägen eingesperrt; 4000 *puppy mills* soll es im Land geben, eine halbe Million Welpen werden jährlich so produziert.

1826) gehörte zu den Unterzeichnern, genauso wie Benjamin Franklin (1706–1790), der nicht nur Drucker, Zeitungsverleger, Schriftsteller und Politiker war, sondern auch die erste Leihbibliothek Amerikas, die Freiwillige Feuerwehr und die Philosophical Society gründete, sich als Naturwissenschaftler einen Namen machte, vor allem durch die Erfindung des Blitzableiters, was ihn bis nach Europa zu einer Berühmtheit werden ließ; ein von ihm gestalteter *lightning rod* thront heute noch auf der hölzernen Kuppel. Schräg gegenüber dann das Wohnhaus des Gouverneurs, ein prachtvolles Backsteingebäude mit weiß gestrichenen Türen und Fenstern, um den üppigen Garten herum ein schmiedeeiserner Zaun, an einer Stelle ein großes Schild, das geradezu rührend wirkt in seiner pädagogischen Anmutung, zumal in ökonomisch schwierigen Zeiten:

First Lady Katie O'Malley's backyard food garden shows
what all Maryland families can do to improve
their health and save money.
Everyone can grow and enjoy fresh, nutritious fruit and vegetables
from their own backyards or patios!
GROW YOUR OWN FOOD. WE CAN SHOW YOU HOW:
University of Maryland – 1.800.342.2507

Sprachübung: *separate but equal* – getrennt, aber gleich

separate but equal In den Südstaaten 1896 eingeführter und bis 1954 geltender Grundsatz zur Trennung von schwarzen und weißen Amerikanern; vom Obersten Gerichtshof durch ein Urteil legalisiert, das in Louisiana gesonderte Zugabteile für Schwarze und Weiße als rechtmäßig erachtete; die Folge war eine Trennung in vielen Bereichen wie Schulen, Krankenhäusern, Verkehrsmitteln und öffentlichen Toiletten; *separate but equal* war dreißig Jahre nach Beendigung der Sklaverei eingeführt worden, und seine Abschaffung wurde zum zentralen Thema der Bürgerrechtsbewegung.

Getrennte Welten, stillschweigende Segregation, ein halbes Jahrhundert nach Beendigung von *separate but equal.* Am Stadtrand im Quiet Waters Park ein Jazzkonzert, unter freiem Himmel und kostenlos. Auf der Bühne die *Commodores,* das Jazz-Ensemble der *Navy Band,* achtzehn Musiker spielen da, nur einer von ihnen ist ein Schwarzer. Das Publikum sitzt auf der Wiese verteilt, Sonnenschirme, Plastiktaschen, Kinder rennen herum, ein friedlicher Sommertag. Ich sehe mich um, und auch hier gilt: Nahezu alle sind weiß. Verwunderlich, in einer Stadt, in der seit dem 19. Jahrhundert immer 30 Prozent Afroamerikaner lebten, in einem Bundesstaat, der sich rühmt, schon vor dem Bürgerkrieg die höchste Anzahl freier Schwarzer im gesamten Land gehabt zu haben, 400 der 4000 Einwohner von Annapolis waren *free blacks,* eine lange gemeinsame Geschichte also. Die *Commodores* spielen laut Programm eine Kombination aus Jazz, populärer und patriotischer Musik im Big-Band-Stil; ich gehe bald. Auf dem Rückweg sehe ich auf einer Brachfläche am Straßenrand eine Gruppe schwarzer Menschen stehen, eine hölzerne Bühne ist aufgebaut, drei Musiker darauf, ein paar Plastikstühle in lockerer Reihe davor, die Stimmung scheint gut zu sein, ein wenig wird sogar getanzt, es sieht nach Sonntagskleidern aus. Ich parke und gehe hin, *free screening* hat jemand auf eine Stoffbahn geschrieben, die zwischen zwei Bäume gespannt ist, neben einer Mauer steht ein Grill, es riecht nach Würstchenbraterei. Eine Frau winkt mir zu, ich soll mich zu ihr und ihren Freundinnen setzen, was ich auch tue; ich bin die einzige Weiße hier. Was das zu bedeuten habe, frage ich, *free screening?* Kostenlose Mammografien könne man machen lassen, sagt die Frau, die Argo heißt und von solch ausnehmender Schönheit ist, dass ich mich zusammenreißen muss, um sie nicht ohne Unterlass anzustarren. Ihr Haar ist zu einer kunstvollen Turmfrisur verklebt, sie trägt gelbe Stilettos, dazu ein Sommerkleid in leuchtenden Farben, weit ausgeschnitten und ärmellos, ein herrlicher Kontrast zu der dunklen Haut, eine strahlend auffällige Person, die mir schließlich ihr Alter verrät, was mich noch fassungsloser macht, einundsechzig Jahre ist sie alt. Die Musiker spielen Coverversionen von Liedern, die man kennt, alle klatschen, singen, wippen; kleine Mädchen stehen vor der Bühne, tanzen in Lackschühchen, leuchtend weiß. Argo stellt mir die anderen Frauen vor, dies hier sei ihre Cousine, das die Nachbarin und sie dort drüben die Mutter von Joselyn, die als Nächste auf die Bühne gehen werde, eine großartige Soulsängerin sei Joselyn, sagt sie, und alle nicken. Argo war als junge Frau mit der Armee in Deutschland stationiert, genauso wie ihr Bruder, der immer noch in Frankfurt lebe und mit einer Deutschen verheiratet sei, sie selber ist Besitzerin eines Kosmetikstudios, zupft, schminkt, cremt und massiert. Was sie von Präsident Obama halte, frage ich. Beten müsse man für ihn, sagt Argo, sehr viel beten, sie tue es jeden Tag, es sei das Einzige, was ihm helfen könne; wenn Gott ihn beschütze, werde alles gut. Beim Gehen spricht mich die Frau des Pfarrers an und erzählt, wie es zu der Aktion gekommen ist, sie selber sei seit zwei Jahren arbeitslos, die Krankenversicherung würde für sie und ihren Mann 600 Dollar im Monat kosten, unbezahlbar, deswegen seien sie nicht versichert, wie viele in der Stadt, daher habe die Kirchgemeinde die medizinischen Untersuchungen organisiert, Blutdruck, Cholesterinmessung, Brustkrebsvorsorge, Lungenfunktionstest, alles kostenlos, das Krankenhaus habe die Röntgengeräte verliehen und das Material gespendet, sämtliche Ärzte arbeiteten ohne Honorar. Immer wieder spricht sie von *cockasians*, ich wundere mich, dass die Ehefrau des Pfarrers ein derart obszönes Wort in den Mund nimmt, aber vielleicht ist das hier ja so, sie trägt schließlich auch ein T-Shirt mit dem Aufdruck *ARMY*, was mir nicht recht religionskompatibel erscheinen will; ich frage irritiert nach – ***cock-asian****?* –, sie

cockasian Von *cock* – Schwanz (vulg.), Begriff für Männer, die Sex mit Asiatinnen bevorzugen.

lacht scheinbar peinlich berührt, legt mir entschuldigend die Hand auf die Schulter und spricht weiter von den Ärzten, die gratis gearbeitet hätten, sogar ein paar *cockasians* seien darunter gewesen. Zum Abschied umarmt sie mich, ich schaue das Wort später im Internet nach, lande auf einschlägigen Websites, es dauert eine Weile, bis ich auf den Begriff ***caucasian*** als offizielles und somit politisch korrektes US-amerikanisches Synonym für Menschen weißer Hautfarbe stoße.

Spätabends klopft es an meiner Tür. Eine Hotelangestellte steht da mit einer gekühlten Flasche Champagner und einem Päckchen Schweizer Schokolade in der Hand. Jonathan der Barmann gratuliere mir zum Geburtstag. Das sei sehr nett, sage ich, es müsse aber ein Irrtum sein, heute sei nicht mein Geburtstag, auch kennte ich Jonathan den Barmann nicht. Ach so, sagt sie und stellt die Sachen auf den Tisch. Dann solle ich es doch einfach so genießen, ganz ohne Grund. *We go very well together,* Annapolis und ich.

caucasian Kaukasier, von dem Göttinger Anthropologieprofessor Johann Friedrich Blumenbach (1752–1840) eingeführter Begriff für die sogenannte Stamm- oder Mittelrasse; Blumenbach systematisierte fünf Rassen nach Hautfarben, neben der kaukasischen (weiß) gab es die äthiopische (schwarz), die malaiische (braun), die mongolische (gelb) und die amerikanische (rot). Blumenbachs Schriften wurden später oft für rassistische Thesen benutzt, während er selbst stets betonte, keine der Rassen sei einer anderen überlegen, und sich deswegen in einem Wissenschaftsstreit vehement für die Abschaffung der Sklaverei aussprach. Im Gegensatz zur populär werdenden Meinung, dass jede Rasse separat entstanden sei, vertrat er die Auffassung eines einheitlichen Ursprungs der Menschheit.

WASHINGTON

»Justitia omnibus«[13]

Sprachübung: *rally* – Kundgebung, Zusammenkunft

TAXATION WITHOUT REPRESENTATION steht auf vielen Autokennzeichen geschrieben, und man merkt, die Bürger wehren sich. In den Gärten im Viertel Mount Pleasant stecken Schilder: *Yes, We Can! D. C. Statehood Now!* Washington will Bundesstaat werden, Washington will einen Senator stellen. Ein Großteil des Landes will das nicht, denn es wäre klar: Washington würde demokratisch wählen. Es ist sechs Uhr in der Früh, hinter dem Capitol geht die Sonne auf, das Gebäude glimmt in der Morgenröte, unter ihm liegt die ganze Stadt, kein Haus darf es überragen, das ist Gesetz. Gerade mal 24 Stunden in der Hauptstadt gewesen, doch es ist der erste Ort auf der ganzen Reise, von dem klar ist: Hier könnte ich leben. Die urbane Struktur weckt Erinnerungen an Europa, Straßenzüge, die an Paris gemahnen, Reihenhäuser, die englisch wirken, gewaltige Apartmentblocks, die in Mailand stehen könnten, Parks, so großzügig und grün wie in Berlin. Hier hat man geplant und nicht einfach nur gebaut, ein Wille zur Repräsentation steckt dahinter, aber auch einer zur Ordnung, **Pierre Charles L'Enfant** sei Dank. Washington ist wirklich schön. Und Washington ist kosmopolitisch, eine ungeheure Vielfalt an Menschen, Sprachen, Kulturen, sozialen Schichten. Es ist auch die spürbare Potenz einer Weltmacht, die den Reiz der Stadt ausmacht, das Wissen um die physische Anwesenheit des Präsidenten, um diese Heerscharen von Politikern, Staatsangestellten, Diplomaten, Geheimdienstlern, Journalisten, Intellektuellen, welche den Ort bevölkern und beherrschen, es sind aber auch Menschen, die nichts mit der Regierung zu tun haben, die Washington bereichern, Hispanos, Asiaten, Europäer und Afrikaner, die in *D. C.* arbeiten, kleine Geschäfte und Restaurants eröffnet haben und abends auf den Treppenstufen vor ihren Häusern sitzen, all die Menschen, die von überall her kamen und der Stadt einen Sound geben, der nicht nur vibrierend, sondern auch entspannt ist, südlich entspannt, ganz anders als in New York etwa. Sonntags im Park auf einer Anhöhe trommeln Profimusiker zehn Stunden lang, ich gehe mit Frank, dem nigerianischen Songwriter, hin, seine drei Kinder sind dabei, kleine Musiker auch sie. Die Luft ist glühend heiß und feucht, über 30 Grad, sogar abends noch, die Trommeln und Schlaginstrumente sind schon von Weitem zu hören, rund zwanzig Männer spielen, eine rauschartige Atmosphäre, ein halbes Dutzend Frauen tanzen in Trance, es sind nicht nur Afrikanerinnen, schlanke, schwitzende Körper, die sich rasend schnell im Gleichklang bewegen, blind miteinander verbunden sind durch die Rhythmen, darum herum tanzende und klatschende Menschen, Kinder mit Hunden, der Park summt und rauscht, an einem Ende blickt man von einer Mauer hinunter in die Stadt. Bis hier hoch hat es das alte Ehepaar nicht geschafft, das ich unten vor dem Lincoln-Denk-

Pierre Charles L'Enfant 1754–1825, französischer Künstler und Architekt, kam mit dreiundzwanzig Jahren in der Neuen Welt an, kämpfte als Major im Unabhängigkeitskrieg, wurde von seinem Freund George Washington beauftragt, die neue Hauptstadt zu entwerfen; Grundkonzept war eine Ost-West-Achse zwischen Capitol Hill und Potomac River, die spätere National Mall; der erste Stadtplan wurde 1792 der Öffentlichkeit vorgestellt, L'Enfant zerstritt sich jedoch mit dem Bauleiter, wurde ohne Lohn entlassen und starb als armer Mann; die Stadt wurde weitgehend nach seinem Entwurf gebaut und seine herausragende Leistung erst Anfang des 20. Jahrhunderts mit einem Denkmal gewürdigt.

mal auf einer Bank unter einem Ahornbaum treffe, die ekstatische Trommelei und das körperliche Miteinander hätten sie wahrscheinlich entsetzt. Wo das *White House* sei, frage ich sie; sie antworten nur, da hinten irgendwo, aber das interessiere sie eigentlich nicht. Beide tragen frisch gebügelte weiße T-Shirts mit blau-roten Aufdrucken, die mir sagen, dass sie sind, was ich eh schon weiß: *Proud to be American*. Sie wollen gar nicht sehen, wo er wohnt, er, dieser schändliche Mensch, dieser Moslem und Nicht-Amerikaner, dessen Namen sie gar nicht aussprechen mögen und der doch ihr Präsident ist für die nächsten Jahre. Sie kamen angereist, um an der gestrigen *rally* teilzunehmen, die **Glenn Beck** veranstaltet hat, um die unzufriedenen Massen ausgerechnet am 47. Jahrestag von Martin Luther Kings *I-have-a-dream-Rede* vor das Capitol zu holen und der Regierung zu zeigen, dass sie nicht nur wütend, sondern sogar sehr wütend sind und dass die verloren gegangene Ehre Amerikas wiederhergestellt werden muss, so schnell als möglich, *restoring honor* nennt sich das. Sarah Palin hat eine Rede gehalten und auch die Nichte von Martin Luther King selbst, man wundert sich, wofür manche Leute sich hergeben; die Nichte spricht später im Fernsehen davon, dass ihr Onkel die Veranstaltung sehr wohl gutgeheißen hätte, weil es doch um die hehren Werte der Nation gehe, um den Glauben an Gott als Basis aller Dinge, um den zuallererst: ***In God We Trust***. Afroamerikanische Bürgerrechtler widersprechen dem vehement, ein Missbrauch Kings, das Ganze. Ich wundere mich einmal mehr, wie heutzutage allen Ernstes mit Gott argu-

Glenn Beck 1964 geborener Radio- und Fernsehmoderator mit eigener Show bei *Fox News Channel;* vom Katholizismus zum Mormonentum konvertiert, bezeichnet die Regierung Obama als Hort des Kommunismus, bestreitet den Klimawandel, fordert eine Liberalisierung des Waffengesetzes und wurde als Meister der Verschwörungstheorien zur Stimme der *Tea Party*-Bewegung.

mentiert werden kann und wie das wohl aufgenommen wird in einer Stadt, die säkularer scheint als die meisten Orte in diesem Land. Die beiden Alten auf der Parkbank können nicht recht argumentieren, wofür sie eigentlich sind, was sie eigentlich wollen. Sie wissen nur, was sie nicht wollen: *that they lie to us*. Wer lügt, frage ich sie. Die Regierung lügt, die Medien lügen, sagen sie. Was für Lügen meinen Sie denn? Na, einfach Lügen, Tausende Lügen. Das Gespräch ergibt wenig Sinn, konstruktive Vorschläge haben sie keine, sie sind nur *angry* und glücklich, dass so viele andere auch *angry* sind, die weite Reise hat sich für sie gelohnt, gleich setzen sie sich ins Auto und fahren fünfhundert Kilometer zurück nach Hause, in die Suburbs von New Jersey, während ich die Hitze der Stadt verlasse und mich auf den Weg in die Berge mache, hinauf in die Appalachen, wo es viele Bären geben soll und wenige Menschen und herrlich kühle Luft.

In God We Trust Seit 1956 Wahlspruch der Vereinigten Staaten, wurde dem Motto *E Pluribus Unum* hinzugefügt; diente während des Kalten Krieges dazu, das amerikanische Volk gegenüber den gottlosen Kommunisten zu stärken; wird wegen des in der Verfassung verankerten Rechts auf Religionsfreiheit kontrovers diskutiert, da auch Atheisten Amerikaner sind.

VIRGINIA

»Sic semper Tyrannis«[14]

Zwei Dinge, die ich schätze an diesem Land: Die Gewaltigkeit der Natur. Und das Gefühl, immer in Ruhe gelassen zu werden.

Sprachübung: *Shenandoah,* indianisches Wort unbekannten Ursprungs – Schöne Tochter der Sterne (romantisierte, gebräuchlichste Version) / Hirsch in den Wäldern (nach dem im Unabhängigkeitskrieg an der Seite der Kolonialisten kämpfenden Oneida-Häuptling *Shenandoah* – Hirsch) / Fluss durch die Tannen (von *Schin-han-dowi*)

Der Skyland Drive wird seinem Namen gerecht, auf 170 Kilometern schlängelt sich die Straße entlang der Kämme der Blue Ridge Mountains, zu beiden Seiten fallen die Berge steil ab, Fernblicke nach Westen über das breite Shenandoah-Tal, Fernblicke nach Osten über Hügelketten, eine folgt der nächsten, ab und zu Halteplätze zum besseren Ausschauhalten, bezaubernde Licht- und Schattenspiele auf den dicht bewaldeten Kuppen und Buckeln, in der Nähe sind sie kräftig grün, dann blässlich blau, um sich am Ende in hellem Dunst aufzulösen, als ob sie Teil des Himmels würden, der groß und weit über allem liegt. Man fährt langsam durch diese Baumlandschaft, kaum Verkehr, einmal trottet ein Schwarzbär über die Straße, irgendwann eine dunkle Blockhütte mit nur einer Zapfsäule davor, bezahlen muss man beim Ranger drin, es gibt Getränke zu kaufen und ein paar Süßigkeiten, viel mehr ist hier nicht, der Shenandoah National Park ist vom Kommerz verschont geblieben wie viele der **Nationalparks** im Land. Es gibt zwei Lodges, in der einen kehre ich ein, sie wurde bereits in den 1930er-Jahren gebaut, genauso wie der ganze Skyland Drive, eine Arbeitsbeschaffungsmaßnahme zur Zeit der Weltwirtschaftskrise. Cottages stehen auf einer Lichtung verstreut, meins ist das hinterste, ein hölzernes Einraumkistchen, der Balkon kragt über einem Abhang, die Abendröte ist beklemmend schön, zwischen den Hütten äsen Weißwedelhirsche, sie sind so mächtig, dass Lino sie nicht zu jagen wagt; ich werde vor Kojoten und Luchsen gewarnt, der Hund wäre eine geeignete Beute, so klein, wie er ist. Im Dunkeln zu Fuß den steilen Weg zur Lodge hinauf, allein durch die fremdartigen Geräusche eines Waldes in der Nacht, ich spüre den Luftzug tief fliegender Vögel über mir, später erfahre ich, es war die Große Braune Fledermaus. Die Lobby der Lodge ist durch Holzlamellenwände unterteilt, der Raum gestuft, eine Fensterfront in Richtung Tal, ein wenig Frank Lloyd Wright, ein wenig Berghütte, ausgestopfte Pelztiere und Vögel blicken mich von Sockeln an. Ich sitze mit einer jüdischen Familie aus Washington beim Puzzlespiel, sie sprechen gut von Barack Obama und von diesem Land, in dem jeder glauben kann, was er will, so sagen sie. Wir bleiben lange da, die alten Deckenlampen geben ein schwaches Licht, Lino schläft eingerollt auf meinem Schoß, der Ventilator surrt, es ist sehr dunkel über dem Wald, nur in weiter Ferne sind ein paar Lichter im Tal zu erkennen. Alles ist gut, ich bin milde gestimmt, sogar dem Ranger gegenüber, der am Nachmittag einen Vortrag über die Steinadler gehalten hat, die im Park angesiedelt

Nationalparks Anfang des 19. Jahrhunderts entstandene, auch von den Philosophen Emerson und Thoreau verfolgte Idee, Naturlandschaften unter Schutz zu stellen; auf Betreiben des Universalgelehrten und Wildnisforschers John Muir (1838–1914) wurde das Yosemite Valley 1864 zum Schutzgebiet erklärt; der erste offizielle Nationalpark der Welt war 1872 der Yellowstone Park; in den USA gibt es mittlerweile 58 Nationalparks, die verantwortliche Behörde untersteht dem Innenministerium.

worden sind, und gleich zu Beginn die Frage stellte, was ein majestätisch in der Luft kreisender Greifvogel denn auslöse bei uns, *emotionally*, meine er, worauf ich mir anhören musste, wie plötzlich alle von amerikanischen Werten zu sprechen anfingen, von Freiheit und von Stärke und von Demokratie, ja, von der einzigartigsten Demokratie überhaupt, als ob es keine anderen gäbe.

Sprachübung: *KKK robe and hood* – Robe und Kapuze des Ku-Klux-Klans; der Name ist eine Abwandlung des griechischen *kyklos* – Kreis; das Wort Klan wurde angehängt, weil alle Gründungsmitglieder schottischer Abstammung waren, der Alliteration wegen mit K statt mit C.

Reisende können ungerecht sein. Ich mag das hier alles nicht, vermisse die erhabene Weltferne des Nationalparks in den Appalachen, fürchte mich sogar ein wenig, dabei ist es heller Tag, wunderbarer Sonnenschein, eine weitläufige Hügellandschaft, lieblich und sattgrün, Vieh auf den Weiden, doch ich stelle mir nur das nackte Grauen hinter den Fassaden der Farmen vor. Vielleicht liegt es daran, was die deutsche Frau des nigerianischen Musikers Frank in Washington erzählt hatte, dass nämlich Frank und ihr Sohn irgendwo im ländlichen Virginia in eine Demonstration des **Ku-Klux-Klans**

Ku-Klux-Klan Der KKK wurde als rassistischer Geheimbund an Heiligabend 1865 gegründet, Ziel war die Wiederversklavung der Schwarzen, die Mitglieder bezeichneten sich als radikale Protestanten, die von Geburt an anderen überlegen seien; der Klan wurde 1871 aufgelöst, 1915 aufgrund des Stummfilmes *Die Geburt einer Nation* von D. W. Griffith neu gegründet; bis in die 1940er-Jahre akzeptierten Hunderttausende Protestanten die Unterdrückung von Juden, Katholiken und Schwarzen als gottgewollt; heute gibt es 7000 Klanmitglieder. Anschläge auf schwarze Kirchengemeinden sind häufig; seit Barack Obama Präsident ist, wächst der Clan.

geraten seien, kürzlich erst, in der Abenddämmerung sei es gewesen, beängstigend und unheimlich, aber auch absurd, weil schwarze Polizisten diese Rassisten in ihren weißen Kapuzengewändern vor Gegendemonstranten hätten beschützen müssen. Vielleicht liegt es auch, ganz banal, an dem Jungen in Massachusetts, der mich vor den hiesigen Hundehassern gewarnt hatte, die alles erschießen würden, was ihnen vor die Flinte komme. Ein Spaziergang entlang der Wiesen scheint unmöglich, rundum abgesperrte Feldwege, Zäune und Verbotsschilder, ich sehe überall grimmige Bauerngesichter und dickbäuchige Truckfahrer in verschwitzten Unterhemden, eine verzerrte Wahrnehmung sicherlich, dennoch unangenehm.

Warning: Redneck Woman on Board
Obama's Daddy was Kenyan not American!
I ♥ Jesus
I wish my wife was this dirty
When your taxes go up ... remember you were warned. SUCKER!!
ASS, GAS or GRASS – nobody rides for FREE
Palin 2012
Right Wing Extremist – Pro Life – Pro Bible – Pro America
OBAMA lied – our economy DIED
I ♥ global warming
Are you following Jesus this close?

Die Erinnerung an eine Collegestudentin in Neuengland, die von ihren Verwandten in Louisiana erzählte, welche ihr Auto jeweils vor den Wahlen mit handgemalten Schildern dekorierten, rundum, jede freie Fläche würden sie beschriften und bekleben, und alle Zeichnungen und Texte kennten nur den einen Inhalt: *I am a one-issue voter,* was bedeutet, dass sie denjenigen Kandidaten wählen, der sich gegen Abtreibungen ausspricht, das sei ihr größtes, eigentlich einziges Anliegen, was sie selber immer verstöre, wenn sie nach

Hause fahre, aber nach ein paar Tagen gewöhne sie sich wieder daran, dass ihre Familie so unfassbar gläubig sei.

Die Landschaft hat sich verändert, keine Hügel mehr, nur noch flaches Land, die Küste ist nicht weit, es ist heiß und schwül, beinahe 40 Grad. Hurrikan Earl baut sich auf, noch ist er in der Karibik, man ist gewarnt, morgen soll er kommen. Kaum ein Mensch ist auf den Straßen Tappahannocks zu sehen, alle sind in die gekühlten Innenräume geflüchtet, nur ich sitze draußen auf der Terrasse des kleinen Restaurants. Die Kellnerin bringt mir das Essen, obwohl eigentlich Selbstbedienung ist, sie entschuldigt sich dafür, dass ich nicht hineindarf mit dem Hund, *It's stupid, but it's the law.* Tappahannock liegt am Rappahannock River, der in die Chesapeake Bay mündet, ein wichtiger Fluss in der Geschichte Amerikas, ein bedeutendes Seegefecht fand während des Britisch-Amerikanischen Kriegs 1813 darauf statt, vier amerikanischen Schonern standen siebzehn englische Fregatten, Schoner und Briggs gegenüber, die Briten gingen als Gewinner aus der Schlacht hervor; und auch im Bürgerkrieg war die Gegend hart umkämpft. – Weiter nach Church View, ein Ort, der eigentlich keiner ist, ein paar Farmen entlang der schnurgeraden Straße, irgendwann eine Kirche, dann ein dreistöckiges Haus mit umlaufender Veranda im kolonialen Südstaatenstil, alles in Weiß, nur die Fensterläden sind hellblau gestrichen, die Nationalflagge weht im Wind, ein verrosteter Traktor *(Farmall A 1938)* wurde vor einen historischen Pferdewagen gespannt, der einst Eis transportierte, Magnolienbäume spenden Schatten in dieser glühend heißen Ebene, es ist mein Bed & Breakfast, hier draußen im Nichts. Kein Mensch ist da, im Blumentopf neben dem Eingang wurde ein Briefumschlag mit dem Schlüssel deponiert, ich bin wohl der einzige Gast. Ein geräumiges Entree, ein Wohnzimmer links (grün) und eines rechts (rosa), frisch gebackener Kuchen steht bereit, neben der Treppe ein Holzschaukelpferd, im oberen Geschoss hängen

Schiefertafeln an den Türen, *Welcome Zora and Topolino* steht auf einer geschrieben, eine Kuhglocke hängt daneben. Vier Gästezimmer hat das Haus, meines nennt sich *Cow Room,* es gibt noch den *Pig Room,* den *Horse Room* und die *Sheep Suite.* Das Zimmer ist themengerecht ausstaffiert, überall Stoffkühe, Holzkühe, Porzellankühe, Kuhbilder an den sandfarbenen Wänden, Kühe auf Dosen, Töpfen, Vasen, Kuhpuppen mit Kulleraugen in gestrickten Schuhen und gehäkelten Overalls, sie liegen auf den Betten, thronen auf dem Kamin, sogar auf dem Badewannenrand steht eine Herde, das Toilettenpapier klemmt zwischen Kuhköpfen, über siebzig Kühe insgesamt. Ich gehe nach unten, schaue den Zeitschriftenstapel durch, setze mich in einen Schaukelstuhl, lese *Garden & Gun (Soul of the South),* höre im Radio die Warnung vor Hurrikan Earl und warte darauf, ob wohl jemals jemand kommt.

Sue und Ivan sind weit über siebzig, Sue ist klein und schwer und geht am Stock, Ivan trägt einen zerzausten Bart, weißhaarig sind sie beide. Wir sitzen im grünen Wohnzimmer und schauen uns Fotos an. Es ist düster hier drin, gestern Nacht haben wir rundum die Fensterläden geschlossen und sie bis jetzt nicht wieder aufgemacht, manchmal steht einer von uns auf und blickt durch einen Spalt nach draußen, Hurrikan Earl prescht über das flache Land, dichter Regen, ein eigentümlich bläuliches Licht, die Bäume stehen schief, das Holzhaus knarzt, aber alles scheint stabil. Gestern Abend saßen wir im rosa Wohnzimmer, Ivans Bruder war zu Besuch gekommen mit seinem Sohn, der sonst unten in Florida wohnt. Ich hörte mir die Schimpftirade der beiden Männer über die Demokraten an, die das Land in den Abgrund stürzten, darüber, dass Barack Obama unrechtmäßig Präsident sei, ein Kenianer und kein Amerikaner, über den Untergang des Landes insgesamt. Ivan und Sue saßen schweigend dabei, ich beschloss, am Morgen in aller Frühe abzureisen. Die Nacht in dem Kuhzimmer aber war behaglich und der Sturm so kräftig, dass an eine Weiterfahrt nicht zu denken war, und so bin ich noch immer hier. Der Hund bewegt sich frei im Haus, mittags fand ich ihn bei Ivan in der Küche, wo sie gemeinsam Schinken verspeisten, während Sue Kuchen buk. Jetzt strickt sie an einer Mütze, die bald fertig ist, die Wolle für die nächste liegt schon bereit, sie macht das für die Indianerkinder in North Dakota. Die beiden sind, wie ich seit ein paar Stunden weiß, Baptisten und oft als Missionare in der Welt unterwegs. Trinidad, Panama, auch in Tschechien und Polen waren sie, am liebsten aber seien sie in Rumänien. Ob sie osteuropäische Vorfahren hätten, frage ich. Auch, sagt Sue, aber sie sei ***Heinz 57***, eine wilde Mischung also. Ich schaue mir Bilder von ihren Reisen an, sie haben sich auf biblisches Handpuppentheater spezialisiert, Sue bastelt mit Jugendlichen aus der Kirchgemeinde Puppen, die jenen aus der Muppet Show ähnlich sehen, gebrauchtes Material wird dafür verwendet, Stoffreste, Holzstücke, Schnüre, sogar CD-Scheiben haben sie eingebaut, und ich ahne, dass auch die Kühe auf meinem Bett Sues Kreaturen sind. Während draußen der Regen trommelt, als ob wir in den Tropen wären, tauche ich ein in das Leben zweier Missionare, die seit 51 Jahren verheiratet sind und von

Heinz 57 Eigentlich *57 Varieties*, war ein populärer Slogan des Lebensmittelkonzerns H. J. Heinz Company, der in erster Linie für sein Ketchup berühmt geworden ist. Die Firma hatte 1892 über 60 Produkte im Programm, der Firmengründer und deutsche Auswanderersohn Henry John Heinz (1844–1919), der bereits im Alter von neun Jahren eigene Soßen zu kreieren begann, warb aber mit der 57, weil die 5 seine Glückszahl war und die 7 die seiner Frau. Der Begriff *Heinz 57* wurde nicht nur der Leitspruch der Firma und Name einer Steaksoße, sondern gilt auch für Hunde, die ein Mix aus vielen Rassen sind. Die Firma Heinz hat heute eine Palette von über 6000 Produkten im Angebot, die Firma macht einen Umsatz von 10 Milliarden Dollar im Jahr, allein vom Ketchup werden jährlich 650 Millionen Flaschen verkauft.

sich sagen, sie würden die Bibel nicht wörtlich auslegen, im Gegensatz zu anderen Baptisten, die viel radikaler seien. Ich sehe Videoaufnahmen von Sue, Ivan und jungen Gemeindemitgliedern, die in einem desolaten Roma-Viertel am Rande Bukarests vor Kindern die Passionsgeschichte aufführen, auch Szenen aus *Sister Act* performen sie, Whoopi Goldberg als schwarz gehäkelte Nonne tanzt sehr exzessiv, aus Lautsprechern erklingt die Musik, ... *oh happy day ... when Jesus walked* ..., die Kinder singen und klatschen und johlen, für die Jugendlichen aus Virginia ist es ihre erste Auslandsreise überhaupt und für die Roma-Kinder ein großer Spaß. Sue und Ivan haben nichts Aggressives an sich, nichts Elitäres und nicht einmal etwas Sektiererisches, sie wollen mich auch nicht von der Existenz Gottes überzeugen, es sind nur zwei alte Menschen, die das Leid auf der Welt ein wenig lindern und an Jesus als Friedensbringer erinnern möchten.

Aktuelle Notiz: 400 000 der zwei Millionen Kriegsveteranen, die im Irak oder in Afghanistan stationiert waren, leiden unter posttraumatischen Störungen oder Depressionen. Jeden Tag bringen sich 18 Veteranen um, rund 6500 pro Jahr also. Das sind 20 Prozent aller Suizide im Land.

Aufräumarbeiten im Jachthafen von Deltaville. Hurrikan Earl hat einige Schäden angerichtet, doch es war nicht gar so arg wie in North Carolina drüben. Ich lerne Bob und Lidka kennen, sie reinigen ihr Segelboot, erst sprechen wir über den Steg hinweg, dann laden sie mich zu sich aufs Boot ein, sie tun es (und das halte ich ihnen sehr zugute), nachdem wir festgestellt haben, dass uns weltanschaulich nichts verbindet, sondern alles trennt. Bob und Lidka sind Anfang fünfzig, er stammt aus Kalifornien, sie aus Polen, beide sind das, was man glühende Konservative nennt, und es geht ihnen nicht gut, Bob sagt, er könne kaum noch schlafen nachts, werde von Angst geschüttelt. Wovor denn Angst, frage ich. Sie haben Angst vor Barack Obama, Angst vor den Kommunisten, Angst davor, dass man ihnen die Schusswaffen nimmt, vor allem aber fürchten sie, die Regierung könnte ihnen ihr Geld stehlen, um es fremden Leuten zu schenken. Lidka floh als junge Frau aus dem verhassten kommunistischen Polen nach Amerika, ein Baby auf dem Arm und 200 Dollar in der Tasche, sonst nichts. Sie habe kein Englisch gesprochen, in Mississippi als Putzfrau gearbeitet, nebenbei die Sprache gelernt, erst eine Ausbildung gemacht und dann ein Studium, jetzt ist sie Molekularbiologin an einem College in Virginia. Auch Bob wollte weg aus seiner Heimat, zu viele Linke und Hippies habe es in Los Angeles gegeben. Er sei *white trash* und habe nichts von zu Hause mitbekommen, weder Bildung noch Geld, sei Arbeiter gewesen, bevor er sich zum Elektroniker ausbilden ließ, heute ist er Pilot bei Southwest Airlines, fliegt eine Boeing 737, inneramerikanisch. Beide, darin sind sie sich einig, hätten den ***American Dream*** wahr gemacht, genau deswegen liebten sie dieses Land, weil es einem alle Möglichkeiten biete, man müsse sie nur ergreifen.

American Dream Zum ersten Mal von dem Schriftsteller und Historiker James Truslow Adams (1878–1949) verwendeter Begriff für den Glauben an eine individuelle Lebensverbesserung, ermöglicht durch Arbeit und Freiheit, ungeachtet des sozialen Hintergrundes; 1931 schrieb er in dem Buch *The Epic of America*, der *American Dream* sei *that dream of a land in which life should be better and richer and fuller for everyone, with opportunity for each according to ability or achievement. It is a difficult dream for the European upper classes to interpret adequately, also too many of us ourselves have grown weary and mistrustful of it. It is not a dream of motor cars and high wages merely, but a dream of social order in which each man and each woman shall be able to attain to the fullest stature of which they are innately capable, and be recognized by others for what they are, regardless of the fortuitous circumstances of birth or position.*

Sie möchten vieles abschaffen, die Steuern, die Beamten, die staatlichen Hilfen, den aufgeblasenen Regierungsapparat, das *totalitäre* Überwachungssystem, dafür seien sie auch in Washington demonstrieren gegangen letzte Woche, die ***Tea Party*** ist ihre letzte Hoffnung. Die Idee des Wohlfahrtsstaates sei europäisch, sagt Lidka, warum gehe Obama nicht nach Europa, wenn er ein antiamerikanisches System errichten wolle, jeder Freiheit werde man beraubt, ganz anders als zu Zeiten Reagans, des größten Präsidenten überhaupt. Ich sage, dass ich mich nirgends so frei gefühlt hätte wie damals in West-Berlin, der eingeschlossenen Stadt mit all ihren Freaks, Militärdienstverweigerern und marxistischen Intellektuellen, ich sage auch, dass mich die Ideen der Linken nicht verstörten, sondern beruhigten, dass ich ein soziales Netz als freiheitliche Leistung verstünde, als Sicherheit, dass ich es schätzte, wenn Arme unterstützt würden und das Gemeinwohl im Vordergrund stehe, was bei uns allerdings auch immer mehr verloren gehe. Bob schaut mich staunend an, so habe er das noch nie betrachtet, er habe immer gedacht, jeder Mensch auf der Welt müsse Angst vor den Linken haben, einfach jeder; dass sozialistische Ideen einen sogar beruhigen könnten,

Tea Party Konservative, libertäre populistische Bewegung, die Proteste organisiert und politische Kandidaten unterstützt; sie entstand 2009 als Reaktion auf die Bankenrettungsversuche und Konjunkturpakete während der Finanzkrise; die *Tea Party* kennt keine zentrale Führung, sondern besteht aus lokalen Gruppen, mittlerweile formieren sich aber Dachorganisationen; Steuersenkung ist die eine Forderung, weniger Staat im Allgemeinen die zweite, auch das Kippen der Gesundheitsreform ist ein zentrales Anliegen, die Aktivisten möchten sowohl die Notenbank als auch das Bildungsministerium abschaffen; der Name ist eine Reverenz an die *Boston Tea Party,* bei der sich 1773 die Kolonisten gegen britische Steuern auflehnten und Teesäcke von Schiffen im Bostoner Hafen ins Wasser warfen.

das sei ihm unvorstellbar und neu. Er selber unterstütze *Starbucks,* weil die Werbung damit machten, dass man ihre Geschäfte mit Revolvern betreten dürfe, das Recht auf Selbstverteidigung und Besitzstandswahrung mittels Waffengewalt sei ihm die wichtigste Freiheit, und er staunt wieder, als ich antworte, für mich bestehe Freiheit darin, in einem Land zu leben, in dem ich keine Waffe brauchte, und dass ich glaubte, Gewalt erzeuge nur wieder Gewalt. Wir bleiben lange auf dem Boot sitzen, bald geht die Sonne unter. Ein schöner Nachmittag sei das gewesen, sagt Bob, als ich mich verabschiede; mit jemandem zu reden, der ganz anders denke, das wäre sonst unmöglich in Amerika, mit Demokraten könne man keine Gespräche führen. Später sitze ich im Auto, ein rot glühendes Licht legt sich über das flache, menschenleere Land, gelegentlich ein Truck neben dem Eingangstor einer Farm, die tief im Inneren des Weidelandes liegt, ich fahre an Friedhöfen ohne Mauern vorbei und durch Dörfer, in denen nur die Leuchtreklamen der Tankstellen die Nacht erhellen, die schiefen Strommasten aus Holz begleiten mich wie Relikte aus einer vergangenen Zeit, ich fahre immer weiter geradeaus, höre Musik und betrachte die Welt mit den Augen dieser beiden Menschen, sehe das Amerika, das sie meinen, welches sich stets wieder neu erschaffen will aus eigener Kraft, ein Amerika, das fasziniert und beunruhigt und eigentlich gar nicht mehr existiert.

Welcome to Jamestown 2007 –
America's 400th Anniversary.

Jamestown is the place where
three great civilizations
came together for the first time:
Western European, Native American and African.

Und jetzt also Jamestown, der Konkurrenzort von Plymouth, Massachusetts. Am 13. Mai 1607 landeten hier drei englische Schiffe an, 104 Männer und Knaben (aber keine Frauen) gingen von Bord und gründeten die erste *dauerhaft* bewohnte englische Kolonie auf amerikanischem Boden (obwohl *dauerhaft* ein Euphemismus ist, keine hundert Jahre hatte sie Bestand, heute ist sie eine archäologische Stätte mit Schaucharakter), sie siedelten dreizehn Jahre vor den *pilgrims,* aber 42 Jahre nach den Spaniern in St. Augustine, was gerne vergessen wird, weil es nicht zum Gründungsmythos der Nation passt, katholische Spanier im Puritanerland. Anders als in Plymouth waren es keine verfolgten Familien, die ein ruhiges Leben mit Gott suchten, sondern Männer, die im Auftrag der Virginia Company einen Handelsstützpunkt errichten sollten. Die Siedler wurden von einem Stamm der Powhatan angegriffen, sie bauten daraufhin ein Fort; die Konflikte mit den Indianern hielten an. Jamestown ging nicht nur wegen des historischen Moments in die Geschichte ein, sondern auch wegen der Mythen, die sich um die Siedlung bildeten, was vor allem an zwei Menschen lag: dem Söldner und Geschichtenerzähler John Smith (1580–1631) und der Powhatan-Häuptlingstochter Pocahontas (1595–1617). Den beiden wurde eine (wahrscheinlich fiktive) Liaison nachgesagt, der Legende zufolge soll Pocahontas Smith das Leben gerettet haben, indem sie sich leidenschaftlich vor ihn warf, als ihr Vater ihn töten wollte, was die Fantasien der Nachwelt aufs Höchste anregte, Sex mit einer Indianerin, einer *Wilden,* einer Kindfrau, das war schon was, zwölf Jahre war sie damals alt; keiner weiß mehr darüber als Klaus Theweleit, Autor von ***Der Pocahontas-Komplex***. John Smith blieb nicht

Der Pocahontas-Komplex, angelegt auf vier Bände.
Buch 1: *Pocahontas in Wonderland. Shakespeare on Tour;*
Buch 4: *»You give me fever«. Arno Schmidt. Seelandschaft mit Pocahontas. Die Sexualität schreiben nach WWII.*

lange in der Neuen Welt, ein explodierter Schwarzpulversack verletzte ihn schwer, er segelte nach England zurück, den Winter 1609 verbrachte er in seiner Heimat. Die meisten der Männer überlebten jenen kalten Winter nicht, man überlegte, die ganze Sache abzubrechen, als zwei Schiffe aus England angesegelt kamen. Auf dem einen war auch John Rolfe (1585–1622), Landwirt aus Norfolk, der sah, dass Tabak vor Ort als Wildpflanze wuchs, ein starker Tabak, zu bitter für den englischen Geschmack, aber dennoch, der Boden schien gut, was ihn dazu bewog, milderen Tabak aus den Antillen einzuführen und anzupflanzen – der Grundstein für Virginias goldene Zukunft war gelegt. Rolfe hatte seine Frau bei einem Schiffsunglück vor den Bermudas verloren, so heiratete er die von den Engländern als Geisel genommene Pocahontas, frisch getauft und in Rebecca umbenannt, eine Ehe nicht aus Fleischeslust, wie er beteuerte, sondern um des Friedens mit den Powhatan willen, ein kluger Schachzug, aber letzten Endes tödlich für die junge Frau. Das englische Königshaus akzeptierte sie als *Indianerprinzessin* und als Botschafterin ihres Vaters, John Rolfe reiste mit ihr nach Großbritannien, wo Pocahontas dank ihrer Klugheit unter den Adeligen bald eine beliebte Exotin war, aber mit zweiundzwanzig Jahren starb, ob an Lungenentzündung, Typhus oder Pocken, ist nicht klar. In Jamestown veränderten sich die Dinge sehr, die Kämpfe gegen die Indianer nahmen zu, viele von ihnen wurden von den Siedlern ermordet oder starben an eingeschleppten Krankheiten, hundert Jahre nach Ankunft der Engländer waren die Powhatan von 15 000 auf 2000 Mitglieder dezimiert. Die Jahre um 1620 waren zukunftsbildend für die Kolonie, zwanzig gefangene Angolaner wurden von einem holländischen Sklavenhändler gegen Lebensmittel eingetauscht, man setzte sie als Schuldknechte ein, einige von ihnen kamen später frei, kauften Land und pflanzten Tabak an, andere blieben in der Abhängigkeit. Im Jahr darauf vergrößerte sich Jamestown um neunzig alleinstehende Engländerinnen im gebärfähigen

Alter, 1624 geriet die Virginia Company in finanzielle Schwierigkeiten, und die Siedlung wurde britische Kolonie. Die Stadt florierte, 1640 wurde der erste Afrikaner offiziell als Leibeigener registriert, *to serve his master for the time of his natural life* stand in den Dokumenten geschrieben; die Zeit der Sklaverei begann. Zweihundert Jahre lang sollten Sklaven nach Virginia importiert werden, die meisten aus Barbados, nur selten sei ein Schiff direkt aus Afrika angekommen, notierte der Gouverneur 1680. Jamestown selber ging 1699 unter, weil die Hauptstadt nach Williamsburg ins Landesinnere verlegt worden war, zu sumpfig hier, zu viele Mücken, und dazu noch die Malaria.

Es wird geschätzt, dass ein Sklave für zehntausend Tabakpflanzen zuständig war. Zehntausend Mal sich bücken, um die kleinen Samen auszusäen, zehntausend Mal, um die Jungpflanze zu pikieren, zehntausend Mal, um sie im Feld einzusetzen, zehntausend Mal, um sie zu ernten.

NORTH CAROLINA

»Esse quam videri«[15]

North Carolina State Law:
Drivers under the age of 18 can't use a cell phone while driving, except to call 911 or parents or spouse.

P. trägt das gelb-grüne Fußballtrikot der südafrikanischen Nationalmannschaft und eine große Sonnenbrille, die sie nicht abnimmt, weil sie weint. Es sei nicht so, dass sie ständig weine, aber heute sei ein besonders schlimmer Tag, sagt P., die drei Jahre jünger ist als ich und mit ihrem Mann T. in Wilson wohnt, mit dem sie sich fürchterlich gestritten habe, bevor sie zu unserer Verabredung kam. P. ist indische Südafrikanerin, hat dunkle Haut, schwarze Löckchen und strahlend weiße Zähne. Wenn sie spricht, tut P. das so akzentuiert, als wollte sie die einzelnen Wörter nebeneinander auf ein Silbertablett legen, was schön aussieht, sogar wenn sie weint. Wir sitzen in einem Gartenrestaurant, und sie erzählt mir ihr Leid, es ist eine ganz existenzielle Not, die sie plagt, ihr Visum läuft bald ab und soll nicht verlängert werden, nach zehn Jahren legaler Arbeit als Grundschullehrerin werfe man sie und T. aus dem Land, jeden juristischen Weg hätten sie ausgeschöpft, sagt P., sie halte die Erniedrigung, die sie in dieser herzlosen Gesellschaft erfahren müsse, einfach nicht mehr aus. Ihr Bruder habe mehr Glück gehabt, der sei als Illegaler hier gewesen, jahrelang, sei aber im Zuge einer landesweiten Amnestie eingebürgert worden, einfach so. Warum sie nicht nach Südafrika zurückzögen, frage ich. Südafrika! Nein, Südafrika, das ginge nicht, sie sei so traumatisiert von den Überfällen, die sie auf ihrer Farm erleben musste, dass sie ihre Heimat nach dem dritten Raub fluchtartig verlassen hätten, sie wache manchmal heute noch schreiend auf, weil sie von dem Mann in ihrem Schlafzimmer träumte, mit der Waffe in der Hand und ihrer Lederjacke über dem Arm. Und Europa, frage ich. Europa! Unmöglich, in Europa möge man Dunkelhäutige nicht, immerzu würde man angestarrt, oder, schlimmer noch, es werde an einem vorbeigeschaut. Dann sitzt sie wieder traurig in ihrem Stuhl, eine Dose Mineralwasser in der Hand. Abends besuche ich sie bei sich zu Hause, T. ist auch da und Bella, der kleine **Chihuahua**, sie wohnen recht zentral. Wilson ist eine hübsche Stadt mit lockerer Bebauung und vielen Bäumen, 50 000 Menschen leben hier, zur Hälfte Schwarze, zur Hälfte Weiße, so wie P. und T., die sagen, das sei der Grund gewesen, warum sie hierhergezogen seien, diese Ausgewogenheit, zudem gebe es eine große *gay community,* das sei sehr angenehm. Ihr Haus steht in einer schattigen Straße, es ist so klein, so eng, so voll mit Sachen, die sie an Südafrika erinnern, dass schnell klar wird, dies ist ein symbiotisch lebendes Paar, eine Einheit, fast schon eine Kleinfamilie, denn Bella ist ein weiterer Grund, warum P. so viel weinte heute früh, der Zwergenhund darf nicht einreisen nach Neuseeland, und Neuseeland haben sich die beiden als Destination für ihr zukünftiges Leben ausgewählt, falls man sie dort überhaupt arbeiten lässt, denn von hier weg müssen sie jetzt nicht nur, sie wollen es auch. P. sagt, die Amerikaner seien entsetzlich oberflächlich, dächten nicht als

Chihuahua Dank Paris Hilton die beliebteste Hunderasse in den USA, gleichzeitig jene, die am häufigsten in Tierheimen anzutreffen ist, da die modebewussten Besitzer unterschätzt haben, dass der Chihuahua trotz seiner Kleinheit ein Hund mit hündischen Bedürfnissen ist; stammt aus Mexiko, ursprünglich als Opferhund verwendet, der die Seelen eines Verstorbenen auf seiner Reise ins Jenseits begleitet, wurde von Aztekenpriestern als Haustier gehalten; in der Region Chihuahua leben sie nach wie vor wild.

Gemeinschaft, sondern nur als Ich, und T. fügt an, er glaube, das Fernsehen habe diese Gesellschaft zerstört, mit Menschen über siebzig könne man sehr gut sprechen, die seien normal sozialisiert, aber alle, die jünger seien, könnten sich auf nichts konzentrieren als auf sich selbst – und vielleicht nicht einmal das. Wir sitzen lange in dem Puppenstubenwohnzimmer, T. und P. haben gut gekocht, ihr Traum ist es, in Neuseeland ein Café zu führen. Bella schläft auf der Rückenlehne des Sofas direkt hinter mir, ich spüre ihren Atem in meinem Nacken, die beiden fragen, ob ich die Kleine nicht mitnehmen möchte, nein, muss ich sagen, lieber nicht, obwohl ich kurz in Versuchung gerate, aus lauter Mitleid, denn ich stelle es mir schrecklich vor, wenn man in seiner Heimat nicht leben kann, weil man Angst vor ihr hat, und in dem Land, in dem man wohnt, nicht bleiben darf, also schlicht und einfach nicht weiß, wohin mit sich und seinem Leben.

Sprachübung: *brimstone butterfly*–Zitronenfalter *(Gonepteryx rhamni); brimstone* – Schwefel; der Name *Schmetterling* ist seit 1501 belegt und stammt vom ostmitteldeutschen Wort *Schmetten* ab, was Schmand oder Rahm bedeutet, Lebensmittel, von denen gewisse Schmetterlingsarten angezogen werden. So gesehen ergibt auch das englische *butterfly* Sinn, in einigen deutschsprachigen Regionen wird das Wort *Buttervogel* noch immer verwendet.

Über dem Highway plötzlich Unmengen von Zitronenfaltern, mehr noch als neulich in Massachusetts, wo sie in Schwärmen über das hügelige Land zogen. Hier auf dieser flachen Straße fliegen sie einem so überraschend entgegen, als ob sie aus dem Nichts gekommen wären, und es taucht ein Bild aus der Erinnerung auf, auf dem Flüelapass ist es gewesen, während einer Fahrt von Davos ins Engadin, ein Sommerwochentag, kaum Verkehr, und dann waren sie plötzlich da, Zitronenfalter, Abertausende, einfach so, zitterten, schwirrten und tanzten vor mir her und um mich herum, knallten leise gegen die Windschutzscheibe, ich hielt an, um dieses kollektive Sterben zu verhindern, wartete zehn Minuten, zwanzig Minuten, es wollte gar nicht aufhören, immer mehr kamen angeflogen, ein gelb flirrendes Delirium der Natur. Ich frage mich, woher sie ursprünglich stammen, jene Falter vom Flüelapass und diese hier in North Carolina, und ich erinnere mich an Vladimir Nabokov, der 1945 in einer Fachzeitschrift schrieb, Schmetterlinge der Gattung *Polyommatus* seien aus Sibirien über eine Landbrücke nach Alaska eingewandert, wofür er höhnisch verlacht wurde, Schriftsteller sollten sich nicht mit Wissenschaft beschäftigen, hieß es damals; doch heute ist mittels DNA-Analyse bewiesen, der Mann hatte recht, und ich nehme an, mit den Zitronenfaltern wird es genauso gewesen sein, eine schöne Vorstellung, diese federleichten gelben Wesen, hoch oben im Norden, auf ihrem Weg von Asien nach Amerika.

Aktuelle Notiz: Tausende Franzosen demonstrieren in mehreren Städten gegen die Ausländerpolitik von Präsident Sarkozy, der illegal gebaute Roma-Siedlungen abreißen lässt und seit Jahresbeginn mehr als 8000 Rumänen und Bulgaren in ihre Heimatländer ausgewiesen hat. Das EU-Parlament fordert in einer Resolution die sofortige Beendigung dieser Praxis. 337 Abgeordnete haben für die Resolution gestimmt, 245 dagegen.

Angekommen in Manteo auf Roanoke Island, einer kleinen Insel zwischen dem Festland und den Outer Banks, jener 280 Kilometer langen Inselkette, die wie ein krummer Faden vor der Küste North Carolinas liegt und wegen Hurrikan Earl evakuiert worden war, die Schäden sind beträchtlich. Manteo ist ein friedlicher kleiner Ort mit einem schmalen *boardwalk,* der sich an der Marina entlangschlängelt und in die Bucht hinausführt, von Schilf umzingelt, Liegestühle aus Holz stehen herum, man macht es sich gemütlich hier, anders als in Nags Head auf den Outer Banks drüben, wo der Strandwahnsinn tobt, mit allem, was dazugehört, Factory-Outlets, Fast-Food-Ketten, Hotelmassen. Mein kleines Motel mutet hingegen historisch an, wird in dritter Generation von derselben Familie geführt, im Büroraum liegt träge eine dicke Hündin. Manteo war der Name eines Mitglieds vom Stamm der Pamlico, eine Ausnahmeerscheinung soll er gewesen sein, dieser junge Mann. Er hatte sich mit dem Entdecker Sir Walter Raleigh angefreundet, der 1584 die Ostküste erkundete, Raleigh brachte ihm und einem anderen Pamlico namens Wanchese in aller Kürze Englisch bei und nahm die beiden mit nach England, wo sie am Hof von Königin Elisabeth I. zu Gast waren, die aufgrund der Erzählungen Manteos und Wancheses beschloss, Raleigh zu unterstützen und jenseits des Atlantiks eine Kolonie zu gründen, die erste englische Kolonie in der Neuen Welt, 23 Jahre vor Jamestown in Virginia. Das Unternehmen war nicht sehr erfolgreich, ein erster Versuch scheiterte bald, die 107 Siedler hatten zu wenig zu essen, es kam zu Streitigkeiten mit den Ureinwohnern, die Engländer brannten ein Dorf nieder und ermordeten den Häuptling, die Situation verschärfte sich, Versorgungsschiffe fuhren hin und her, luden Leute ein und aus, 1587 reisten erneut englische Siedler an, auch Frauen und Kinder waren dabei, am 18. August kam das erste englische Kind auf dem nordamerikanischen Kontinent zur Welt, ein Mädchen namens **Virginia Dare**.

Virginia Dare Zur Folklore gewordene Ikone der amerikanischen Geschichte; Symbol für Reinheit und Unschuld; taucht 1840 in einer Novelle der Autorin Cornelia Tuthill (1798–1879) erstmals als literarische Figur auf, ist später Heldin in unzähligen Büchern und Filmen; eine Tabakmarke wurde nach ihr benannt, nach Beendigung der Prohibition 1933 hieß der erste legal produzierte Wein *Virginia Dare;* eine New Yorker Firma für Vanilleprodukte nennt sich seit 1835 so; Straßen, Brücken und Schiffe tragen ihren Namen.

Manteo vermittelte zwischen seinem Stamm und den Engländern, man sagt ihm nach, er habe Verständnis für beide Positionen gehabt, er ging in die Geschichte ein als der erste Indianer, der sich taufen ließ. Dass Jamestown und nicht Roanoke Island als *first permanent settlement* der Engländer gilt, liegt an einem Mysterium, das bis heute neugierige Menschen auf die Insel zieht: *THE LOST COLONY.* John White, einer der Siedler, hatte sich eine Woche nach Virginias Geburt mit ein paar Männern auf den Weg nach England gemacht, um die darbenden Bewohner mit Gütern zu versorgen, der englisch-spanische Krieg brach kurz darauf aus, Whites Rückfahrt wurde vereitelt, erst 1590 kehrte er in die Kolonie zurück, drei Jahre später also. Als er an Land ging, merkte er schnell, hier war keiner mehr, doch die Siedlung war nicht zerstört, sondern einfach nur leer. 90 Männer, 17 Frauen und 11 Kinder hatte er zurückgelassen, von ihnen fehlte jetzt jede Spur, niemand sollte je wiederauftauchen, auch die kleine Virginia Dare blieb verschollen. Ein einziges Zeichen hatten die Siedler hinterlassen, das Wort *CROATOAN* war in Holz eingeritzt, eine Insel in der Nähe hieß so, Manteo lebte dort. – Ich gehe durch den Wald der Fort Raleigh National Historical Site, zwei Ranger kommen mir entgegen und grüßen freundlich, obwohl sie den Hund ohne Leine laufen sehen, man ist hier wirklich sehr entspannt. Am Strand unten wird im Amphitheater mehrmals wöchentlich das 1937 geschriebene Stück *The Lost Colony* des Pulitzerpreisträgers Paul Green (1894–1981) aufgeführt, ansonsten ist hier außer Bäumen nichts, und vielleicht ist gerade das der kluge pädagogische Trick: An einem Rundwanderweg durch den Wald stehen Schautafeln mit Texten, die einen auffordern, sich vorzustellen, wie das tägliche Leben der Siedler ausgesehen haben könnte, mit nichts als den eigenen Kleidern am Leib und einer Axt in der Hand und ein bisschen Proviant, mitten im Wald, wo alles erst einmal gebaut werden musste, vom ersten provisorischen Unterstand bis hin zu einem Dorf, wo gejagt und gerodet und gepflanzt werden musste, in dieser Hitze, mit diesen Insekten überall, vorne das Meer, hinten die Sumpflandschaft, oder vielleicht eher hinten das Meer und vorne die Sumpflandschaft, dort, wo das Land erst anfängt, wo es immer weiter nach Westen geht. So stehe ich also vor solch einem Schild und frage mich, was aus diesen wagemutigen Menschen geworden ist, welche der verschiedenen Theorien über ihr mysteriöses Verschwinden wohl stimmt. Mir missfällt die Vorstellung, dass sie auf dem Weg ins Landesinnere in dem achtzig Kilometer breiten Sumpfstreifen verhungert oder verdurstet sein könnten, im Schlamm versunken, von den Alligatoren zermalmt, auch die Idee, sie seien zwischen die Fronten verschiedener indianischer Völker geraten und ermordet worden, mag ich nicht, und der Gedanke, dass sie mit ihrem kleinen Dreimaster wieder Richtung England fuhren und unterwegs gekapert wurden oder im Sturm ertranken, ist so unschön wie die ebenfalls vertretene Meinung, die Spanier hätten sie massakriert. Und so halte ich mich an die freundlichste (und nicht unwahrscheinlichste) aller Theorien, dass sie nämlich mit Manteo mitgezogen sind, sich mit den Ureinwohnern vermischt und von ihnen gelernt haben, wie man das Leben in diesem sumpfigen Land bewältigt, eins geworden sind mit dem ursprünglichen Amerika.

Heute einen wirklich dummen Fehler gemacht, aus lauter Trägheit nicht getankt und dann auch noch eine Nebenstraße gewählt, quer durch das Marschland, ich stellte es mir lieblich vor. Die Straße führt an einem Kanal entlang, darin stehendes, modriges Wasser, rundum niedriges Gebüsch, ich weiß, es wimmelt von Alligatoren, sogar Straßenschilder warnen vor ihnen. Die Hitze ist schwer zu ertragen, die Tankwarnlampe leuchtet rot, ich halte an, schaue auf die Karte, dreißig Kilometer liegen hinter mir, noch etwa achtzig sind es bis zum nächsten Ort, dazwischen sind Namen eingezeichnet, die *Engelhard, Lake Landing* und *Last Chance* heißen, wahrscheinlich Farmen oder Bootsanlegestellen, aber sicher keine Dörfer sind, Autos sind mir bislang kaum welche begegnet, was soll man auch hier. Aus der Ferne sehe ich dann, wie sich endlich eines nähert, es blitzt im Sonnenlicht, ich steige aus, warte, mache ein Handzeichen, der Wagen bremst ab, ein Pick-up-Truck, auf der Ladefläche hecheln zwei Hunde. Ein muskulöser Mann mit langem Haar sitzt am Steuer, ein hohläugiger Halbwüchsiger neben ihm, wohl Vater und Sohn, quer über dem Armaturenbrett liegt ein Gewehr. Ich frage, ob es auf dem Weg nach Süden eine Tankstelle gibt, sie glotzen mich schweigend an, ich wiederhole die Frage, der Ältere glotzt wieder und sagt schließlich etwas, das ich nicht verstehen kann, ich nehme aber an, dass es Englisch war. Er hält mich wahrscheinlich für genauso verrückt wie ich ihn, zeigt missmutig nach Norden und braust grußlos davon. Ich wende, fahre langsam nach Manteo zurück und weiß jetzt wenigstens, was echte ***rednecks*** sind.

Sprachübung: *German Palatines* – Pfälzer, d. h. Bewohner der Kurpfalz (in alten Quellen *Churpfalz* genannt, eigentlich Rheinische Pfalzgrafschaft); Territorium im Heiligen Römischen Reich, 1777 in Kurpfalz-Bayern aufgegangen.

Baron de Graffenried, citizen of Bern, Switzerland,
landing here with Swiss and Palatines,
founded New Bern 1710.

redneck Ursprünglich wie *hillbilly, cracker* oder *white trash* verwendeter abwertender Begriff zur Klassifizierung einer ruralen Menschengruppe; galt einst für weiße Farmarbeiter aus den Südstaaten, die wegen ihrer Tätigkeit auf den Feldern von der Sonne rot verbrannte Nacken hatten; mittlerweile auch als selbstidentifikatorisches Wort für konservative, hemdsärmlige und tatkräftige Amerikaner verwendet, die nicht unbedingt aus dem Süden des Landes kommen müssen.

Labor Day in New Bern, zudem die Dreihundertjahrfeierlichkeiten, die Straßenzüge sind gutschweizerisch beflaggt, ein eigenartiges Gefühl, mitten in Amerika zu sein und rundum das mittelalterliche Wappen der heimatlichen Hauptstadt zu sehen, zwei rote und eine gelbe Bahn schräg dreigeteilt, im gelben Mittelstreifen ein schwarzer Bär, an jeder Pfote vier leuchtend rote Krallen. Irgendwann merke ich, mit dem New Berner Bären stimmt etwas nicht, zu Hause sieht er anders aus, es ist ein wichtiges Detail, das ihm fehlt, man hat ihn entmannt, ihm seinen feuerroten Penis gestohlen, ihn gewissermaßen zur Bärin gemacht oder zum asexuellen Wesen, jugendfrei. New Bern ist eine Wasserstadt, zwei Flüsse treffen sich und fließen in den Pamlico Sound, eine so ausgedehnte Lagune, dass sie der Entdecker Giovanni da Verrazano 1524 gar für den Pazifischen Ozean hielt. Am Ufer spielt sich das öffentliche Leben ab, im Park sitzen Menschen beim Picknick, Kinder rennen übers Gras. Ich lerne Tresha kennen, die im Businesskostüm am Geländer lehnt und ein wenig aufs Wasser schaut, bevor sie ins Büro geht, wo sie auf Provisionsbasis Häuser zu verkaufen versucht, was im Moment nicht gelingen will, dieses Jahr habe sie kein einziges Objekt verkauft. Hätte ihr Mann nicht einen festen Job, würden sie es nicht schaffen, sagt die Afroamerikanerin, sie seien beide nicht von hier, ihr Mann stamme aus Charleston in South Carolina, dieser eleganten Stadt am Meer, deren Geschichte eng mit der Sklaverei verknüpft ist, was man heute noch spürt. Ihr Mann habe dort nicht einen einzigen Weißen zum Freund, vor zwanzig Jahren hätte man gedacht, Schwarz und Weiß würden zusammenwachsen im Laufe der Zeit, aber jetzt sei alles wieder ganz getrennt, *segregated* mehr denn je. Sie fragt, wo ich untergekommen sei, ich ginge gleich ins Zieglers, antworte ich, der Name klinge so hübsch schweizerisch. Tresha freut sich darüber, ihr Chef sei der Bruder der Betreiberin Ruthie, ich solle mich gefasst machen auf einen besonderen Ort, das Zieglers sei von Weitem zu erkennen, Marilyn Monroe stehe mit wehendem Rock und roten Schuhen vor der Tür. Nicht nur die Monroe aus Plastik und Nymphen aus Stein beleben dann den Garten, auch die Blues Brothers hängen in einem halbierten Auto an einer Backsteinwand, lebensgroß. Ruthie ist um die sechzig, spricht ein gedehntes Südstaatenenglisch, raucht ohne Unterlass, ihr T-Shirt ist fast schon subversiv, *I'll have a Cafe-Vodka-Valium-Latte-to-go, please;* eine verwegene, eine unterhaltsame Frau. Außer der *Marilyn-Monroe-Suite* gibt es den *Elvis-Presley-Room* und daneben drei Zimmer in einem flachen Bungalow. Meines ist den Vierzigerjahren gewidmet, die Wände sind mit Schallplatten beklebt, Schwarz-Weiß-Fotos von Hollywoodstars hängen überall, auch im Bad, auf dem Nachttisch eine Ausgabe des *LIFE Magazine* von 1949, *Dogs in America, 8 Pages in Color,* ein schwarzer Cockerspaniel vor grauem Hintergrund schaut einen an, wie wunderbar simpel Titelbilder damals waren, 20 Cent kostete ein Heft, 6 Dollar das Jahresabonnement. Möbel und Lampen stammen zumindest optisch aus der Zeit, auf dem Schreibtisch ein vergilbtes Faksimile des *Erie Dispatch Herald* vom 7. Mai 1945, die Schlagzeile füllt die halbe Seite aus, *NAZI GERMANY SURRENDERS,* daneben ein Buch mit Hakenkreuz, *The Third Reich – Demise of the Nazi Dream;* vielleicht hätte ich doch auf dem Sechzigerjahreraum bestehen sollen. Neben der Eingangstür blecherne Werbeschilder von Getränkemarken, die man heute nicht mehr kennt, ein Verweis darauf, dass ***Pepsi-Cola*** in New Bern erfunden wurde, 1898 war das;

Pepsi-Cola Koffeinhaltiges Getränk, dessen Name auf das Enzym Pepsin zurückgeht, das in der Kolanuss enthalten ist; den Durchbruch schaffte das dreizehn Jahre nach *Coca-Cola* erfundene Getränk in den 1930er-Jahren, als es sich als Billigprodukt etablierte, das zum selben Preis wie *Coca-Cola* verkauft wurde, aber in doppelt so großen Flaschen; das rote Logo wurde Anfang der Vierzigerjahre der Nationalflagge angepasst und in die Farben Rot, Weiß und Blau umgewandelt, angeblich, um die amerikanischen Truppen im Zweiten Weltkrieg zu unterstützen.

das zweistöckige Backsteinhaus, in dem der Apotheker Caleb Bradham (1867–1934) die Mixtur für sein verdauungsförderndes Erfrischungsgetränk entwickelte, ist eine der Attraktionen im Ort. Ich bin der einzige Gast, werde es diese Nacht auch bleiben, fast ein wenig unheimlich, so ganz alleine, Ruthie gibt mir ihre Nummer, man weiß ja nie. Abends lerne ich Dee und Ron kennen, beide sind über achtzig, sie sitzen im Park auf mitgebrachten Campingstühlen und betrachten den Sonnenuntergang, ein altes Paar, das offiziell keines sei, wie sie mir gleich sagen. Beide sind verwitwet, sowohl seine als auch ihre Kinder würden die Beziehung nicht gutheißen, vor allem wollten sie eine Heirat verhindern, es geht wohl um das Erbe. Dee ist eine schöne Frau, onduliertes graues Haar mit lila Stich, rosa Lippenstift, Perlen im Ohr, eine diskrete und elegante Erscheinung, während Ron in seinem Blumenhemd und der unvermeidlichen Baseballkappe eher den hemdsärmligen Amerikaner gibt. Dee war Kunstlehrerin, Ron hat in Washington im *Department of Health* gearbeitet, sein Sohn ist *secret agent* bei der CIA, will sich aber frühzeitig pensionieren lassen, die jetzige Regierung missfalle ihm. Beide beklagen sich über die Arbeit des Berner Fotografen Michael von Graffenried, eines Nachfahren Christoph von Graffenrieds (1661–1743), jenes Mannes, der New Bern einst gegründet hat, ein glückloser Mensch, der bereits auf der Überfahrt von französischen Kaperern ausgeraubt worden war, schließlich von dem Stamm der Tuscarora entführt wurde, deren Land er und seine Mitstreiter sich genommen hatten, ohne es zu bezahlen, die Ureinwohner brannten die Siedlung nieder, von Graffenried überlebte die Entführung, angeblich, weil er solch edle Stoffe trug, dass er für den Gouverneur von North Carolina gehalten wurde, im Gegensatz zu seinem Mitgefangenen, den man nicht am Leben ließ; von Graffenried kehrte in die Schweiz zurück und starb dort verarmt und verbittert. Der Fotograf hat sich vor ein paar Jahren nach New Bern begeben, um in einem groß angelegten Projekt das Leben in der Stadt zu dokumentieren, hat Bilder gemacht, die Dee und Ron nicht gutheißen können, nur die Schattenseite habe er gezeigt, die Armut der Schwarzen vor allem, auch habe er sich lustig gemacht über die New Berner, habe bizarre Momente abgelichtet, wie die für den Irakkrieg übenden Soldaten, die in Uniform durch einen Swimmingpool wateten, oder ein Waffenfanatikerehepaar vor einem ausgestopften Bären. Das schöne, das freundliche New Bern habe er hingegen weggelassen, und das wollten sie mir jetzt zeigen, ich solle ihnen doch im Auto nach Hause folgen, es sei nicht weit, gleich auf der anderen Seite des Flusses, eine Wohnanlage, so wunderbar, wie es die Europäer nicht kennen würden. Die Fahrt dauert fast eine halbe Stunde, amerikanische Entfernungen, wir passieren schließlich ein Pförtnerhaus, mein Kennzeichen wird notiert, wir sind in einer *gated community.* 1100 Familien leben hier zwischen Teichen und kleinen Wäldern, jedes Haus ist anders, die Gärten sind sehr groß, die Rasen sehr kurz, es gibt Hecken, aber keine Zäune, wie überhaupt Amerika ein Land mit wenig Zäunen ist. Dees Haus ist geschmackvoll eingerichtet, gefüllt mit moderner Kunst und über die Jahre angesammelten Dingen, ein Ort mit Stil und eigenem Leben, anders als Rons Haus, das viel größer ist, aber ohne erkennbaren Charakter, das Mobiliar schwer und austauschbar, als ob es einer Upperclass-Fernsehsoap entstammte. Ron zeigt mir den Garten, er habe künstliche Blumenarrangements zwischen die Beete gesetzt und freue sich immer wieder, wenn Besucher auf seinen Trick hereinfielen und staunten, was bei ihm alles blühe in der Winterzeit. Hinten am Teich steht ein Stuhl, da sitze er oft, angle und denke über die USA und sein Leben nach, über diese Wahnsinnigen von der *Tea Party,* über Sarah Palin, diese lächerliche und gefährliche Figur, über den Zweiten Weltkrieg, in dem er als Soldat gedient habe, und darüber, dass er es müde sei, immer mehr Geld für Kriege bezahlen zu müssen, die Amerika nichts angingen, man solle endlich aufhören, Weltpolizei zu spielen, das sei doch nutzlos und ärgerlich, warum eigentlich nicht Deutschland und Frankreich in den Irak einmarschiert seien. Später, auf dem Nachhauseweg, fahre ich am Golfplatz und am Jachtklub vorbei, finde nur mit Mühe den Ausgang aus der Siedlung und stelle fest, dass ich außer dem Pförtner keinem einzigen Menschen begegnet bin; ein sicheres, ein irreales, ein nahezu aseptisches Leben führen sie hier. Drüben in New Bern esse ich an einer Straßenkreuzung auf dem hell erleuchteten Parkplatz vor *Taco Bell* einen *cheesy bean and rice burrito,* ein paar Typen lungern herum, ich vermag nicht einzuschätzen, ob sie harmlos, zwielichtig oder gewaltbereit sind, bleibe also im Auto sitzen, öffne aber die Tür, es ist immer noch sehr warm, Musik erklingt, einer der Männer hat einen Ghettoblaster auf den Bordstein gestellt. Ich weiß nicht, ob es an dieser nächtlichen Szenerie liegt oder an den vergangenen Stunden in Dees und Rons quälend beschützter Welt, dass ich eine Einsamkeit empfinde, die wie ein Schleier über diesem Amerika zu liegen scheint, die sich hineinschleicht in mich und sich langsam in mir festzusetzen beginnt.

SOUTH CAROLINA

»Dum Spiro Spero«[16]

»Animis opibusque parati«[17]

An Myrtle Beach vorbeigefahren, 120 Golfplätze, die mich nicht interessieren, auch das Bedürfnis nach Sommerstrandurlaub habe ich nie verstanden; direkt nach Georgetown weiter. Hier haben die ersten afrikanischen Sklaven nordamerikanischen Boden betreten, 1526 war das schon, sie kamen mit sechshundert Siedlern und hundert Pferden, revoltierten bald gegen die Spanier, verschwanden im Landesinneren und schlossen sich den Ureinwohnern an, von denen siebzig ein paar Jahre zuvor von spanischen Entdeckern gekidnappt worden waren, die sie in die Karibik verkaufen wollten, der Menschenhandel blühte von Anfang an. Georgetowns Innenstadt ist nicht groß, vier Straßen breit und zwölf Straßen lang, Einfamilienhäuser und historische Villen, von ***live oaks*** beschattet, keine zehntausend Menschen leben hier. Georgetown war einst wohlhabend, sehr wohlhabend, man produzierte Reis und Indigo, auch der König von Preußen ließ seine Uniformen damit blau färben. Ein Mädchen namens Eliza Lucas (1722–1793) war hauptverantwortlich für diesen Erfolg, sie war mit ihren Eltern als Zwölfjährige von

live oak Knorrige, immergrüne Eiche, zumeist ist damit die Virginia-Eiche *(Quercus virginiana)* oder Lebens-Eiche gemeint, wächst in den südlichen Vereinigten Staaten und in Mexiko; ledrige, längliche und wechselseitig angeordnete Blätter, kurzer Stamm und ausladende Krone, wird 15 bis 20 Meter hoch, aber 40 Meter breit; die älteste bekannte *live oak* lebt auf Johns Island südlich von Charleston, sie hat einen Stammdurchmesser von 2,47 Metern und wird auf 1400 Jahre geschätzt.

Antigua nach South Carolina gekommen, ein aufgewecktes Kind, das sich für Botanik interessierte. Als der Vater wieder in die Karibik gezogen war und ihr von dort Saatgut schickte, begann sie, mit der Aufzucht von Ingwer, Luzernen und Baumwolle zu experimentieren, nutzte das Wissen ihrer zwanzig westafrikanischen Sklaven und spezialisierte sich schließlich auf Indigo. Mit sechzehn war Eliza Vorsteherin mehrerer Ländereien und revolutionierte mit ihrem Forschungseifer den Süden. 1745 hatten die lokalen Plantagenbesitzer unter Elizas Anleitung 2000 Kilogramm Indigo produziert, drei Jahre danach waren es 60 000 Kilogramm. Später heiratete sie ihren Nachbarn Charles Pinckney, legte Gärten an und korrespondierte mit den berühmtesten Botanikern Englands. Einige Häuser Georgetowns stammen noch aus der Sklavenhalterzeit, herrschaftliche Villen aus Holz, mit tief eingezogenen Veranden, weiß getüncht. Im historischen Viertel steht auch das Haus von Joseph Hayne Rainey (1832–1887), dem ersten Schwarzen, der einen Sitz im Repräsentantenhaus der Vereinigten Staaten innehatte. Rainey wurde als Kind von Sklaven geboren, sein Vater Edward war nebenbei Barbier, musste einen Teil seines Lohnes seinem Herrn abgeben, konnte sich und die Familie aber schließlich freikaufen; da war der Sohn neun Jahre alt. Auch Joseph lernte das Barbierhandwerk, musste sich während des Bürgerkriegs als Südstaatensoldat verpflichten, eine Ungeheuerlichkeit, einen ehemaligen Sklaven einzusetzen im Kampf gegen die Staaten der Union, was Rainey wohl auch so empfand und weswegen er mit seiner Frau auf die Bermudas flüchtete, wo er als Barmann und Friseur in einem Hotel arbeitete, während seine Frau Schneiderin war. Nach Kriegsende kehrten die beiden zurück, Joseph H. Rainey trat in die Politik ein, engagierte sich für die Rechte der Schwarzen im Süden, vier Mal wurde er wiedergewählt, auf einer Wiese steht eine Gedenktafel für den Mann. Eichhörnchen huschen die Bäume hoch, ein kurzer *boardwalk* führt am Ufer entlang, ein paar Segelboote, zwei Restaurants mit Wasserblick, man ahnt das Meer hinter der mäandernden Flusslandschaft, ein Frachter läuft aus, der Hafen ist immer noch Umschlagplatz, Rauch steigt aus Schloten der Papierfabrik auf, Förderbänder queren diagonal, kugelförmige Wassertürme auf Stelzen, im Abendlicht die Silhouette der stillgelegten Stahlfabrik, der Himmel glimmt, historisch anmutende Industrieästhetik; sehr schön.

Devoted to a Life of Courage –
marines.com

Plantage um Plantage, kilometerlange Zufahrten unter dunklen Alleen, Virginia-Eichen vor allem, daran hängt ***Spanish moss***, silbern glänzende Büschel, wie zerzauste Bärte aus einem koboldhaften Schattenreich; eine unfassbare Hitze und Feuchtigkeit, ich reise zwei Monate zu früh, der September ist schier unerträglich. Die Plantagen ähneln einander, am Ende einer Sichtachse die restaurierte Villa, eine Lichtung, manchmal ein Ausblick auf die Sumpflandschaft, immer mächtige Sommermagnolien und Eichen, nicht weit entfernt ein paar Sklavenhütten, sorgfältig konserviert und mit Informationsschildern bestückt, einmal eine Reismühlenruine, andernorts ein hölzernes Gebetshaus, schnell hatte man die Sklaven zu Christen gemacht, gottergeben. Tausende Moskitos in Schwärmen, die über einen herfallen, der Hund ist dennoch im Glück, flitzt über Wiesen und zwischen Bäumen herum, meist sind wir alleine,

Spanish moss, *Tillandsia usneoides*, dt. Louisianamoos oder Spanisches Moos, gehört zur Familie der Bromeliengewächse, auf dem amerikanischen Kontinent beheimatet; hängt flechtenartig von Bäumen, Stromleitungen oder Dächern, versorgt sich durch Regen und Luft; erinnert (bei Trockenheit) an silbriges oder (bei Nässe) an grünliches Haar; eine indianische Legende sagt, es seien die Haare einer ermordeten Prinzessin, deren Bräutigam sie aus Trauer an einen Ast gehängt habe, von wo aus der Wind sie verbreite.

ein wenig gespenstisch das alles, diese Melange aus Einsamkeit, Naturbedrohung und historischer Schwere; ich meide die Sümpfe, höre tropische Vogelstimmen, schnalzende Laute, Zirpen, Zischen, Klopfen, fremdartige Tiergeräusche, einmal werde ich vor einer Diamant-Klapperschlange gewarnt. South Carolina behauptet von sich, den größten Artenreichtum der Vereinigten Staaten zu haben, was Texasfreunde bestreiten, mich aber überzeugt.

This truck is protected by Voodoo and **Ruger**

Tyron spricht Gullah, seine Eltern sprechen Gullah, die Großeltern taten es, nur die drei Kinder fühlen sich in der Sprache nicht mehr zu Hause, haben South Carolina und die Lebensart der Sea Islands verlassen, die Tochter wohnt in Texas, die Söhne in Atlanta. Gullah, so sagt Tyron, sterbe aus. Was einst auf den Reisplantagen South Carolinas und Georgias als Mischung aus Englisch und verschiedenen westafrikanischen Sprachen begonnen hatte, in der sich die Sklaven unterschiedlicher Herkunft unterhalten konnten, wurde zu einer eigenständigen Kultur mit zunehmend verfeinerten Riten, Mythen, Geschichten und Liedern, die von der verlorenen Heimat erzählten, vom Verschlepptwerden, vom Leben auf den Plantagen, von der Sehnsucht. Die Sklaven kannten Heilmethoden und ekstatische Tänze wie ihre afrikanischen Medizinmänner, die sie in Amerika *root doctors* nannten, sie wussten um Hexen, Geister und übelwollende Ahnen und wie man sich ihrer erwehrte, sie zerstießen das Getreide mit Mörsern wie die Reispflanzer in Westafrika, flochten Graskörbe wie die Wolof im Senegal, webten Stof-

Ruger MINI-14 Halbautomatisches Selbstladegewehr; seit 1972 beliebtes, da leichtes Jagdgewehr mit geringem Rückstoß; die 1949 gegründete Schusswaffenfirma Sturm, Ruger & Company macht mit Handfeuerwaffen einen jährlichen Umsatz von 250 Millionen Dollar.

fe wie in Ghana, kochten Eintöpfe wie in Angola. Und all dies blieb über Generationen erhalten, weil die Inseln so abgeschieden waren, so undurchdringlich, auch nach dem Ende der Sklaverei (*root doctors* praktizieren heute noch), jahrzehntelang lebten die befreiten Sklaven und ihre Nachfahren in Ruhe. Die Inseln veränderten sich erst, als man sie durch Brücken erschloss, mit dem unbehelligten Dasein war es vorbei, Strandhäuser noch und noch, ungestörter Atlantikblick für Weiße. Tyron führt ein einfaches Leben, verkauft Weidekörbchen, die seine Frau geflochten hat, an Menschen, die ein Faible für Kunsthandwerk haben, oder solche, die das Mitleid oder das schlechte Gewissen plagt angesichts der kümmerlichen Holzstände, die den Highways entlang im Graben stehen, einer hinter dem anderen, darunter dunkelhäutige Männer und Frauen, die durch ihre alleinige Präsenz an die Schande des Landes erinnern. Tyrons Leben hat sich verkompliziert in der letzten Zeit, die Sümpfe werden von Immobilienfirmen aufgekauft, die sie trockenlegen und Feriensiedlungen für Wohlhabende darauf bauen, *gated communities,* viel Land wird gebraucht, für Golfplätze vor allem. So geht mit dem Sumpfland auch der Rohstoff für seine Körbe verloren, er kann das Gras nicht mehr selber schneiden, sondern muss es von weit her kaufen, was die Körbe verteuert und die Touristen verschreckt. Die Geschäfte liefen schlecht, sagt Tyron, der ein Haus besitzt, das sein Großvater baute, ein grün gestrichenes Holzhäuschen mit einer schiefen Terrasse und Moskitonetzen vor den Fenstern, hinten im Garten pflanzt er Obst und Gemüse an, Feigen, Pfirsiche, Okra, Kürbisse und Auberginen. Wie lange das noch gut geht, das wisse er nicht, sagt Tyron, die Grundstücksteuer macht ihm Kummer, 1500 Dollar im Jahr, das sei viel für ihn, und wer die *tax* nicht bezahlen könne, dem nehme die Regierung das Haus einfach weg, so sei das hier. *In this country, nothing belongs to you beside the clothes you wear.*

Schlaflosigkeit, Unruhe, vielleicht ist es die Schwüle, vielleicht sind es die Schatten, die ich an der gegenüberliegenden Hauswand entlanghuschen sehe, mein Zimmer liegt an einer schmalen Gasse, in gelbes Licht getaucht, **Charleston** ist tagsüber eine weiße Stadt, nachts erscheint sie mir gülden. Ich nehme den Hund an die Leine, ein kurzer Spaziergang nur, ich fühle mich sediert, ein wenig taumelig, die Hitze, die Feuchtigkeit, natürlich ein Unbehagen, ob solch ein Streifzug vernünftig ist zu später Stunde, ich halte mich an Straßen mit Bars und Hotels, spähe nur in die engen Seitengassen, die Verbindungswege sind oder Bedienstetengänge waren, manche so dicht bewachsen, dass sie wie grüne Schlünde wirken, die hineinführen in ein moderndes Verhängnis. In einer bin ich gewesen am Nachmittag, sie endete in einem verfallenen Friedhof, Palmen überwucherten die Gräber, bunte Wildblumen unter alten Feigenbäumen, ein schattiges Totenreich, seit Jahrzehnten ungenutzt. Dann zieht es mich doch zum Meer hinunter, in den Battery Park, wo die **Antebellum**-Villen stehen, eine neben der anderen, monumental und prachtvoll, Veranden groß wie Tanzsäle, Palmen

Charleston ist auch ein nach der Stadt benannter energiegeladener Einzel- oder Paartanz mit charakteristischen X- und O-Bein- und ekstatischen Armbewegungen; ursprünglich in den afroamerikanischen Gemeinden entwickelt, wurde durch James P. Johnsons (1894–1955) für ein Broadway-Musical komponierte Melodie *The Charleston* populär und entwickelte sich zu einem Gesellschaftstanz der Weißen mit anrüchigem Gestus; galt in Amerika als Tanz der *Flapper* genannten kurzhaarigen und selbstbewussten Frauen, die tranken und rauchten; verbreitete sich in Europa durch Josephine Baker (1906–1975).

Antebellum Von lat. *ante* – vor und *bellum* – Krieg; neoklassizistischer Baustil in den Südstaaten aus den Jahrzehnten vor dem Amerikanischen Bürgerkrieg; zumeist Herrenhäuser und Plantagenvillen.

davor, Südstaatengrandezza, vom Nachtwind umweht. Ich blicke von der Uferpromenade hinaus auf die Bucht, da hinten irgendwo liegt Fort Sumter auf einer künstlich angelegten Insel, ein Fort, das geschichtsträchtig ist wie kaum ein zweites im Land. Auch Charleston nämlich ist ein Ort mit einem legendären Schuss (so wie schon Concord in Massachusetts es 86 Jahre zuvor gewesen war), abgefeuert am 12. April 1861 um 4:30 Uhr von den Konföderierten, die den militärischen Posten der Union 33 Stunden lang mit Artilleriegeschütz bombardierten (die Nordstaaten hatten vorsichtshalber schon Frauen und Kinder abgezogen aus dem Fort), auch dieser ersten Schüsse wird alljährlich gedacht, Schießen ist wichtig in diesem Land. Genau hier also begann der Amerikanische Bürgerkrieg, der 620 000 Menschen das Leben kosten sollte, ein grausamer, ein totaler Krieg, aus dem Amerika traumatisiert hervorging und doch geeint zu einer Nation. Ich spaziere am Geländer entlang und schaue aufs Wasser; Charleston war Zielhafen und größter Umschlagplatz für Sklaven überhaupt, am Markt vorne sind noch die Verkaufshallen zu sehen, Charleston wird auch *the nation's capital of the slave trade* genannt. 400 000 der vier Millionen Sklaven, die man zu Beginn des Bürgerkriegs in Nordamerika zählte, lebten in South Carolina, 80 Prozent der städtischen Haushalte hielten sich ein bis drei Sklaven. Ich gehe zurück durch kleine Straßen, manche aus Kopfsteinpflaster, von Laternen beschienen, gehe an hohen Mauern und schmiedeeisernen Zäunen entlang, blicke in tropische Gärten und sehe die Veranden, eine über der anderen, von Säulenreihen umrahmt, sehe Deckenventilatoren, Hängeschaukeln und Korbsessel, ein luxuriöses Leben führte man hier und führt es noch; es sei als Zugezogene kaum möglich, Teil der höheren Gesellschaft zu werden, so alteingesessen sei das alles, hat mir morgens eine Frau erzählt, die neu ist in der Stadt, sie schien empört. Charleston (das sich ursprünglich Charles Town nannte) war für viele Europäer Anlaufstation und Zufluchtsort, für Hugenotten, Schotten und Deutsche, ein südliches Refugium auch für sephardische Juden, um 1800 lebte die größte und wohlhabendste jüdische Gemeinde Amerikas hier, sie zählte mehr Mitglieder (500) als die in New York (400), erst ab 1830 verschob sich das Bild, deutsche Juden emigrierten in großer Zahl in die Nordstaaten, im Bürgerkrieg kämpften sie dann auf beiden Seiten, 3000 jüdische Soldaten waren es bei den Konföderierten, 7000 bei der Union. Auch allerlei Fantasten machten sich auf den Weg nach South Carolina, der sächsische Jurist Christian Gottlieb Priber (1697–1745) war einer von ihnen, ich muss an ihn denken, als ich eine Anzeige des *Charleston City Paper* sehe, hier in der Stadt bot er im Dezember 1735 seine persönlichen Sachen in einer Zeitungsannonce zum Verkauf an, bevor er in die Appalachen verschwand, um sein *Kingdom of Paradise* genanntes Utopien zu verwirklichen. Priber hatte in Sachsen alles stehen und liegen gelassen, die Stelle als Regierungsadvokat am Hohen Gericht von Zittau, das Stadthaus, seine Frau und die fünf Kinder, ein achtunddreißigjähriger Idealist mit subversiven gesellschaftlichen Ideen auf dem Weg in eine befreite Zukunft, ein Mann, der in Amerika mit den Cherokee-Indianern lebte, sich kleidete wie sie und ihre Sprache lernte (sechs andere Sprachen beherrschte er schon), der die Polygamie und das Recht auf Ehescheidung propagierte und sich nicht um die Kirche scherte, einer der wenigen Einwanderer, deren freiheitliche Bestrebungen mit Gott nichts zu tun hatten. Er wollte die südlich gelegenen Indianerstämme zu einer Konföderation zusammenschließen, damit sie sich gegen die Übermacht der Kolonialisten zur Wehr setzen konnten, wollte geflohene Sklaven und Schuldknechte in die neue Republik aufnehmen, eine egalitäre Gesellschaft schaffen, Frauen sollten die gleichen Rechte wie Männer haben und sich ihre Liebhaber frei wählen können, die Kinder gemeinschaftlich, aber mit Beachtung ihrer individuellen Neigungen erzogen werden, Priber selber zeugte zwei Töchter und zwei Söhne mit der Häuptlingstochter Clogoitta. Acht Jahre blieben ihm, um an der Verwirklichung seiner Pläne zu arbeiten, 1743 wurde er von den Engländern festgenommen, er starb vermutlich zwei Jahre darauf im Inselgefängnis von St. Simons in Georgia, ein Querulant für die einen, ein Sozialutopist für die anderen, so auch für mich. Ich höre einen Pfiff, eine tiefe Stimme, erschrecke kurz, sehe, es ist der Bauarbeiter, mit dem ich mittags über einen Zaun hinweg gesprochen habe, wir unterhielten uns über Hunde, er sei Saluki-Züchter gewesen, erzählte er, oben in Connecticut, und ich sprach von meinen verstorbenen Sloughis, eine Konversation unter Windhundfreunden, die darin endete, dass wir uns gegenseitig versicherten, wie seltsam die Menschen in Amerika mit Hunden umgingen, kaum je dürften sie frei laufen. Er habe sein Rudel stets über die Felder jagen lassen, sagte er, und ich erzählte von der fettleibigen Rezeptionistin im Motel von Manteo, die mit ihren 52 Barsois geprahlt hatte, die sie gleichzeitig besessen habe, mit neun Stück an der Leine sei sie jeweils spazieren gegangen, ein Gang um den Block natürlich nur, der reinste Wahnsinn das alles. Der Bauarbeiter will mich zum Hotel begleiten, *you shouldn't walk alone at night,* wir gehen also durch die menschenleere Stadt, ich erfahre, dass seine Großeltern aus Sizilien nach Boston eingewandert waren und dass er das Leben hier hasst, diese gnadenlose Hitze, das feudale Gebaren der weißen Oberschicht, den herablassenden Rassismus, so etwas kenne er nicht aus Neuengland, das er vermisse und wohin er wieder ziehen werde, sobald er Arbeit gefunden habe, er könne unmöglich sein restliches Leben im Süden verbringen. Und so werde ich schließlich vor dem Hotel abgeliefert, von einem italienischstämmigen Bauarbeiter im Unterhemd, der sich verabschiedet, als sei er ein Galan aus dem 19. Jahrhundert, ganz so, als ob er die Distinguiertheit der Umgebung doch ein wenig verinnerlicht hätte, allem Widerwillen zum Trotz.

What have you done for your marriage today?

Immer wieder das Gefühl, dass das EIGENTLICHE im Westen liegt, die Fahrt von Norden nach Süden nicht das ist, was Amerika einem abverlangt und bieten kann, dass das Kleben an dieser Küste, an der sie alle zunächst gelandet sind, ein Verharren im Gestrigen ist, dem man ganz einfach entkommen könnte, nur ein Mal nach rechts abbiegen und dann immer geradeaus, Tausende Kilometer auf irgendeinem Highway *straight on* bis zum Pazifik, dass dies die Reise wäre, die (noch einmal) gemacht werden müsste, die freiheitliche, die alles wegbläst, was in einem hockt, die das Versprechen einlöst, das Amerika einem gegeben hat.

GEORGIA

»Wisdom, Justice, Moderation« [18]

Zehn Tage Reisepause in Savannah, einer Stadt, die ich besser kenne als jede andere im Land. Eine kleine Wohnung beziehen, waschen, einkaufen, für Freunde kochen, Alltagsleben. Ich ordne Notizen, sichte Pläne, Prospekte, Unterlagen und gehe die drei Dutzend Visitenkarten durch, die sich angesammelt haben im Laufe der Wochen. Ich selber habe mindestens so viele verteilt, meist aufgefordert durch ein fremdes Gegenüber, einen Menschen, der nach einem Zufallsgespräch irgendwo in einem Hundepark oder vor einem Restaurant stehend strahlend zu mir sagte, *Oh, it was so nice talking to you! Give me your business card, I'll send you an e-mail.* Nie hat sich jemand gemeldet, warum sollten sie auch, was gäbe es denn schon zu reden oder zu schreiben – dennoch, es bleibt ein seltsamer Nachgeschmack, all dieser überdrehte Enthusiasmus, der dann im Nichts versandet.

Immer wieder das Staunen über die Schönheit dieser Stadt. Eine Schönheit, die auf Planung und nicht auf Zufall beruht, auf einem System, auf einem Willen zu Klarheit und Struktur, ich bin eine Freundin von Struktur, von urbanistischer Strenge, denke gerne an Washington, an das schweizerische La Chaux-de-Fonds oder an Bath in England, und ich ahne, Brasília würde mir gefallen. Im Februar 1733 ging General James Oglethorpe (1696–1785) nach 88 Seetagen mit 114 Kolonisten am Steilufer des Savannah River an Land, um eine britische Siedlung zu gründen. Das Parlament in London hatte seiner Idee zugestimmt, mit einem Haufen Häftlinge, die in

England in **Schuldgefängnissen** saßen, weil sie irgendwelchen finanziellen Verpflichtungen nicht nachgekommen waren, über den Atlantik zu segeln, um dort eine Siedlung aufzubauen, mit jungen Männern vor allem, solchen mit Kraft und ohne Zukunftsaussichten im Heimatland. Letzten Endes gehörten aber kaum Häftlinge zu seiner Truppe, die meisten waren schottische Händler oder Handwerker. Oglethorpe fantasierte sich eine bessere Welt, eine ohne Schnaps und ohne Sklaverei, was nicht gut ankam und bald schon zu Missmut führen sollte, doch Oglethorpes Genie lag vielleicht weniger in den sozialen Neuerungen, die er durchzusetzen gedachte, als in seinen städtebaulichen Visionen, die den Grundstein legten für das, was Italo Calvino (1923–1985) in seinem Reisetagebuch als *die schönste Stadt Amerikas* beschrieb. Es sind die 22 im Raster angelegten *squares,* die den Charme Savannahs ausmachen, grüne Plätze, die das Schachbrettmuster auflockern, ja auflösen, ihm eine rhythmisierende Melodie geben; die wie moosige Schattenkuben zwischen den Stadtvillen, Reihenhäusern und Straßen liegen, von mächtigen Magnolienbäumen und Virginia-Eichen bedeckt, das *Spanish moss* hängt in silbernen Büscheln von den Ästen, Eichhörnchen und Vögel darin; 22 unterschiedlich gestaltete *squares,* nicht groß, etwa siebzig Meter lang, auf manchen stehen Brunnen, auf anderen Statuen wie die des Songwriters **Johnny Mercer**, einer

Schuldgefängnis oder Schuldturm, engl. *deptor's prison,* seit dem Mittelalter in Europa ein Sondergefängnis für Personen, die zahlungsunfähig waren; meist in den Türmen der Stadtmauern errichtet; Schuldhaft galt als besonders schändlich, sie wurde Ende des 19. Jahrhunderts nach und nach abgeschafft.

Johnny Mercer 1909–1976, in Savannah aufgewachsener Musiker, gewann als Komponist vier Oscars und war vierzehn Mal nominiert, arbeitete mit Frank Sinatra zusammen, Moon River ist sein berühmtestes Lied.

ist die Grabstätte Tomochichis, eines Muskogee-Häuptlings, der mit Oglethorpe eng befreundet war. Die *squares* unterbrechen die Straßenführung, man fährt im Auto erst auf sie zu und dann um sie herum, eine Entschleunigung im eh schon entschleunigten Süden, ein gewagtes Konzept, es fußt auf Grundrissen römischer Militärlager, Oglethorpe kannte sich aus in solchen Dingen und hatte sogar **Vitruv** studiert. Eine rechteckig geschlagene Waldlichtung am Flussufer war der Anfang, Oglethorpe vermaß Straßen, Grundstücke und Gärten, jedes Quartier erhielt seinen eigenen *square,* der Exerzierplatz und Gemeinschaftsort in einem war; die sechs ersten legte Oglethorpe damals selbst an, die Erweiterung der Stadt schon mit im Blick. An den *squares* thronen heute Einzelbauten, ausladende Antebellum-Villen in herrlichen Gärten, Theater, das Gericht, das Seemannshaus oder Kirchen mit Namen wie *Lutheran Church of the Ascension, Scottish Rite Temple, First African Baptist Church, Universalist Church, Wesley Monumental Methodist Church, St. John's Episcopal Church,* auch der *Temple Mickve Israel* steht da, eine prächtige Synagoge; 42 portugiesische und deutsche Juden waren im Juli 1733 in Savannah angekommen, sie bildeten die Basis der Gemeinde, die daraus erwuchs. Dass auch die Cathedral of Saint John the Baptist

Vitruv Um 70 v. Chr. – 10 v. Chr., römischer Architekt, Ingenieur und Theoretiker; seine auf Latein abgefassten *Zehn Bücher über Architektur* sind das einzige erhaltene (nicht illustrierte) Lehrwerk der Antike über Architektur; seine drei Hauptanforderungen an Architektur gelten heute noch: Festigkeit *(Firmitas),* Nützlichkeit *(Utilitas),* Schönheit *(Venustas);* er entwickelte verbindliche Systeme von Formen und Proportionen, unter anderem die Vitruv'sche Säulenordnung; Vitruvs Einfluss auf die Architektur und Kunst seit der Renaissance ist gewaltig, Leonardo da Vincis berühmte Zeichnung *Der vitruvianische Mensch* geht genauso wie Le Corbusiers *Modulor* auf die von Vitruv entwickelte Theorie des wohlgeformten Menschen *(homo bene figuratus)* zurück.

ihren Platz im Inneren Savannahs gefunden hat, ist nicht selbstverständlich, eine Auflage hatte es nämlich gegeben, alle Religionen waren willkommen, alle außer den Katholiken, ihretwegen war Georgia angelegt worden, als Pufferzone zwischen dem protestantischen Carolina und dem katholischen Florida, ein Bollwerk gegen Spanier und Franzosen. Doch wenn heute die Stadt zerfällt, dann nicht in Katholiken, Juden und Protestanten, sondern in Schwarz und Weiß, in Arm und Reich, denn kaum hatte James Oglethorpe Savannah Richtung England verlassen, führten die Kolonialisten die Sklaverei ein, die ihnen Wohlstand brachte und eine große Schuld. Und so sitze ich auf der Veranda des kleinen Holzhauses einer Freundin in einem heruntergekommenen Viertel, das weit weg ist von der hübschen Innenstadt und nur von Schwarzen bewohnt wird, weil kein Weißer hier leben will; ich höre, was die Freundin erzählt von den Drogenhändlern rundherum, den angeketteten Kampfhunden, den nächtlichen Schießereien, von ihren Versuchen, mit anderen Frauen Interessengruppen zur Rettung des Viertels zu bilden, die aber allesamt scheitern, weil die Angst vor den Dealern zu groß ist; ich höre, wie sie sagt, dass sie heimlich mit der Polizei kooperiert, eine Art *undercover agent* ist, um der Gewalt ein Ende zu setzen, und sich selbst in Gefahr bringt dadurch; dass sie das Haus verkaufen möchte, es aber nicht kann, weil keiner es mehr will, gefesselt ist an einen Ort, den sie einst liebte und der sie jetzt verstört.

In Savannah oft zu sehen ist ein grün-weißes Schild, es ist an Pfeiler montiert oder steckt im Gebüsch, darauf ein nacktes Frauenbein im Stöckelschuh, eine Leine, ein Hund und das Wort *SCOOP!* Ein *scoop* ist im Journalismus eine exklusive Meldung; ein Film von Woody Allen und ein Roman von Evelyn Waugh aus dem Jahr 1938 heißen so, ein *scoop,* lese ich nach, könne auch ein Roboter, ein kugelförmiger Eisportionierer oder ein Luftschlitz in der Motorhaube leistungsstarker Autos sein. In Savannah, erklärt man mir, ist damit gemeint: Kot aufheben. Und in der Tat bedeutet *to scoop* auch ausgraben, abräumen, schürfen oder schaufeln. Erstaunlich diskret, wenn nicht gar verschämt, dieses Zeichen mit dem Frauenbein und ganz ohne Hundehaufen. Doch es verwundert nicht weiter in einem Land, in dem Hundehalter sogar auf der freien Wiese oder im Park allen Ernstes sagen, *my dog has to go to the bathroom,* wenn er muss.

Was auffällt: Es gibt im Süden kaum Nationalflaggen an den Häusern und in den Gärten, einzig in den besseren Vierteln wehen sie; dieser zur Schau getragene Nationalstolz im Nordosten ist eine Sache der Weißen, will mir scheinen. Warum auch sollten Afroamerikaner eine Flagge vor ihr Haus hängen, sagt eine deutsche Freundin, die schon lange in den Südstaaten lebt, wo sie doch keinen Fuß auf den Boden kriegen und es ihnen alles andere als leicht gemacht wird, sozial aufzusteigen, gerade in wirtschaftlich schwierigen Zeiten – warum also sollte es sie stolz machen, Amerikaner zu sein, wenn sie doch nur auf der Verliererseite stehen.

Sprachübung: *crank* oder *crackpot* oder *kook* – Begriff für einen Menschen, der in obsessiver Weise extreme und wissenschaftlich nicht haltbare Meinungen vertritt, von denen er sich auch durch stichhaltige Gegenargumente nicht abbringen lässt; könnte mit *Durchgeknallter* übersetzt werden; 1906 in dem Magazin *Nature* definiert als *a man who cannot be turned.*

Aktuelle Notiz: Der irre Prediger Terry Jones (der dreißig Jahre lang in Deutschland als evangelikaler Missionar tätig war) aus Gainesville in Florida hat seine lange angekündigte Koranverbrennungsaktion zum 11. September in letzter Minute abgesagt, die Welt ist erleichtert. Man fragt sich schon, warum dem religiösen Wahn eines

Randständigen so viel Aufmerksamkeit geschenkt werden muss, Jones' Freikirche hat nur fünfzig Gemeindemitglieder. Am selben Abend erklärt Stephen Hawking dem amerikanischen Fernsehpublikum in *Larry King Live,* dass die Astrophysik bestens ohne einen Gott auskomme, und ich wünschte, die gesamte Menschheit würde das so sehen.

Ich laufe ein wenig beim *Queer-Pride* in Savannah mit, es ist drückend heiß abends um sechs. Neugierige Blicke, man kennt mich nicht, zudem der Hund. Es sind vielleicht zweihundert Menschen, eine kleine Szene, mehr Frauen als Männer, mehr Junge als Alte, mehr Weiße als Schwarze, kaum exaltierte Kostüme, Perücken oder künstliche Brüste, man geht in Alltagskleidung. Der Zug wird angeführt von den ***Dykes on Bikes***, auffallend viele Plakate handeln von Gott und der Kirche. Eine mir ganz unbekannte Stimmung, erst bin ich irritiert, was genau ist denn anders als in Berlin, Zürich oder Reykjavík? Die Musik fehlt, merke ich und frage nach, warum gibt es keine Musik? Die Stadtverwaltung habe es nicht erlaubt, man sei schon stolz, dass ein solcher Umzug überhaupt stattfinden dürfe, *You know, it's very conservative down here.* Die fehlende Musik stört nicht, stattdessen johlen, kreischen, klatschen sie, zwischendurch Parolen, hier gibt es wirklich noch etwas zu fordern, es herrscht Übermut. Ich fühle mich an West-Berlin Mitte der Achtzigerjahre erinnert, zu einer Zeit, als man seinen Sekt von zu Hause

Dykes on Bikes Loses Netzwerk zumeist lesbischer Motorradfahrerinnen; die DOB führten beim ersten San Francisco Pride 1976 aus logistischen Gründen den Demonstrationszug an, was sich mittlerweile auch in Europa eingebürgert hat; der Ursprung des Begriffs *dyke* ist nicht geklärt, er taucht 1942 das erste Mal in einem Slang-Wörterbuch auf; einst abschätzig für eine maskuline Frau verwendet, ist das Wort heute für Teile der Szene positiv besetzt.

zum *Christopher Street Day* mitbrachte, weil es unterwegs keinen zu kaufen gab, als der Tag noch ein politischer war und nicht verkommen zur aalglatten Wahlkampfmaschine aller Parteien, zur Werbefläche der Klubs, Saunen und Bars. Die Demonstration dauert nicht lange, die Menschen gehen schnell, die Polizei ist wohl froh, wenn sie möglichst bald von der Straße sind und alles wieder seine Ordnung hat.

Sprachübung: *gator – American alligator (Alligator mississippiensis)* – Mississippi-Alligator, Hechtalligator; abgewandelte und anglifizierte Form des spanischen *el lagarto* – Echse, von den ersten spanischen Entdeckern und Siedlern so genannt

Eine gewisse Nervosität während der Hundespaziergänge durch die Sumpflandschaft des Skidaway State Park. In den Südstaaten leben Millionen Alligatoren, der Parkaufseher warnt vor einem Tümpel im Wald, die modrige Stelle sei das Revier eines Alligators, ein männliches Tier, vier Meter lang, mindestens 250 Kilogramm schwer. Immer wieder hört man Geschichten von abgebissenen Armen, zerfetzten Hunden, und die Story von der zur Hälfte verspeisten Leiche einer in einen Kanal gefallenen Golfspielerin habe ich gleich zweimal erzählt bekommen. Im Zickzack solle man rennen, wenn man einem Alligator begegne, lautet eine alte Weisheit, die Tiere könnten dem Richtungswechsel nicht folgen, aber das ist wohl nur ein Gerücht, besser, man rennt einfach geradeaus. Gefährlicher als an Land sind sie im Wasser, sie können schneller schwimmen (32 Stundenkilometer) als laufen (17 Stundenkilometer); Lino, ein Glück, ist wasserscheu.

Sprachübung: *stroke* – Schlaganfall oder, wie meine slowenische Großmutter zu sagen pflegte: Schlagfluss (veraltet)

Meine Straße ist gesperrt, Polizeiaufgebot rund um die Kathedrale am Lafayette Square, vor dem Portal stehen Menschen in festlicher Kleidung. Ein Kranwagenungetüm fährt vor, der Hebearm schiebt sich langsam heraus und hisst eine *Stars and Stripes*-Flagge, groß wie vier Bettlaken. Männer in altertümlichen braunen und modernen blauen Uniformen formieren sich zu einem Spalier, andere stehen nur untätig herum, drei der Braunen üben die immer gleiche Bewegung mit ihrem Gewehr, heranziehen, hochschieben, über die Schulter legen, wegschieben, abstellen. Ein Offizier steht davor und korrigiert, wieder und wieder, sie sind mit großem Ernst bei der Sache, die Gesichter steinern, so wie damals Immigrationsoffizier McShalley oder die Polizisten auf den Motorrädern bei der *Queer*-Demo vor ein paar Tagen, es scheint, als trainierten sie das hier, Ausübung von Staatsmacht ohne den leisesten Hauch von Emotion im Gesicht, Regungslosigkeit bis in die Knochen. Schließlich spielt eine Dudelsackpfeiferin im grün karierten Schottenrock auf, man wartet. Die Flagge weht von dem Kran herunter, ein seltsamer Anblick, ein so leichtes Ding auf einem Baustellengerät, das sonst Schwerstgüter transportiert. Es sei eine Beerdigung, höre ich, ein Polizeioffizier höheren Ranges. Die Trauergemeinde fährt vor, Limousine um Limousine rollt an, alles wirkt hochoffiziell, als ob ein Staatsmann oder zumindest der Bürgermeister zu Grabe getragen würde. Die Offiziere salutieren, drei Schüsse folgen, der Sarg wird langsam in die Kathedrale getragen, eine amerikanische Flagge liegt darüber. Ist der Mann ermordet worden, frage ich mich, im Dienst für die Nation gestorben, oder weshalb diese ritualisierte Förmlichkeit? Ich wende mich an die zwei Offiziere neben mir, doch sie wissen es auch nicht so genau, man sagt, es sei ein *stroke* gewesen, sie kannten den Mann gar nicht. Dann schweigen sie wieder und schauen beide so ernst und betrübt, dass mir auch schon ganz feierlich zumute ist.

Aktuelle Notiz: *Der Spiegel* betitelt eine Geschichte über die gelungene Integration einer türkischen Familie in Berlin mit *Das Wunder von Kreuzberg.* Diese Debatte nimmt ärgerliche Züge an – als ob nicht Hunderttausende ausländische Familien gut integriert wären, überall, immer wieder.

Jennifer sagt, sie habe sich immer fremd gefühlt. Jennifer ist Haitianerin, ihre Haut ist weiß, dennoch sehe sie wie ihr Vater aus, der ein Schwarzer sei, ein sehr dunkelhäutiger Schwarzer, wie sie betont. Ihre Schwester sei schwarz, ähnele aber ihrer Mutter, einer Weißen. Manche ihrer Bekannten hier wüssten gar nicht, dass sie eigentlich eine schwarze Haitianerin ist, die nur aussieht wie eine weiße Amerikanerin, zuweilen handle sie wie eine Spionin, die ihre weißen Freundinnen dabei belauscht, ob sie schlecht über Schwarze reden, wobei das letzten Endes gar keine Freundinnen seien, denn in Amerika echte Freundschaften zu schließen sei nicht möglich, es gebe eine Grenze, die man nicht überschreiten könne, ein fundamentales Desinteresse an allem, was außerhalb der Familie liegt. Ihr Leben auf Haiti ist kompliziert gewesen, als einziges weißes Kind weit und breit. Die Mutter eine religiöse Eiferin aus Ohio, die als Zwanzigjährige nach Haiti ging, um dort zu missionieren, der Vater ein atheistischer haitianischer Intellektueller, der vor zehn Jahren starb, sie habe nie recht verstanden, warum er bei ihrer Mutter geblieben sei, die später Direktorin einer christlichen Schule wurde und mit der Jennifer seit Langem nicht mehr spricht. Sie könnte heute noch Wutanfälle bekommen, sagt Jennifer, wenn sie diese evangelikalen Missionare sieht, eine Obsession sei das bei ihrer Mutter mit den *poor little negro kids,* um die sie sich liebevoller gekümmert habe als um ihre eigenen Töchter, und auch dort sei sie ungerecht verfahren, habe die Schwester wegen ihrer dunklen Hautfarbe mehr umsorgt und sie vor Rassismus beschützen wollen, was natürlich total widersinnig gewesen sei in Haiti, wo alle schwarz waren, alle außer der Mutter und ihr selbst, die der eigentliche *outlaw* war. Sie findet es unerhört, dass weiße Amerikaner haitianische Kinder adoptieren, um sie dann in irgendwelche Vorstädte zu verpflanzen, diese Leute, sagt sie, hätten keine Ahnung, was sie eigentlich täten. Jennifer wohnt seit wenigen Jahren in den USA, sie sei nicht so amerikanisiert wie ihre Schwester, die achtzehn Jahre im Land lebte, bevor sie mit ihrer Freundin wieder nach Haiti zog, wo sie bei einer Hilfsorganisation arbeitet, während die Lebensgefährtin Ärztin in einer Geburtsklinik ist. Diese ganzen Entwicklungshelfer in Haiti seien ein Skandal, sagt Jennifer, fünftausend Amerikaner und Europäer würden auf der Insel herumhängen, sich wichtigmachen und keine vernünftige Aufbauarbeit leisten, Port-au-Prince sehe aus wie direkt nach dem Erdbeben, eine zerstörte, kaum mehr vorhandene Stadt. Sie verließ Haiti wegen ihres Sohnes, zu gefährlich sei die Lage für ihn geworden, all das Kidnapping, die Morde, die Drogen, sie habe Angst um ihn gehabt. Savannah sei eine Übergangslösung, die Schönheit der Stadt könne nicht darüber hinwegtäuschen, wie reaktionär hier unten alles sei. Jennifer ist Umweltpsychologin, arbeitet im Biomarkt, interessiert sich für Kräuterkunde und Fotografie, sie hat den Minimalismus zu ihrem Lebenskonzept gemacht, ästhetisch und spirituell. Sie unterrichtet ihren Sohn, der mittlerweile vierzehn ist, zu Hause; es gebe Treffen für Eltern und Kinder, die *homeschooling* machten, sie sei ein einziges Mal mit ihm hingegangen, aber da hätten nur diese religiösen Wahnsinnigen gesessen, die ihre Kinder vor weltlichen Einflüssen schützen wollten, genau jene Leute also, die sie am meisten hasst. Irgendwann werde sie ihre Koffer packen und weiterziehen, sagt Jennifer, an einen Ort, wo die Menschen moderner seien, politischer und interessierter.

Immer wieder die Versuche, in dieser sumpfigen Gegend Siedlungen und Stützpunkte zu etablieren, gescheiterte Versuche, wie der in Darien, eine Autostunde südlich von Savannah. Zu einer Zeit, als England, Frankreich und Spanien sich um die Vormacht im Südosten der Neuen Welt stritten, errichteten die Briten hier ein Fort, ein Oberst namens John Barnwell befehligte den Bau, er hatte weiter im Norden Feldzüge gegen Indianerstämme geführt, zunächst selbst im Verbund mit Ureinwohnern, die erst seine Freunde waren und dann zu seinen Feinden wurden. Barnwell also baute zusammen mit ein paar Männern 1721 das Fort King George, sieben Jahre nur hatte es Bestand, und in diesen sieben Jahren starben 140 Offiziere und Soldaten, die meisten von ihnen an Malaria oder an der Ruhr. Heute kann man das Fort besichtigen, alles wurde rekonstruiert, ein aufgebocktes Blockhaus und Offiziersgebäude, aus Zypressenholz gebaut, es ist nicht groß, ein Wassergraben umgibt es, auch hier wird vor Alligatoren gewarnt, doch Katzen streifen friedlich über das Gelände und schlafen auf dem Tresen neben der Kasse, Lino darf sogar mit ins Museum hinein, es gilt nach wie vor: In den Südstaaten ist man entspannt, wie in Savannah, als ich den Hund ins Restaurant geschmuggelt hatte, zu heiß wäre es im Auto gewesen, er lag in seiner Flugtasche und schlief, beim Hinausgehen kam ein Mann auf mich zu und stellte sich als der Besitzer vor, ich müsse das nicht heimlich tun, auch wenn es gesetzlich verboten sei, *You are very welcome here.* Diese angenehm sanfte Trägheit, die wegen der Hitze über allem zu liegen scheint, über den Menschen, den Tieren, sie kann leicht übergehen in einen Zustand der Fäulnis, der Verrottung, der Schwere; so muss es den Soldaten ergangen sein im Fort, nicht nur, dass sie mit Fiebern zu kämpfen hatten, die in diesen Sumpfgebieten entstanden, sie waren auch von internen Zwistigkeiten geplagt, schlimmste Alkoholexzesse soll es gegeben haben, gelegentlich Revolten, einige desertierten, vom Hunger gequält; die Jahre in Fort King George gerieten zu einem Desaster. Auch ein paar Meilen südlich ist all dies spürbar, eine historische Reisplantage, 1806 von William Brailsford im Salzmarschland angelegt, 350 Sklaven arbeiteten hier. Um 1850 baute die dritte Generation ein großzügiges Herrenhaus, *Hofwyl* nannten sie es, und man darf es schweizerdeutsch aussprechen, denn es ist nach einer Landwirtschaftsschule *(mit Pensionat für Jünglinge höherer Stände und einer Armenschule für Mädchen und Knaben)* in Fraubrunnen im Kanton Bern benannt, die der Plantagenbesitzer einst besucht hatte, man gab sich mondän und weltgewandt, zumindest bis zum Bürgerkrieg, danach war Schluss, das Reisgeschäft funktionierte nicht mehr ohne Sklaven; Reis wurde importiert, aus Indien, Java, Siam. 460 000 Sklaven zählte man nach Beendigung des Bürgerkriegs 1865 alleine in Georgia, sie stellten 44 Prozent der Bevölkerung im Staat. Die Sklaven von *Hofwyl* hatten ein hartes Leben geführt, aber ein unkontrollierteres als jene im Landesinneren, denn die Besitzer waren meistens abwesend, residierten in der Stadt, umgingen so die Gefahr der Malaria. Es wird geschätzt, dass jährlich 10 Prozent der Sklaven starben, an Entkräftung, an Krankheiten, an den Folgen herrschaftlicher Gewalt. Heute ist die Plantage denkmalgeschützt, man spaziert an der Marsch entlang und durch den Park, im Schatten der mächtigen Magnolien und Eichen, *Spanish moss* hängt bis zum Boden, kein Mensch ist zu sehen, plötzlich dann ein Baum, der einen Namen trägt, *Miriam* heißt die Virginia-Eiche, und weiter entfernt steht auch noch *Ophelia,* beide sind Mitglieder der *Live Oak Hall of Fame,* sind registriert in der *Live Oak Society,* gehören zu den ältesten Bäumen im Süden, sind zwischen sechshundert und achthundert Jahre alt, standen also schon da, als Kolumbus noch nicht einmal geboren war.

Welcome to Jekyll Island – Georgia's Jewel
It's all good!

Ein kurzer Abstecher nach Jekyll Island, elf Kilometer lang, zweieinhalb Kilometer breit, Marschland, flacher Sandstrand, Parkanlagen, alte Baumbestände, Golfplätze. Ursprünglich lebte der Indianerstamm der Guale hier, 1510 kamen die Spanier, welche der Insel den Namen Isla de Ballenas gaben, die Franzosen tauften sie in Ile da la Somme um, erst James Oglethorpe benannte das Eiland nach seinem Freund Sir Joseph Jekyll, einem umtriebigen Parlamentarier in London, der sich vehement für die Aufklärung der ***South Sea Bubble*** genannten Spekulationsblase von 1720 eingesetzt hatte und 600 Pfund stiftete, damit die Kolonie Georgia gegründet werden konnte. Oglethorpe ließ einen Militärposten einrichten, um das Fort Frederica auf der Nachbarinsel St. Simons Island zu unterstützen, eine Plantage wurde angelegt, aber erst als der Franzose Christophe du Bignon 1792 die gesamte Insel kaufte, veränderte sich alles fundamental, denn du Bignon, geflüchtet vor der Französischen Revolution, führte die Sklaverei auf der Insel ein, pflanzte Baumwolle an und wurde noch reicher, als er ohnehin schon war. Nach seinem Tod übernahm sein Sohn Henri Charles die Geschäfte, er war es auch, der 1858 hier die *Wanderer* anlegen ließ, welche in die Geschichte einging als das letzte Schiff, das Sklaven aus Afrika nach Amerika brachte, fünfzig Jahre nachdem der Sklavenhandel verbo-

South Sea Bubble Zu Deutsch *Südseeblase*, Börsenboom, der 1720 platzte; die Handelsgesellschaft South Sea Company kaprizierte sich auf den zukünftigen Sklavenhandel, den sie von Spanien zu übernehmen gedachte, und hatte das Monopol auf den Handel mit Südamerika inklusive nicht entdeckter Gebiete, beides Angelegenheiten, die erst einmal fiktiv waren, aber Investoren anlockten; die Gesellschaft übernahm die Staatsschulden der Bank von England und durfte dafür zusätzliche Aktien ausgeben, was zu einem Aktienboom führte, obwohl noch keine Waren oder Sklaven gehandelt worden waren, erst beim Zahltermin wurde klar, dass keine Dividende fließen würde; die Gesellschaft kollabierte, eine Rezession war die Folge, Anleger hatten hohe Summen verloren, die Mitarbeiter der Company wurden juristisch verfolgt, brachten sich um oder flohen ins Ausland.

ten worden war (vielleicht war es auch das zweitletzte, angeblich transportierte die *Clotilde* im Jahr darauf Westafrikaner nach Alabama, doch dies ist nirgends schriftlich dokumentiert). Die Familie DuBignon (man schrieb sich inzwischen in einem Wort) hatte mit einem Händler namens Charles Augustus Lafayette Lamar aus Savannah konspiriert und die 409 Sklaven, welche die Überfahrt von Angola überlebt hatten, an Land gehen lassen. Die Sache flog auf, Lamar verteilte die Afrikaner im Umland, um einer Verurteilung zu entgehen, die meisten von ihnen wurden Landarbeiter und errangen eine gewisse Publizität, man schrieb über sie in Washington, New York und London. Die Nordstaaten waren einmal mehr bestätigt in ihrem Urteil über die Feudalisten im Süden, die *Wanderer* wurde zu einem Symbol der Unterdrückung, der Sturheit, des fehlenden Unrechtsbewusstseins, ein weiterer Grund für den Bürgerkrieg, der bald folgen sollte. Die DuBignons flüchteten von der Insel, verschwanden irgendwohin und kehrten erst nach Kriegsende zurück, einige der befreiten Sklaven lebten noch hier, die Gullah-Kultur hatte überlebt. 1886 verkaufte John Eugene DuBignon die Insel an einen höchst elitären Freizeitklub, dessen ausgewählte Mitglieder sich vor allem der Jagd verschrieben hatten und der schon bald so berühmt war, dass das *Munsey's Magazine* (mit einer Auflage von 700 000 Exemplaren) 1904 schrieb, der *Jekyll Island Club* sei *the richest, the most exclusive, and most inaccessible club in the world*. Jagdwettbewerbe für Frauen, Tennis, Reiten, alles war da, 1920 wurde der Golfplatz auf der Ozeanseite angelegt, die wohlhabendsten Industriellen der Nation versammelten sich hier, man sagt, ein Sechstel des Weltvermögens habe sich alljährlich zusammengefunden, all die Vanderbilts, Rockefellers, Goodyears, Pulitzers und Cranes kamen zwischen Januar und April aus New York, Chicago oder San Francisco angereist. 1942 stellte der Klub den Betrieb ein, erst die Große Depression, dann der Zweite Weltkrieg, das war zu viel. Später kaufte der Staat die Insel, der zentrale Prunkbau ist heute ein

Hotel, Tennis und Golf gespielt wird immer noch; von Indianern, Sklaverei und Gullah ist kaum mehr die Rede, 54 Jahre Prominenz und Glamour erschlugen alles, was früher war.

FLORIDA

»In God we trust«[19]

Heute auf der Fahrt nach Jacksonville einen (letzten) Besuch auf einer palmenbestückten Plantage gemacht, einer ungewöhnlichen Frau wegen. Anna Jai Kingsley (1793–1870), geborene Anta Majigeen Ndiaye, war eine aus Westafrika verschleppte dreizehnjährige Sklavin, die von dem englischen Quäker, Menschenhändler und Plantagenbesitzer Zephania Kingsley (1765–1843) auf dem großen Markt von Havanna ersteigert und bald darauf geheiratet worden war (mit afrikanischen Ritualen, wie Zephania später schrieb). Als sie achtzehn war, entließ der Sechsundvierzigjährige sie aus ihrem Sklavenstatus, die beiden zogen vier Kinder auf, Anna wurde Plantagenverwalterin, beaufsichtigte selber sechzig Sklaven, ließ deren Unterkünfte aus einer Art Muschelbeton anfertigen, in halbkreisförmiger Anordnung, so wie sie es aus ihrer Heimat kannte. Einige der Sklaven bestellten Privatgärten, in denen sie Gemüse zogen, sie durften ihre Häuser abschließen und dem Herrenhaus abgewandte Veranden bauen, alles unüblich zu der Zeit. Zephania hielt sich drei weitere Afrikanerinnen als Konkubinen, mit zweien von ihnen zeugte er Kinder, es muss auf der Kingsley Plantation, so liest man, recht lebhaft und unkonventionell zugegangen sein, Annas Sohn wurde in einer gemeinsamen Zeremonie mit der Tochter einer der Nebenfrauen katholisch getauft, alle Kinder erhielten zusammen Unterricht von qualifizierten europäischen Lehrern. Von Anna hieß es, sie sei würdevoll, zurückhaltend und außerordentlich attraktiv gewesen, *like an African princess*. Als Florida 1822 von den Spaniern an die Vereinigten Staaten überging, verschärften sich die Gesetze für die befreiten Schwarzen, gemischte Ehen waren unter den Spaniern legal gewesen, die Kinder aus diesen Verbindungen hatten Land erben dürfen, dem setzte die neue Regierung ein Ende. Die ausufernde Kingsley-Familie segelte deshalb 1838 mit ihren sechzig Sklaven und *free blacks* nach Haiti (wo Sklaverei verboten war und Zephania die Sklaven zu *Arbeitsverpflichteten* machte, die sich nach neun Jahren freikaufen konnten), nur zwei Töchter blieben in Florida zurück, sie hatten weiße Großgrundbesitzer geheiratet. Die Kingsleys gründeten eine neue Plantage, an einem Ort, der heute zur Dominikanischen Republik gehört und Treffpunkt der internationalen Surferszene geworden ist, Nachfahren der Kingsleys leben dort und auch die der ehemaligen Sklaven. Als Zephania 1843 auf einer Schifffahrt nach New York starb, hinterließ er die Ländereien seinen Frauen und Kindern, was seine weiße Verwandtschaft anfocht, allen voran seine Schwester, die den schwarzen Familienmitgliedern jeglichen Landbesitz absprach. Anna Jai Kingsley kehrte 1846 nach Florida zurück, um vor Gericht ihr Eigentum einzuklagen, was ihr auch gelang; ihre Anfrage allerdings, Sklaven an fremde Plantagenbesitzer vermieten zu dürfen, um Geld einzunehmen, lehnten die Richter ab. Während des Bürgerkriegs wurde sie mit anderen *free Negroes* nach New York evakuiert, kehrte nach Kriegsende nach Florida zurück und starb siebenundsiebzigjährig auf einer Farm bei Jacksonville. In ihrem (vor dem Bürgerkrieg verfassten) Testament hatte die einstige Sklavin notiert, was sie ihrer Tochter Martha zu vermachen gedachte: *three thousand dollars in cash and four Negro slaves: Polly a woman aged about 17 years, Joe a boy about 14, Elizabeth a girl about 12, and Julia a girl about 9 years.*

Sprachübung: *baby shower* – Babyparty, zwei Monate vor Geburtstermin von einer Freundin der Schwangeren ausgerichtete Party, bei der traditionellerweise nur Frauen zu Gast sind; das Wort *shower* stammt wahrscheinlich daher, dass es Geschenke auf die Schwangere regnen soll; fand ursprünglich nur für das erste Kind statt, die anwesenden Frauen sollten die werdende Mutter *(mother-to-be)* mit ihrem Wissen über Geburt und Mutterschaft beschenken.

Fort Caroline gesucht und nicht gefunden; zu brutal brennt die Sonne, um lange durch Jacksonvilles Außenbezirke zu irren, schon der Gedanke an einen Spaziergang in einem schattenlosen Park mit ein paar alten Mauern lässt mich kleinlaut werden; zudem das unübersichtliche Straßensystem dieser größten Stadt Floridas, so viele Brücken über den gekrümmten, breiten Fluss, ich fahre hin und her, gelange schließlich unter Autobahnkreuzungsmonstern hindurch in ein Industrieviertel, das nahezu ausgestorben scheint. Ärmliche Gestalten stehen an Ecken oder schlurfen an gleißenden Hauswänden entlang, ich sehe keine Straßenschilder mehr, spreche einen Mann an, frage nach der Riverside Avenue, verstehe sein Englisch nicht, fahre weiter, frage den nächsten, verstehe sein Englisch nicht, gebe mich geschlagen, orientiere mich an der Sonne, da drüben muss der St. Johns River sein, da will ich hin. Denke, dass ich später noch einmal zum Fort hinausfahren sollte, immerhin war es die erste französische Kolonie im Land, ein Jahr existierte sie nur, bevor die Spanier sie 1565 vernichteten, und weiß, dass ich es doch nicht tun werde, man muss nicht alles gesehen haben, ich kann nicht mehr. In dieser **tötelnden** Randzone dann plötzlich eine Unterführung, eng und dunkel, kein Mensch ist zu sehen, ich fahre

tötelnd Im Schweizerdeutschen gebrauchter Begriff für Ausgestorbenes, Unheimliches, an den Tod Gemahnendes; umgangssprachlich wird scherzhaft (gerne mit drohender Faust) gefragt: *Schmöcks, wie's tötelet? (Riechst du den Tod?);* das Wort *tötelnd* taucht als einer von 300 000 Einträgen im *Allgemeinen deutschen Reimlexikon* auf, 1826 von dem thüringischen Hofadvokaten und Schriftsteller Ferdinand Hempel (1778–1836) unter dem Pseudonym Peregrinus Syntax verfasst.

durch und tauche auf in einer anderen Welt, städtisches Ambiente, stattliche Häuser, Straßenzüge mit Palmen und Magnolien, blühende Gärten, auch mein Bed & Breakfast finde ich, eine Veranda vor dem Eingang, Schaukelstühle und Sofas, elfenbeinfarbene Säulen. Innen dann Musik und Gekreische, grelle, sich überschlagende Stimmen, zwanzig Frauen feiern *baby shower,* die meisten von ihnen sind jung, alle sind weiß, alle haben sich schick gemacht, amerikanisch schick, helle Hosen, hübsche Blusen, blonde Strähnen in geordneten Frisuren, mit Haarspray fixiert. Geschenkpapier überall, Strampelanzüge, Häubchen, Schnuller, Püppchen und Spielsachen haufenweise, es wird wohl ein Mädchen sein; für mich wäre das nichts, ich würde ob all dieses Enthusiasmus immer an ein böses Omen denken, feiern sollte man nicht verfrüht, was, wenn es anders kommt als geplant? Man zeigt mir mein Zimmer, es liegt im oberen Stock, blassgrüne Wände, Strickdecken, ein Bett mit barockem Goldrand, das Kopfteil samtbezogen, Jalousien aus Japanpapier, Zwielicht, sehr angenehm. Ich schließe die Tür, keine Frauentöne mehr zu hören, nur das Rauschen des Ventilators und manchmal ein Vogel, der singt.

Our river is DYING.
Dog feces are speeding the death.

Ein Nachmittag am Fluss als Kaleidoskop der amerikanischen Gesellschaft. Die Straße ist wegen eines Fahrradrennens gesperrt, ich frage einen afroamerikanischen Polizisten, wie das handgemalte Plakat am Ufer zu verstehen sei, der Fluss sterbe und Hundefäkalien beschleunigten seinen Tod, das müsse doch ein Scherz sein, bei einem kilometerbreiten Fluss, der nicht nur an Industrieabwässern und dem Frachtschiffhafen leidet, sondern auch an Verschmutzung aus natürlichem Grund, die Gerbsäure der Vegetation übersäuert ihn stark. Oh, sagt der Polizist, er denke, der Plakatschreiber habe das bitterernst gemeint, *You know, we have a lot of crazy people down here.* Auf einem sattgrünen Grasstreifen sitzen Angler auf Campingstühlen unter Palmen, eine Apartmenthausreihe hinter sich, die Brücke und entfernt die Skyline der Stadt im Blick; ein buntes Wirrwarr an Plastikeimern, Fischerruten, Netzen, Sonnenschirmen. Es angeln: ein weißes Paar samt Großvater und einem indischstämmigen Jungen, sie haben Picknickkörbe dabei und hören Musik; ein dicker Schwarzer im roten Shirt, fast zwei Meter groß, mit seiner elfenhaft zarten mexikanischen Frau, die seit fünf Jahren in den Vereinigten Staaten lebt, wie er stolz erzählt; eine greise Asiatin mit Reishut und einem bis unters Kinn zugeknöpften Blumenhemd, sie spricht kein Englisch, angelt aber mit solch stoischer Ernsthaftigkeit, dass die anderen respektvoll auf sie weisen, ihr Fischeimer ist am meisten gefüllt; eine hellhäutige Rentnerin im rosa Glitzerkostüm mit assortierter Sonnenbrille, die Hosen hat sie hochgekrempelt, gelbe Plastiklatschen an den Füßen, die blondierten Haare sind toupiert. Etwas entfernt von diesen Menschen, die nicht zusammengehören, aber doch eine friedfertige Interessengemeinschaft bilden, sitzt ein kambodschanisches Paar, das mir bald seine Geschichte erzählt. Sie waren 1982 halb verhungert aus dem von Vietnam besetzten Kambodscha geflüchtet, in nächtelangen Märschen zu Fuß nach Thailand hinüber, beide mit ihren Müttern, Brüdern und Schwestern, die Väter waren während Pol Pots *Massensäuberungen* hingerichtet worden, Lehrer der eine, Ingenieur der andere. Samnang, der sich jetzt Sam nennt, war vierzehn Jahre alt, und Maly war zwölf, als sie in einem Auffanglager in Thailand aufeinandertrafen, zwei Kinder, die mit ihren Müttern darauf warteten, nach Amerika ausreisen zu dürfen. Sie sprechen, genauso wie die vietnamesischen Fischer, die ich vor Jahren in Texas kennengelernt habe, immer von *my country,* wenn sie ihre Heimat meinen, nie sagen sie den Namen des Landes, in dem sie seit ihrer Flucht nicht mehr waren, zu traurig sei es dort, glauben sie, zu arm. Amerika habe sie mit offenen Armen empfangen, ihre Mütter hätten sofort Arbeit gefunden, in einer Wäscherei und einem Coffeeshop, erzählen sie, und ich muss an Frank, den Nigerianer aus Washington, denken, der mit einer Deutschen verheiratet ist und sich in Deutschland ein wenig auskennt deshalb, er sei entsetzt gewesen, hat er gesagt, als er gesehen habe, wie man Asylbewerber in Europa behandle, eingepfercht in Baracken und dann dieses blödsinnige jahrelange Arbeitsverbot, er habe Afrikaner getroffen, die einfach nichts zu tun gehabt hätten, in Amerika wäre das undenkbar, man werde vom ersten Tag an aufgefordert, sich einen Job zu suchen, sein Leben in die Hand zu nehmen, man werde gefördert und nicht behindert wie in Deutschland drüben. Sam sagt, er und Maly hätten sich immer wohlgefühlt in Amerika, in Florida mehr noch als in Boston oben, wo sie angekommen seien, aber das liege vor allem am Klima, er liebe die Hitze und die Feuchtigkeit des Südens, *like in my country.*

Ich lerne zwei Hawaiianerinnen kennen, wir sitzen im selben Café. Sie trinken **Daiquiri**, ich bleibe bei Mineralwasser, Hemingway in Ehren, aber Hochprozentiges bei 35 Grad nachmittags um vier, das schaffe ich nicht. Brenda und Anne haben sich im Chatroom gefunden, es ist ihr erstes Date im realen Leben. Beide sind Mitte fünfzig,

Daiquiri Cocktail aus 4,5 cl kubanischem Rum, 2 cl Limettensaft und 0,5 cl Rohrzuckersirup; der Klassiker aller Daiquiris wird seit den 1930er-Jahren im El Floridita in Havanna gemixt, einer Bar, die schon Ernest Hemingway, Ezra Pound, John Dos Passos und Graham Greene frequentierten, der Cocktail könnte aber schon dreißig Jahre zuvor in der Nähe eines Strandes namens Daiquirí bei Santiago de Cuba von amerikanischen Minenarbeitern erfunden worden sein; Hemingway veränderte das Rezept, sein Papa Doble war eine Mischung aus Maraschino-Likör, Grapefruit- und Limettensaft mit einer doppelten Portion Rum.

Brenda ist eine schön gealterte Blondine, sommersprossig und durchtrainiert, Anne hat weniger auf sich geachtet, braun gebrannt ist auch sie. Sie haben sich auf halbem Weg getroffen, Brenda lebt in Fort Lauderdale, will aber wieder nach Hawaii zurück, ist unglücklich in Florida, vermisst den Pazifik. Anne ist wegen ihrer Eltern nach South Carolina gezogen, die in Charleston wohnen und angewiesen sind auf sie. Ich merke, es ist nicht der erste Daiquiri der beiden, sie knutschen ungeniert, plaudern zwischendurch, miteinander und mit mir, Brenda tätschelt Annes Schenkel, ein wenig zu selbstgefällig vielleicht, es ist schnell klar, wer von beiden Oberwasser hat, Schönheit siegt. Anne jedoch hat anderes zu bieten, sie könne ihren Stammbaum bis ins Elisabethanische Zeitalter zurückverfolgen, sagt sie, ein englischer Vorfahr namens Churchill sei an Bord der *Mayflower 2* gewesen und 1630 in Plymouth an Land gegangen, ihre Familie habe dieses Landes mit gegründet, zudem sei sie mit Sir Winston Churchill nahezu direkt verwandt. Wir sind ernsthaft beeindruckt, Brenda tätschelt Anne und gibt mir einen Drink aus, den ich nicht ablehnen kann, ich entscheide mich für Baileys auf Eis, später schwebe ich ins Hotel zurück, lege mich in die Hollywoodschaukel auf der Veranda, komplett erschöpft. Alkoholisierter Schwindel und tropische Schläfrigkeit, so wird es Brenda und Anne öfter ergehen, es ist nicht unangenehm.

Mit jedem Kilometer Richtung Süden verstärkt sich das Gefühl, das sich schon am ersten Tag in Florida eingestellt hat: Es gibt hier etwas unbeschwert Kosmopolitisches, Heiteres und Leichtes, eine flirrende Unbeschwertheit, die mich diese Last und Angst, die auf den restlichen Südstaaten wie ein Geschwür zu kleben schien, vergessen lässt (eine Schwere, die man, wie so oft, erst spürt, wenn sie nicht mehr vorhanden ist). Die unterschwellige Aggression der einen, die nicht ausgesprochene Schuld und versteckte Arroganz der anderen, dieser Graben, der zwischen Schwarz und Weiß besteht, kann auch durch die Eleganz der Städte, die geschmackvollen Villen, prächtigen Gärten und zu Parks umgewandelten Plantagen nicht aufgehoben werden. Denn über all dieser Schönheit steht drohend das Wort, das sie erst ermöglicht hat: *SLAVERY*. Und die Rap-Klänge, die aus den Autos der jugendlichen Afroamerikaner durch die Straßen dröhnen, zeigen jedem wohlhabenden Sklavenhalterabkömmling lautstark, dass auch diese Generation alles andere als gewillt ist, zu vergessen und sich anzupassen, dass sie fordert und verweigert und auch hasst.

Jetzt aber: Das hier ist nun wirklich die älteste von Europäern gegründete und durchgehend bewohnte Stadt der USA, auch wenn andere Orte das nicht gerne hören, von Engländern angelegte zumal. Auch das genaue Datum ist bekannt, es war der 28. August 1565, der Gedenktag des Kirchenlehrers Augustinus von Hippo (354–430), dem zu Ehren der spanische Admiral Pedro Menéndez de Avilés (1519–1574) die Siedlung San Agustín nannte. Menéndez hatte den Auftrag, sämtliche Hugenotten zu töten, was er auch tat, er zerstörte Fort Caroline, gründlich und brutal, nur fünfzig Frauen und Kinder ließ er am Leben. St. Augustine ist heute eine von Gästen überlaufene Kleinstadt, ihre spanische Kolonialarchitektur ist Anziehungspunkt, und auch allerlei Merkwürdigkeiten wie die von einem Exzentriker aus Boston 1883 gebaute Villa Zorayda, ein auf den Maßstab 1 : 10 verkleinerter Nachbau eines Flügels der Alhambra, ein rührendes Kitschmonster, gefüllt mit orientalischen Objekten, die der Besitzer von seinen Reisen mitgebracht hatte. St. Augustine macht einen leicht irren Eindruck mit seinen mittelalterlich anmutenden Kopfsteinpflastergassen, dem überdimensionierten ehemaligen Ponce de León Hotel (1888 im spanischen Renaissancestil als Luxushotel erbaut und heute College), den roten Tschu-Tschu-Bahnen, die sich durch die Straßen schlängeln, vollgestopft mit schrill gekleideten Touristen, dem architektonischen Potpourri überhaupt. Aber es weht ein sympathischer Geist durch diese Stadt am Meer, sie hat eine Stehaufgeschichte hinter sich, war von Sir Francis Drake niedergebrannt, von den Spaniern wiederaufgebaut, von Piraten geplündert und immer wieder von den Engländern angegriffen worden, wurde wie ganz Florida 1763 den Briten zugesprochen, kam zwanzig Jahre später erneut unter spanische Herrschaft, erst 1821 übernahmen die Vereinigten Staaten Florida und somit auch St. Augustine. Florida war dünn besiedelt, sehr dünn sogar, zu sumpfig war das Land, ein idealer Unterschlupf für die von den Plantagen South Carolinas und Georgias geflohenen Sklaven, die von den Spaniern aufgenommen und als freie Menschen behandelt wurden. Die Bedingung: Übertritt zum Katholizismus. 1738 entstand hier die erste offizielle afroamerikanische Siedlung Nordamerikas, Gracia Real de Santa Teresa de Mose, eine von den Spaniern errichtete Festung, angeführt von Francisco Menéndez, einem ehemaligen Sklaven aus South Carolina. Andere Schwarze kamen bei den Seminolen unter, dem indianischen Volk im Norden Floridas; ein Austausch zwischen Ureinwohnern und ehemaligen Sklaven begann, eine Mischkultur entstand. St. Augustine ist in vielerlei Hinsicht ein ganz besonderer Ort.

An einem Tag gleich zwei Mails von Menschen, die ihr Leben radikal ändern. Freund D. verkündet, er beende jetzt sein Künstlerdasein und beginne eine Ausbildung als Investmentberater in New York, auf Provisionsbasis. Und Jennifer schreibt, sie habe beschlossen, Savannah zu verlassen und nach Middlebury in Vermont zu ziehen. Ich frage D., ob er die leiseste Ahnung von der Finanzwelt habe, was er verneint, aber das könne er ja lernen. Jennifer antwortet auf meine Frage, ob sie Freunde in Middlebury habe oder warum sie ausgerechnet dahin ziehe, nein, sie kenne niemanden in der Gegend, aber es sehe sehr schön aus dort.

Welcome to Cedar Key.
We are what Key West was 40 years ago!

Ein Loblied auf Cedar Key. Zuvor eine Fahrt quer durch Florida, das spontane Bedürfnis nach einem Sonnenuntergang am Meer, weg vom Atlantik, nicht gerade zum Pazifik hin, aber immerhin zum Golf von Mexiko, zudem eine Erinnerung an eine schlaflose Nacht in Cedar Key, allein in einem verrammelten Apartmenthaus, Hurrikan Irenes wegen, elf Jahre ist das her. Eine gerade Stichstraße führt vierzig Kilometer durch sumpfige Baumlandschaft, dann drei Kilometer über Brücken, Dämme und ein Gewirr von kleinen Inseln, oft weiß man nicht, ist es Land, Marsch oder die Mündung eines Flusses, am Ende liegt das Dorf, vom Meer umgeben, 954 Menschen leben hier. Nichts hat sich seit damals verändert, will mir scheinen, fast ein wenig unheimlich, wenn ein neues Bild so nahtlos auf das alte passt, als ob die Jahre dazwischen nicht existiert hätten, in Cedar Key nicht und auch bei mir nicht. Ein miniaturhaftes Schachbrettsystem, die Längsstraßen heißen 1st bis 9th Street, die Querstraßen A bis H Street, lockere Bebauung, Holzhäuser, am Dock vorne stehen ein paar alte Restaurants, wie auf Stelzen aufs Meer hinaus gebaute Western-Saloons, ein wenig krumm. Die große Zeit des Ortes liegt mehr als hundert Jahre zurück, die Seminolen waren in langjährigen Kriegen vertrieben, umgesiedelt oder umgebracht worden, man hatte einen Hafen gebaut und Cedar Key 1861 ans Eisenbahnnetz angeschlossen, da war ein Deutscher namens Eberhard Faber bereits in der Gegend zugange, hatte viel Land gekauft, im Auftrag seines älteren Bruders Lothar. Eberhard Faber leitete die New Yorker Filiale der Bleistiftfirma A.W. Faber, die sein Urgroßvater 1760 in Stein bei Nürnberg gegründet hatte und die wir heute unter dem Namen Faber-Castell kennen. In Cedar Key baute er Sägemühlen, die Zedern waren das Rohmaterial für die Stifte. Mein Bed & Breakfast ist das ehemalige Wohnhaus eines anderen

Bleistiftproduzenten, es gehörte früher der Eagle Pencil Company; ein verwunschenes und verwinkeltes Haus in einem großen und schattigen Garten, zweigeschossig, blassgelb gestrichen, eine lang gezogene Veranda mit burleskem Geländer, tiefen Sofas und laufenden Ventilatoren. Mein Zimmer nennt sich *Ida's Room,* der Schlüssel wartet im Frühstücksraum, niemand ist da, auf dem Tisch neben mit Gebäck gefüllten Glasschalen liegt ein Blatt Papier mit der Zimmerliste, Überraschungsgäste nehmen einfach einen Schlüssel und streichen die Raumnummer durch, die Haustür ist auch nachts nicht verschlossen. Cedar Key sieht wie ein in die Jahre gekommener Hippieort aus, mit Menschen, die leben, als ob es kein Morgen gäbe. Die Gärten sind unaufgeräumt, die Autos rostig, der Dorfladen fast schon antik, ein Greis mit zusammengebundenem Haar kommt im Elektromobil angerollt, stoppt und plaudert, winkt zum Abschied mit dem Stock. Hunde laufen frei und Katzen sowieso, vor einem historischen Motel schwingen Hängeschaukeln im Abendlicht, zum Meer hin ausgerichtet, eine neben der anderen, zwei Alte liegen da, er liest, sie döst. Zeitlupenleben, angenehme *laziness.* Später begleitet die Besitzerin des Stelzenrestaurants mich und Lino unter Missachtung aller Vorschriften durch den Gastraum auf die schmale Terrasse, eigentlich sind es nur schief zusammengezimmerte Holzlatten hoch über dem Wasser. Sonnenuntergang, weiße Pelikane, ein zahmer Silberreiher stakst über den Nebentisch, sein Bein war gebrochen, frische Shrimps werden ihm auf einem Porzellanteller serviert; ein wenig Subversion scheint sich in Cedar Key hinübergerettet zu haben ins Zeitalter der aseptischen Neutralisierung des Körpers.

Aktuelle Notiz: Molly Norris ist verschwunden. Die Cartoonistin aus Seattle gibt es nicht mehr, sie hat sich selber abgeschafft. Norris hatte mit einer Zeichnung zu einer Protestaktion aufgerufen, um auf das Drama um die 201. Episode der Trickfilm-Serie *South Park* zu reagieren, bei der es um religiöse Ikonen ging und der Prophet (vermeintlich) in einem Bärenkostüm dargestellt wurde (statt Mohammed kam unter dem Kostüm dann der Weihnachtsmann zum Vorschein), was Islamisten dazu veranlasste, die Macher der Serie mit Morddrohungen zu überschütten, worauf die Sendung zensiert ausgestrahlt wurde. Nach Molly Norris' Aufruf wurde der 20. Mai 2010 von unzähligen Internetgemeinschaften und Bloggern zum *Everybody Draw Mohammed Day* ernannt. Der jemenitisch-amerikanische Extremist und Prediger Anwar al-Awlaki erklärte Norris daraufhin zum *wichtigsten Ziel für einen Mordanschlag*. Al-Awlaki, 1971 geboren, theologischer Autodidakt und auch *Bin Laden des Internet* genannt, wird von Terrorismusexperten als so gefährlich eingeschätzt, dass die **CIA** ihn zum Staatsfeind ernannte, der getötet werden solle, wogegen Menschenrechtsorganisationen Einspruch erhoben. Molly Norris änderte jetzt auf Anraten des **FBI** ihre gesamte Identität und gilt seit heute als verschollen.

Im *Dog Park* von Mount Dora: Eine junge Frau, die ihr Land verachtet und sich weit weg sehnt, merkt, dass es mir mit dem Reisen und auch mit Amerika langsam reicht, und fragt, ob ich nicht Heimweh

CIA Central Intelligence Agency, 1947 gegründeter Auslandsgeheimdienst mit Hauptsitz in Langley, Virginia; nebst Spionage und Analyse betreibt die CIA gezielte Desinformation der Öffentlichkeit und mischt sich mittels verdeckter Operationen in Angelegenheiten anderer Länder ein; wird intern oft *Langley* oder auch nur *Firma* genannt.

FBI Federal Bureau of Investigation, Ermittlungsbehörde des Justizministeriums mit Hauptsitz in Washington, D. C., zuständig für über 200 Verbrechenstypen; wurde 1908 mit 34 Agenten gegründet, hat heute 70 Auslandsvertretungen und 35 500 Mitarbeiter.

hätte. *Yes,* sage ich und wundere mich erst später, dass ich nicht antworte, mir fehlten Berlin oder Zürich, meine Wohnung, die Freunde oder meine Mutter, nein, ich sage: *Yes, I do miss Europe.*

Ich suche die Stelle mit den Moorleichen. Das Land ist flach, die Hitze enorm, 98 **Grad Fahrenheit**, das macht die Suche nicht angenehmer. Auf die Grabstätte mit den 168 Moorleichen stieß man 1982 per Zufall während Straßenbauarbeiten, ein Baggerfahrer hatte mehrere Schädel in der Schaufel seines Gefährts entdeckt. Es ist mir unerklärlich, warum die archäologische Fundstelle nicht besser ausgeschildert ist, ich hätte ein Museum erwartet oder zumindest einen Informationspavillon, immerhin ist Windover bei Titusville der größte bekannte Begräbnisort aus vorgeschichtlicher Zeit in der Neuen Welt, siebentausend bis achttausend Jahre alt, man nimmt an, dass er ein Jahrtausend lang in Gebrauch war. Ein zur Lagerung von Lebensmitteln genutzter Flaschenkürbis gilt als erster Nachweis für pflanzliche Behälter in Nordamerika, die 87 gefundenen Textilienstücke deuten auf die Nutzung von Decken, Kleidern oder Taschen der Ureinwohner hin, alles Dinge, die spektakulär sind, ganz zu schweigen von den Erkenntnissen über Bestattungstechniken (die Verstorbenen wurden liegend, aber in hockender Haltung auf dem Grund eines Sees mit Stöcken fixiert), Alterszusammen-

Grad Fahrenheit Nach dem in Danzig geborenen Daniel Gabriel Fahrenheit (1686–1736) benannte Temperatureinheit; der junge Fahrenheit musste sich als Kaufmannslehrling in Amsterdam ausbilden lassen, nachdem seine Eltern an einer Pilzvergiftung gestorben waren; 1717 ließ er sich als Glasbläser in Den Haag nieder, um Barometer und Thermometer zu bauen. Bevor er Quecksilber als Thermometersubstanz verwendete, hatte er es mit Weingeist versucht. Die 1742 entwickelte Celsius-Skala des schwedischen Astronomen Anders Celsius (1701–1744) löste die Fahrenheit-Skala in Europa ab, nicht jedoch in den USA.

setzung (Kinder und Jugendliche machten 39 Prozent der Toten aus, die durchschnittliche Lebenserwartung lag bei 27,5 Jahren), Ernährungsgewohnheiten (im Verdauungstrakt einiger Leichen wurden Holunderbeeren, Trauben und Kaktusfeigen gefunden), Krankheiten (Anämie, Knochenbrüche durch Unterernährung und Osteoporose, dazu fünf Fälle von offenem Rücken, mehrere Schädelfrakturen, kaum Karies, aber stark abgenutzte Zähne) und Grabbeigaben (Speerspitzen, Tierknochen und Muscheln). Ich suche weiter und fahre durch öde Suburbs, was gibt es Trostloseres als Einfamilienhausgegenden an einem sonnigen Sonntagnachmittag. Ich frage autowaschende oder rasensprengende Familienväter nach der Grabstätte, keiner hat je davon gehört, endlich ein wissender alter Mann auf einem Rad, er schickt mich auf derselben Straße zurück, gut drei Meilen, da sei die Stelle. Eine kleine Wiese an einer Straßenkreuzung, rundum Dickicht, schiefe Kiefern und Stechpalmen, dazwischen ein großer Sumpf, weiter hinten ein Haus im Bau, postmoderne Gesichtslosigkeit. Auf der Wiese steht eine Tafel, *WINDOVER ARCHAEOLOGICAL SITE,* ein paar bedeutungsvolle Sätze, mehr nicht; wo genau die Gräber waren, ist nicht zu erkennen, überall wucherndes Gebüsch. Warum diese ungeheure und ungewohnte Zurückhaltung?, habe ich vorhin den Mann auf dem Fahrrad gefragt. Er wisse es nicht, hat er gesagt, vielleicht wolle man es als Geheimnis bewahren. Ich traue der Antwort nicht, denke, es hat etwas mit zukünftiger Baulandgewinnung und Immobilienpreisen zu tun, aber womöglich ist das nur ein mieser Verdacht.

Immer wieder höre ich den Satz *I wanted a future for my children.* Diesmal in West Palm Beach, ein Mann aus Simbabwe sagt ihn zu mir. Das ist es auch, was andere Immigranten mir ständig erklärten; wer in die Vereinigten Staaten einwandere, wolle HIER eine Zukunft haben und nicht Geld NACH HAUSE schicken oder als Rentner wieder zurück in die ALTE HEIMAT gehen; der wolle mitmischen in diesem Land, ein Teil werden davon, *proud to be an American.* Und so wird der Patriotismus das verbindende Element zwischen all diesen Menschen, von der Regierung gefördert, von den Medien gestützt.

Palm Beach – West Palm Beach. Die Insel für die Reichen, das Hinterland für ihre Angestellten, so war das einst gedacht, beide Städte sind kaum mehr als hundert Jahre alt. Dem schnauzbärtigen Erdölmagnaten Henry Morrison Flagler (1830–1913) ist die Erschließung von Floridas Ostküste zu verdanken, er hatte sehr viel Land sehr billig aufgekauft und eine Eisenbahnlinie gebaut, immer der Atlantikküste entlang, von Jacksonville über St. Augustine und West Palm Beach hinunter nach Miami und schließlich nach Key West, ein Mammutprojekt, das aus unbedeutenden Dörfern Städte von Format machte, Miami wäre ohne diesen Mann nicht geworden, was es ist. Flagler errichtete raffinierterweise gleichzeitig luxuriöse Eisenbahnhotels, mit Golfplatzanlagen und allem, was die Herzen Wohlhabender begehrten, wenn sie den Winter im milden Süden verbrachten; 1896 ging das legendäre *The Breakers* in Palm Beach in Betrieb. An den Ausfahrten der Interstate 95 stehen bettelnde Menschen, Pappschilder in der Hand, die persönliche Not wird in knappen Worten erklärt: *Vietnam Veteran; Iraq Veteran; hungry; homeless; please ...* Zwei Kilometer später eine Prachtallee mit Palmen, die im Spalier stehen, die Stämme so hoch und schlank, als ob sie einbandagiert worden wären, damit sich das Blattwerk erst im Himmel entfalte, vom Wind umweht; am Ende der Allee wartet das Meer. Palm Beach ist im Winter ein Ort für Voyeure und Prominentenjäger, der Ocean Drive zu jeder Zeit eine Küstenstraße für Architekturfetischisten; Villen von ungeheuerlichen Ausmaßen, Neoklassizimus, Art déco, Neugotik, viel *Mediterranean Revival,* man könnte glauben, man fahre an toskanischen Landhäusern vorbei. Eine ortstypische Ästhetik sollte entwickelt werden, steinern und nicht hölzern, dem Klima angemessen, die besten Architekten des Landes bauten hier, ein Name sticht heraus: Addison Mizner (1872–1933) war in den Zwanzigerjahren einer der berühmtesten Architekten des Landes, er liebte Loggien und Kolonnaden, Palm Beach ist geprägt von ihm. Ich parke, gehe am Meer entlang, kaum Menschen unterwegs, September ist wegen der Hitze Nebensaison, nur einmal ein Mann, der seine Autoscheibe herunterlässt und ruft: *Awesome dog!* Sonst sind fast nur Bauarbeiter zu sehen, Lateinamerikaner zumeist, nach Feierabend sitzen sie auf den offenen Flächen der Pick-up-Trucks und fahren in Gruppen aus Palm Beach heraus, verlassen die Stadt der Milliardäre. Ich komme in West Palm Beach unter, ein Zimmer in einem Bungalow im historischen Viertel; ein wenig Art déco, ein wenig spanischer Kolonialstil, zu Beginn war es das Viertel der Handwerker und Ladenbesitzer gewesen. Gegenüber ein Park, in dem gigantische **Würgefeigen** stehen, mit Luftwurzeln, manche zart wie Schnüre, andere dick wie Strommasten, einige baumeln noch frei herab, ein Gewirr an Wurzeln, Stämmen, Ästen, man weiß nicht recht, wo endet der eine Baum und wo beginnt der nächste, einige Wirtsbäume sind verschwunden im Inneren der Würgefeigen, sind schon tot oder noch am Sterben. Ich setze mich auf eine Bank, der Hund eilt Eichhörnchen hinterher, ich höre das lang gezogene Pfeifen eines Zuges, schließlich rollt er langsam am Park vorbei, ein Güterzug, der gar nicht mehr enden will, ein ewiges Rattern, irgendwann fange ich zu zählen an, da

Würgefeige, *Ficus aurea,* auch *Florida strangler fig* genannt: Ein mittels Vogelkot ausgeschiedener Samen keimt und wächst auf einem Ast eines anderen Baumes (Phorophyten, von griech. *phoron* – Träger); die junge Feigenpflanze bildet schließlich Luftwurzeln aus, die zum Boden wachsen und den Wirtsbaum umschließen, bis er abstirbt, sodass der Feigenbaum selbstständig stehen kann; der sich zersetzende Wirtsbaum dient der Würgefeige als zusätzliche Nahrung.

sind es immer noch 57 Waggons bis zum Schluss. Flaglers Eisenbahn, Florida wäre nichts ohne sie.

Sprachübung: *to have skeletons in the closet* – Leichen im Keller haben

Vier Tage Reisepause in West Palm Beach, täglich im Okeeheelee Park, einer weitläufig angelegten Landschaft mit Seen, Spazierwegen, Naturzentrum, Schmetterlingsgarten und einem *dog park,* dem größten der Reise, zwei eingezäunte Wiesen auf der Kuppe eines Hügels, eine für die großen Hunde, die andere für die kleinen; dichtes, leuchtend grünes Gras. Abends ein angenehm kühlender Wind, Fernblick über das flache Land, Menschen sitzen auf Bänken unter einem Holzdach, Plastikeimer stehen herum, Eis darin, es gibt offenbar Hunde, die gerne Eiswürfel kauen. Am zweiten Tag bin ich schon bekannt, ein Mann stellt mich den anderen vor, *This is Zora, she is Swiss and lives in Germany.* Am dritten Tag kenne ich die Lebensgeschichte von einem halben Dutzend Leuten, Lino hat eigenständig Freundschaften geschlossen, es gibt den Hundesympathiekosmos und den Menschensympathiekosmos, sie sind nicht deckungsgleich. Ich gehe mit der kraushaarigen Joanne die 150-Meter-Schlaufe auf dem asphaltierten Weg, wir machen viele Runden, Joanne ist mir angenehm, sie ist geschieden und siebzig Jahre alt, hatte fünf Kinder, es leben nur noch vier, der jüngste Sohn ist in Kalifornien an einer Überdosis gestorben. Sie bewundere Barack und Michelle Obama, sagt sie, aber sie sei die Einzige in ihrem Kreis, ihre Golferfreundinnen würden über die beiden nur schimpfen, sie sage nichts mehr dazu, sie wolle sich dort nicht auch noch unbeliebt machen wie hier im *dog park,* wo ihr Hund sich schlecht benehme; Paddy ist ein Cockerspaniel, der sich in die Trinkschüsseln mit den Eiswürfeln legt, das mag man nicht. Später sitze ich neben Eddy, der nicht immer Eddy hieß, aber seinen türkischen Namen könne keiner aussprechen, er habe ihn abgelegt, als er vor fünf Jahren in die

USA einreiste, seine **green card** hat er in der Lotterie gewonnen, er habe sich gedacht, er versuche es mal in diesem Land, zudem habe er in Ankara *ein paar Leichen im Keller gehabt,* ein neues Leben sei ihm da zupassgekommen. Neben Eddy hockt ein älterer Mann, nicht nur ich verstehe ihn schlecht, sein Englisch ist rudimentär, dabei lebt er seit fünfzig Jahren in Amerika. Er ist Kubaner türkischer Abstammung, seine Eltern sind zwischen den Weltkriegen aus Istanbul nach Kuba gezogen und nach der Revolution 1959 in die USA ausgereist. Eddy versucht, Türkisch mit ihm zu sprechen, was aber nicht recht gelingen will, also schweigen wir und streicheln die Hunde. Zu uns setzt sich Jankó, der 1954 aus Ungarn eingewandert ist und mir die Vorzüge von Amerika erklärt, die drei Männer sind sich einig: Florida sei das reinste Paradies. Mir wäre es ein wenig zu warm, wage ich einzuwerfen, aber nein, rufen alle, es könne doch gar nicht warm genug sein, die Sonne sei herrlich, auch wenn sie Hautkrebs auslöse. Jankó rollt sein T-Shirt hoch und zeigt uns Narben auf dem Rücken, da sei der Krebs gewesen, er habe bereits metastasiert, aber die Ärzte hätten das im Griff, ihm gehe es gut; alle nicken. Ein übergewichtiger Rehpinscher kommt angewackelt, Eddy winkt dem Besitzer, er solle sich zu uns gesellen, mit mir könne er Deutsch spre-

green card Zeitlich unbegrenzte Aufenthalts- und Arbeitsbewilligung; war zwischen 1946 und 1964 grün, änderte die Farbe später mehrmals; die *green card* kann auf verschiedene Arten erhalten werden, u. a. durch den Nachweis besonderer Fähigkeiten, durch kirchliche Mitarbeit, mittels enger Verwandtschaftsgrade, durch Investitionen mit zehn Mitarbeitern und einem Kapital zwischen 500 000 und 1 Million Dollar (je nach Region), durch Eintritt in die Armee oder durch die *Green Card Lottery,* die 1987 von Ronald Reagan eingeführt wurde, um eine Vielzahl an Nationalitäten zu gewährleisten; jährlich nehmen rund 13 Millionen Menschen an diesem *Diversity Visa Program* teil, 60 000 von ihnen erhalten eine *green card.*

chen. So lerne ich also Hartmut kennen, wir gehen ein paar Runden, die Hunde begleiten uns, die Sonne steht schon tiefer, Gewitterwolken ziehen auf, ein dramatischer Himmel. Hartmut trägt eng geschnittene weiße Shorts und spricht Hessisch, ein starkes Hessisch, das mich an diesem Ort amüsiert und auch freut; er lebt schon lange in den USA, ist Soziologieprofessor an der Boston University gewesen, bevor er sich frühzeitig hat pensionieren lassen, er sei kein Mensch, der für den Stress lebe, Florida sei daher perfekt für ihn. Was er so tue, frage ich, außer Golf spielen und den Hund spazieren führen, er ist ja noch nicht alt, ich schätze ihn auf Ende fünfzig. Geld brauche er keines, sagt Hartmut, er habe genügend verdient mit seiner Professur, aber er arbeite vier halbe Tage die Woche bei einem Freund, einem Augenarzt, als Assistent gewissermaßen. Assistent bei einem Arzt, frage ich, als Soziologe? Ja, sagt er, er mache die Anamnese und sitze am Empfang, schließlich spreche er sieben Sprachen, die könne er jeden Tag gebrauchen, die Praxis seines Freundes liege in einem armen Viertel, es kämen viele Haitianer und Afrikaner zu ihnen, er betrachte das als eine Art Studie, angewandte Soziologie nach all den Jahren der Theorie, es mache ihm viel Freude, ich solle ihn doch mal besuchen. Plötzlich setzt der Regen ein, man könnte meinen, die Tropfen seien voluminöser als anderswo, zwei Dutzend Leute rennen zu ihren Autos, alle Hunde sind angeleint, nur Lino läuft frei, ich winke einer Koreanerin meines Alters zu, mit der ich ein paar Worte gewechselt hatte am ersten Tag, *See you tomorrow,* ruft sie mir hinterher. Am Tag darauf dann das übliche Szenario, Eddy und Jankó sitzen da, daneben ein paar Leute, die ich nicht kenne, Joanne und Paddy der Spaniel drehen ihre Runden, ich plaudere mit der Koreanerin, die sich als Chung-Sook Schmidt vorstellt, weil sie gehört hat, dass ich Deutsch spreche, und sich dachte, ich würde an ihrem Nachnamen Gefallen finden, Schmidt heißt ihr Mann, dessen Großeltern aus Wolfenbüttel eingewandert sind. Chung-Sook lebt erst seit Kurzem in Florida, sie ist eigentlich Ärztin, jetzt aber Hausfrau und weiß noch nicht, wie ihr Leben weitergehen soll, sie leidet unter einem Burn-out-Syndrom, acht Jahre Arbeit auf der Notfallstation eines Krankenhauses in einem heruntergekommenen Viertel in Washington, D. C., das sei zu viel gewesen, all diese Gewalt, die Schießereien und Messerstechereien, der ganze Drogenwahnsinn. Zudem habe sie rassistische Anfeindungen erfahren, nie von Weißen, immer nur von schwarzen Männern, eines Nachts habe sie die permanenten Beschimpfungen als *fuckin' Asian bitch* nicht mehr hören können, sie sei ins Labor gerannt, habe hinter verschlossener Tür einen Heulkrampf bekommen und am nächsten Morgen gekündigt, das sei der Zusammenbruch gewesen, von dem sie sich noch nicht erholt habe. Chung-Sook fragt, ob wir uns einmal außerhalb des *dog park* treffen wollten. Das würde ich sehr gerne, sage ich, aber ich reiste morgen leider weiter. Ich spreche gerade mit den alten Männern, als Paddy der Spaniel angetrabt kommt und sich freudig in den Eiseimer wirft, Wasser überall, Joanne eilt herbei, nimmt das Tier an die Leine, ich verabschiede mich von allen, *Come back soon,* sagen sie, Chung-Sook umarmt mich kurz. Fast bin ich ein wenig wehmütig, als ich den Hügel hinunterfahre, die Seen schimmern im Abendlicht, viermal zwei Stunden in einem Hundepark, und schon hat man das Gefühl, man gehöre dazu.

Ein Blitzbesuch bei einer alten Freundin. Nina ist in der Schweiz aufgewachsen und lebt seit über zehn Jahren in Florida, sie ist Künstlerin und Grafikerin, eine wilde und energiegeladene Person, die mit einem Haufen Lateinamerikaner eine Death Metal Band hat, sie ist die Sängerin. Wir sitzen spätabends vor einem Restaurant in Wilton Manors, dem schwulen Viertel von Fort Lauderdale. Ein Auto fährt heran, zwei Männer steigen aus, sie werfen Münzen in die Parkuhr, oh, sage ich, das habe ich für meinen Parkplatz nicht getan, die Männer hören es, der eine zeigt auf meinen Wagen und fragt: *Your car?* Ja, sage ich, er geht hin und wirft Geld für mich ein, ich will aufstehen, *It's okay, darling,* winkt er ab und geht weiter. Diese liebenswürdige Selbstverständlichkeit, sagt Nina, sei es, warum sie gerne hier lebe. Das könne ich gut verstehen, antworte ich, doch es gebe da etwas, das mich zutiefst irritiere, vielleicht bildete ich es mir nur ein, aber ich hätte bei Zufallsgesprächen mit Fremden nach kürzester Zeit oft einen seltsam leeren, ja toten Blick wahrgenommen, ein fundamentales Desinteresse an Sachthemen oder dem Gegenüber, auch wenn sie selbst eine Frage gestellt hätten, wollten sie die Antwort gar nicht hören. Das sei eine präzise Beobachtung, sagt Nina, deswegen habe sie vorwiegend Lateinamerikaner im engen Freundeskreis, die seien anders, mehr wie Europäer. Der Medientheoretiker Marshall McLuhan sagte 1970 in einem Gespräch mit dem Schriftsteller Tom Wolfe, Amerikaner gingen nach draußen, um alleine zu sein, und nach drinnen, um mit Menschen zusammen zu sein, im Gegensatz zu anderen Kulturen, in denen die Menschen nach draußen gingen, um Kontakte zu knüpfen; das heiße also, dass die Amerikaner, die man auf der Straße trifft, ganz bei sich seien, folgert McLuhan. Vielleicht stimmt das, denke ich, es würde auch erklären, warum man stets in Ruhe gelassen wird, niemand an einem zerrt oder einen kritisiert, jeder seinen Platz im Leben finden kann, und sei er noch so randständig, vielleicht gibt es deshalb so viele Freaks in Amerika. Ich frage Nina, ob sie nicht auch den Eindruck habe, viele Amerikaner seien fundamental einsam, all dieses Umgeziehe, diese Flexibilität, gestern erst traf ich wieder eine junge Frau, die sagte, sie sei von New Jersey nach West Palm Beach gekommen, weil die Wohnungen so billig seien, eine Arbeit finde sie bestimmt auch noch, und nein, Freunde habe sie hier keine, aber sie sei *good in making friends.* Das Interessante sei, sagt Nina, dass die Amerikaner selber nicht merkten, wie desolat sie lebten, es sei für sie ganz normal, sie könnten die Einsamkeit nicht einschätzen, weil sie ihre Realität sei. Die Lateinamerikaner allerdings würden diese tiefe Verlorenheit sofort erkennen, Florida sei so angenehm, weil viele Latinos hier lebten, die brächten eine Stabilität und Vertiefung der Beziehungen mit ins Spiel. Vielleicht deswegen auch dieses unablässige Gerede von *family values,* antworte ich, die Familie als Heiligtum der Nation, weil alles andere so unstet ist. Ja, sagt Nina, ohne Familie bist du hier ein Nichts.

Mir ist Miami in Erinnerung als strahlend helle Stadt, ich sehe sie in Blau und Weiß, den Himmel, das Wasser, die Brücken, die Art-déco-Gebäude, die **Calle Ocho**, den Strand, alles war flirrend hell und voller Glanz im Schein der Wintersonne. Nun meide ich das Tageslicht, es ist zu heiß draußen, dieses Mal wird mir die Stadt in Schattiggrün und Schummriggelb im Gedächtnis bleiben, mein Hotel ist ein düsteres Loch, der kleine Pool von Pflanzen umwuchert, faulige Blütenblätter treiben auf dem Wasser, ich bin im Gartenhaus untergebracht, Hunde bellen von Balkonen in der Nachbarschaft, wenn Lino und ich unter Bäumen mit erdrückend fleischigen Blättern nach hinten gehen; ich bin der einzige Gast, nichts los in South Beach. Abends ein Gang durch die Straßen, im Lebensmittelgeschäft spricht man kein Englisch, sondern Spanisch, ich verlange ein vegetarisches Menü, der Mann hinter der Theke versteht mich nicht, ich versuche es mit Italienisch, irgendwann sind wir uns einig, er packt mir Reis mit roten Bohnen ein, die ich auf einer Bank am Meer unten esse, nebenan ein offenes Restaurant, das gleichzeitig Disco ist, die Musik dröhnend laut, kaum Menschen drin. Die Rezeptionistin hat vorhin erzählt, ihre Eltern seien nach Kolumbien zurückgegangen, zu vulgär sei ihnen Miami gewesen, zu schrill, zu grell; sie selber liebe es hier, es gebe mehr *Hispanics* als Englisch

Calle Ocho oder SW 8th Street. Von Ost nach West führende Straße westlich von Downtown Miami, gilt als das Herz von Little Havana, der bekanntesten Exilkubaner-Gemeinde weltweit, die in den 1960er-Jahren ihren Namen erhielt.

Sprechende, das sei sehr angenehm. Ich spaziere weiter, gehe an einem *pet shop* vorbei, nestwarme Welpen schlafen zusammengeknäuelt in Glasvitrinen, ich schaue weg, sonst komme ich noch auf Ideen, wie kann man bloß so junge Hunde in Tierhandlungen verkaufen. Später wird mir doch unwohl in der Dunkelheit, zu viele Männer sind alleine unterwegs, immer zischt und schnalzt einer irgendwo, Dealer lauern am Parkeingang, Polizeisirenen heulen, ich gehe zum Hotel zurück, es liegt in einer toten Zone, jetzt wäre mir Begleitung lieb. In keinem der acht Zimmer brennt Licht, das Gartenhaus ist finster, ich schließe die Vorhänge in meinem Raum, versuche, die Geräusche zu vergessen, die ich höre, vielleicht sind es scharrende Katzen, vielleicht ist es der Wind, der all die Knacklaute verursacht, während er sich zu einem nächtlichen Regensturm aufbaut. Wie schon einmal in Connecticut frage ich mich, was wohl aus den geflüchteten Exilkubanern geworden ist, die ich vor elf Jahren während einer Arbeitsreise kennengelernt hatte; aus Eduardo, dem dürren Poeten, der wegen seiner aufrührerischen Gedichte in einem kubanischen Gefängnis saß und Fidel Castro mehr hasste als alles andere auf der Welt; aus Angelo und Carmita, deren Ehe in den USA in eine schwere Krise geriet, weil sich der vormals atheistische Angelo einer evangelikalen Gruppierung anschloss, **Harmagedon** zu seiner Obsession wurde, die er nicht nur tags, sondern auch nachts kultivierte, wodurch er Carmita den Schlaf raubte mit seinem ständigen Beten und Flehen; aus Molara, die mit ein paar Freunden auf einem selbst gebastelten Floß die Meeresstrecke nach Florida überwinden wollte, was allen außer ihrem Lebensgefährten gelang, das Floß zerfiel in der zweiten Nacht in seine Bestandteile, das Letzte, was Molara von ihrem Freund sah, war, wie er an eine Holztür geklammert hinter Wellenbergen verschwand, sie selber trieb in einem Autoreifen, bis die *Coast Guard* sie endlich fand; und natürlich aus dem schönen Nestor, der mir in schillernden Farben erklärte, warum spontaner Sex das Markenzeichen Kubas sei, wie

Unbekannte es überall miteinander treiben würden, auf Dächern, in Schuppen, an Leitern lehnend, einfach überall, und dass man sich mit reichlich Speichel vor HIV-Infektionen schützen könne, was bei ihm allerdings nicht funktioniert hatte, er war von AIDS schon schwer gezeichnet. So erinnere ich mich also an sie alle und stricke ihre Biografien gedanklich weiter, während in der realen Welt ein tropischer Regen einsetzt und den Innenhof zu einem dampfenden Kessel werden lässt; ich weiß, dass ich mich morgen nicht auf die Suche nach ihnen begeben werde, zu lethargisch macht einen dieses Klima, zu willenlos und schwer.

Wenn man von Weibern statt von Frauen sprechen möchte, und das in einem durchaus anerkennenden Sinne, dann von diesen vier. Sie sind wild, sie sind verwegen, sehr selbstbewusst, überaus attraktiv, urban und unterhaltsam, eher sechzig als fünfzig, mit Körpern, die zwanzig Jahre jünger scheinen, sehnig, durchtrainiert. Ein flaches Haus mit drei Zimmern in der 81st Street, kein gutes Viertel, aber auch kein schlechtes. In jedem Garten bellt ein Hund, im Neben-

Harmagedon, auch Armageddon, bezeichnet im Neuen Testament in der *Offenbarung des Johannes* den Ort der endzeitlichen Entscheidungsschlacht; zu der Frage, wo dieser Ort sein soll und welche Schlacht gemeint ist, lässt der Text vielfältige Deutungen zu; für endzeitlich ausgerichtete Christen spielt Harmagedon eine große Rolle, der Wiederkunft Christi und seines tausendjährigen Friedensreiches geht stets die Apokalypse voraus; das gegenwärtige Zeitgeschehen wird von Baptisten, Adventisten und anderen Freikirchen als Beginn des Kampfes zwischen Gut und Böse interpretiert, auch Naturkatastrophen wie Hurrikane deuten auf Harmagedon hin; die amerikanische Politik wird bis heute von konservativen Vertretern mit dem Glauben an den notwendigen Weltuntergang gerechtfertigt, auch der Amerikanische Bürgerkrieg wurde immer wieder als endzeitliche Schlacht interpretiert, die zu gewinnen sei, bevor das Paradies entstehen könne.

haus fristen Tauben ihr Leben in engen Verschlägen. Maggie Steber wohnt mit drei Katzen hier, sie zieht eine Rollstange mit einer Infusionsflasche hinter sich her, eine Verletzung während eines Auftrags in Puerto Rico, eine Wunde am Bein, die entzündet ist und nicht mehr heilen will. Maggie ist Texanerin und eine der erfolgreichsten Fotojournalistinnen der Welt, ihre Arbeiten über Haiti sind preisgekrönt und legendär. Gerade ist ihre Freundin Phyllis zu Besuch, die ihre demente Mutter in Delray Beach versorgen muss und für ein paar Tage Abstand braucht, *to be honest,* sagt Phyllis, sei sie kurz vor einem Nervenzusammenbruch. Phyllis, die Cher ähnlich sieht und in elegantem Schneidersitz auf dem Sofa hockt, war Creative Director in Manhattan, arbeitete für Agenturen und Magazine, überwachte Fotoshootings, flog in Hubschraubern über die Antarktis und die Sahara, marschierte mit dem Rucksack durch den Dschungel, war überall dabei, bis zu dem Unfall, bei dem sie sich den Rücken verletzte und nach dem alles anders wurde. Phyllis hat keine Krankenversicherung, genauso wenig wie Maggie; auch Joan und Rise, die unangemeldet vorbeischauen, leben ohne. Der Grund: zu teuer. *You look good!,* sagt Maggie, als Joan sich setzt. *I made my face,* antwortet Joan und zeigt uns die Stellen, an denen sie sich Botox hat spritzen lassen, es halte bedauerlicherweise nur drei Monate, aber – *look here!* – am Hals und an den Wangen, da habe der Arzt eine andere Technik angewendet, das bleibe jetzt zwei Jahre lang so herrlich straff. *Who paid for it?*, fragt Maggie. Ach, sagt Joan, sie habe über Facebook ihren zweiten Exmann wiedergefunden, den, der sie mit der Freundin ihres Sohnes betrogen habe damals. *You are dating your ex-husband?,* fragt Phyllis, die Joan offenbar auch noch nicht kennt. Aber ja, antwortet die, er habe zu ihr gesagt, Schatz, ich bezahle dir das Botox, dann siehst du noch schöner aus als sonst. *Weird, isnt't it?,* fragt Joan, diese wieder aufblühende Beziehung zwischen ihm, dem reichen Araber, und ihr, der mittellosen Jüdin, kein Mensch würde das glauben. Joan schreibe einen Roman darüber, ergänzt Maggie, der Titel stehe bereits fest: *Recovering in the Ritz*. Im Ritz, fragen Phyllis und ich, warum denn im Ritz? Nach der Sache mit der Freundin des Sohnes habe sie sich von ihrem Mann scheiden lassen, und mit der Abfindung, die er ihr bezahlen musste, sei sie ins Ritz-Carlton in Coconut Grove gezogen; sie habe sehr gut gelebt im Ritz, vielleicht ein wenig zu gut, denn nach fünf Jahren habe sie keinen Cent mehr gehabt, nicht mal ein Motelzimmer an der Interstate 95 hätte sie sich leisten können, ihre beste Freundin habe sie von einem Tag auf den anderen fallen lassen, als sie ihre Hilfe brauchte, habe nur gesagt, sorry, wir bauen gerade die Küche neu; wäre nicht Maggie gewesen, auf deren Sofa sie wochenlang genächtigt habe, sie wüsste nicht, wie sie diese Zeit überstanden hätte. Rise, die mit Joan gekommen ist, ein Käppi trägt und die Burschikoseste von allen ist, sagt, es sei eine Tragödie, wie schnell man in diesem Land ins Bodenlose fallen könne. Rise spricht sieben Sprachen, hat in Frankreich gelebt, ***Mummenschanz*** in den USA bekannt gemacht und verschiedene Stars promotet. Nach Miami zog sie vor zwei Jahren wegen eines Jobs, die Firma ging bankrott, und jetzt, sagt sie, hocke sie in diesem schrecklichen Ort, dessen größter Vorteil darin liege, dass alles so billig sei. Aber Miami sei doch wunderbar, widerspricht Joan, doch auch Phyllis mag dem nicht zustimmen, sie verlasse Florida so schnell als möglich, ziehe nach Vermont, da sei es grün, kühl – und menschenleer, sie habe genügend Menschenmassen um sich gehabt in ihrem Leben. Vier Frauen,

Mummenschanz 1972 gegründete Schweizer Maskentheatergruppe, die durch bizarre Masken, ausgeklügeltes Licht- und Schattenspiel und eine feinsinnige Choreografie Weltberühmtheit erlangte; die Gruppe spielte 1977 bis 1980 am Broadway und ist auch heute noch auf Tournee; *mumschanz* ist als Wort seit dem 16. Jahrhundert belegt, es steht in Verbindung mit dem europäischen Brauch, mit Masken verkleidet zur Fastenzeit in fremden Haushalten ein Würfelspiel anzubieten.

alleinstehend alle (wenn man von dem arabischen Exmann absieht), definieren sich und ihre Biografien stets wieder aufs Neue, mit einer Unverdrossenheit, die meinen ganzen Respekt verdient. *Recovering in the Ritz,* darin sind wir uns einig, wird Joan reich machen, glücklich und berühmt.

Seit 1948 wurden in Florida 275 Angriffe von Alligatoren auf Menschen verzeichnet, von denen 17 tödlich endeten; die größte Gefahr ist, dass die Bisswunde sich infiziert, nicht zu unterschätzen ist aber auch die Schlagkraft des Schwanzes. Eine Häufung von Todesfällen gab es im Mai 2006, als innerhalb von vier Tagen drei Bewohner an Alligatorattacken starben. Außer Alligatoren leben Klapperschlangen und giftige Aga-Kröten hier, auf den Florida Keys dann zum ersten Mal ein Straßenschild, das vor Salzwasserkrokodilen warnt. Ich lasse Lino nicht mehr von der Leine und ergebe mich ganz dem *dog park*-System.

Sprachübung: *to secede* – sich abspalten, sich losmachen, abtrünnig werden

Welcome to The **Conch Republic** –
We seceded where others failed

Was als Erstes auffällt, sind die Hühner. Natürlich sind da auch die Katzen, doch die bunt gescheckten Hühner und Hähne, die über die Straßen eilen, am Wegesrand picken, Verandatreppen hochrennen, über Büsche flattern und nachts in den Bäumen schlafen, sie lassen Key West zu einem verwilderten, tropischen Dorado werden, einem Refugium für allerlei Ausgesetzte, Geflohene und Zugezogene. Die ersten *Key West Gipsy Chickens* kamen mit jenen Menschen, die sich an diesem letzten Zipfel Floridas, ja ganz Amerikas, im Land der Calusa-Indianer niederließen: spanische und kubanische

Fischer, Nachkommen von während der Amerikanischen Revolution auf die Bahamas geflüchteten Loyalisten, Strandgutsammler und Wrackausbeuter, entlaufene Sklaven, schließlich auch Soldaten der Marine, die ein Fort bauten, um gegen die Piraterie vorzugehen. Im Bürgerkrieg blieb Key West als südlichster Stützpunkt in Händen der Union, die Navy hatte im Jahr vor Kriegsbeginn 1432 Afrikaner von drei illegalen Sklavenschiffen befreit, 294 der Geretteten starben bald an Erschöpfung, sie liegen vor Ort begraben. In den Jahrzehnten nach dem Krieg galt Key West als reichster Ort im Staat, die Wohnhäuser standen im Ruf, die höchste Kronleuchterdichte aufzuweisen und mit dem edelsten Mobiliar ausgestattet zu sein, der unzähligen ausgebeuteten Schiffswracks wegen. Auch die Zigarrenproduktion trug zu dem Wohlstand bei, 100 Millionen Zigarren wurden um 1890 jährlich produziert, Key West war mit 19 000 Einwohnern die bevölkerungsreichste Stadt Floridas, viel mehr leben auch gegenwärtig nicht hier. 1912 wurden die Florida Keys an Henry Flaglers Eisenbahnnetz angeschlossen, er durfte die Inbetriebnahme gerade noch erleben, bevor er starb. Ein Hurrikan zerstörte Brücken und Trassen am Labor Day 1935, viele Menschen

Conch Republic Aus Protest gegen die Obrigkeit entstandene und völkerrechtlich nicht anerkannte Mikronation mit eigenem Pass; *conch* ist eine Tritonschnecke, ihr Abbild schmückt das Wappen der Republik; besteht aus Key West und ein paar anliegenden Inseln, wurde 1982 gegründet, nachdem am Highway No. 1 eine Kontrollstelle eingerichtet worden war, die illegale Einwanderer aufspüren sollte und die Einreise nach Key West für Einheimische und Touristen erschwerte; die Conch Republic erklärte den USA den Krieg, kapitulierte nach einer Sekunde und forderte eine Milliarde Dollar für den Wiederaufbau; viele Bewohner Key Wests betrachten sich immer noch als Angehörige des Eintagesstaates; das Generalkonsulat der Conch Republic in Deutschland wurde neulich in Bingen am Rhein eröffnet.

kamen um, darunter vierhundert Erster-Weltkrieg-Veteranen, die in Camps lebten, im Straßenbau arbeiteten und Sümpfe auf den mittleren Keys trockenlegten. Die Bahnstrecke wurde nie mehr repariert, Teile davon aber zum *Highway 1* gemacht; wer die stundenlange und atemraubend schöne Autofahrt über die 290 Kilometer lange Inselkette (4500 Inseln sind es immerhin) bis nach Key West unternimmt, sieht immer wieder Brückenfragmente, die aus dem glasklaren Wasser ragen, auf manchen sitzen Angler, andere wuchern langsam zu. 1927 war *Pan Am* als Fluglinie zwischen Havanna und Key West gegründet worden, der Austausch blieb über Jahrzehnte intensiv. Den letzten Hühnereinwanderungsschub erlebte Key West zur Zeit der Kubanischen Revolution, als Tausende Kubaner hierherflohen, Kampfhähne und Legehennen im Gepäck. Doch natürlich darf man nicht nur von den Hühnern sprechen, sondern muss auch die Katzen erwähnen, die legendären, mit ihrer seit Generationen vererbten **Polydaktylie.** Ernest Hemingway lebte mit seiner zweiten Frau, die nicht seine letzte war, von 1928 bis 1939 hier, und es heißt, ein Kapitän habe ihm eine Schiffskatze mit je sechs (statt fünf) Zehen an den Vorderpfoten geschenkt. In Hemingways Haus, das heute Museum ist, wohnen sechzig Katzen, die Hälfte hat Polydaktylie, ein paar streifen gar mit 26

Polydaktylie Vererbbare und angeborene Besonderheit der Gliedmaßen bei Mensch und Tier, bei der mehr Zehen oder Finger als üblich ausgebildet sind; der Reggae-Musiker Jimmy Cliff etwa hatte sechs Finger an jeder Hand, die überzähligen wurden kurz nach der Geburt chirurgisch entfernt; kommt bei Katzen an der Ostküste Nordamerikas und der Südwestküste Englands besonders häufig vor, ungeklärt ist, in welchem der beiden Länder die Mutation zuerst entstand, Einigkeit besteht aber in der Annahme, dass sie über den Hafen von Boston durch Schiffskatzen verbreitet wurde, da sie bei den Matrosen wegen ihrer guten Kletterfähigkeit für die Mäusejagd an Bord beliebt waren und Glück verhießen.

(statt **18**) Zehen auf großen Pranken durch den Garten, einige liegen auch nur faul herum, so wie die meisten Menschen es tun. Key West im Sommer ist von solch tropischer Schwüle, dass nicht einmal die Kreuzfahrtschiffe anlegen, welche mit ihren Tausenden von Passagieren, die für drei Stunden über den Ort herfallen, mehr Zerstörung anrichten, als jeder Hurrikan es könnte. Eigentlich, darin sind sich viele Bewohner einig, müssten die Kreuzfahrtschiffe verboten werden. – In der Nachmittagshitze unter laufenden Ventilatoren auf der Veranda meines Hotels dösend, sehe ich, wie ein Pizzakurier an der Tür des Nachbarhauses klingelt. Eine üppige Latina öffnet, sie trägt ein Bikinihöschen und sonst nichts, in voller Pracht ragen ihre Brüste dem Pizzamann entgegen, der ob dieser Ungeniertheit so ungerührt bleibt wie sie, keine Spur von Verklemmtheit, hier, am äußersten Rand der Welt. Später, an einer Straßenkreuzung: Alte Menschen sitzen auf Klappstühlen unter einem Sonnenschirm, sie halten Plakate hoch, *Dog Wash – 10 $;* der Erlös kommt der AIDS-Hilfe zugute. Am Strand ist auch das *AIDS Memorial* zu finden, mehr als tausend Namen sind in schwarz glänzende Bodenplatten eingraviert, Männernamen zumeist, Key West ist seit Jahrzehnten ein Hafen der *gay community,* so wie Provincetown in Massachusetts. Doch hier im Süden ist nichts von puritanischer Aufgeräumtheit, Strenge und Akkuratesse zu finden; müsste ich mich für einen der beiden Orte entscheiden, es gäbe keine Sekunde des Zögerns, Key West scheint die Quintessenz all jener Eigenschaften zu verkörpern, die ich an Amerika mag, das Freigeistige, das Entspannte, das Freundliche und gleichermaßen Rebellische – und natürlich die Mannigfaltigkeit, die in einem handgemalten Schild, das am Straßenrand steht, zum Ausdruck kommt: *Key West – One Human Family.*

18 Zehen hat die Durchschnittskatze, je 5 an den Vorder- und je 4 an den Hinterpfoten.

Abends auf der White Street Pier, einer Seebrücke aus Beton, 250 Meter ins Meer hinaus gebaut; Menschen angeln, sitzen auf Mauern, manchmal kann man von hier aus Kuba sehen. Ich treffe auf Fabio, der mit einem alten Ehepaar spazieren geht, sie führen einen ungestümen Mops an der Leine, der mit Lino rennen will. Das Paar spricht kaum Englisch, Fabio stellt sie mir als Blanca und Miguel aus Santa Clara auf Kuba vor; er selber sei hier im Dorf aufgewachsen, die Großeltern väterlicherseits seien aus Andalusien eingewandert, die Mutter stammte aus Kuba. Früher, sagt Fabio, sei Key West weitaus spanischer gewesen als heute, man habe selten jemanden Englisch sprechen hören. Die Latinos seien aber weggezogen, die meisten in die Gegend um Orlando, sie hätten sich an den Touristen gestört, dabei sei es doch herrlich hier und alles andere als konservativ, ein verschworenes Paradies, wenn da nicht die Kreuzfahrer wären. Der Mops ist unruhig, fiepst, springt und zerrt. Warum er seinen Hund nicht einfach loslasse, frage ich Miguel. Das möchte er auch gerne wissen, antwortet Fabio, seit Monaten versuche er seine Freunde davon zu überzeugen, dass junge Hunde frei laufen sollten. *But Sophie ...*, sagt der alte Miguel, und er spricht den Namen dabei ganz zart und leise aus, ... *Sophie is my baby* ... Fabio bückt sich und lässt den Mops, der nicht seiner ist, von der Leine. Blanca schlägt die Hände über dem Mund zusammen, erstarrt vor Angst. Sophie aber rennt und rennt, wie ich noch nie einen Mops habe rennen sehen, alle schauen ihr hinterher, sogar die Angler. Irgendwann wirft sie sich erschöpft zwischen ihre Leute, Blanca bindet sie eilends wieder an. Die Sonne ist untergegangen in der Zwischenzeit, Key West erglimmt in dunkelviolettem Abendlicht, zerzauste Wolken lösen sich erst in lila Streifen auf und zerfasern dann im Himmel. Wir verabschieden uns mit Händedruck. Im Weggehen höre ich, wie Fabio zu seinen Freunden den wunderbaren Satz sagt, der mich ehrt und einen ganzen Kontinent gleich mit dazu: *Ella es una tipica europea, son todos tan educados.*[20]

Nachtrag: Am Flughafen von Fort Lauderdale in der Check-in-Schlange, die Fluggesellschaft ist deutsch, die meisten Passagiere sind es auch. Gepäckstücke, wartende Menschen, Langeweile. Warmes Abendlicht dringt durch die raumhohen Scheiben, gedämpftes Gemurmel, man gibt sich entspannt. Lino stellt sich mit den Vorderpfoten auf den Koffer des Mannes hinter mir, schaut ihn erwartungsvoll an. Nach drei Monaten verzückter Rufe, *Such a sweetie! What's your name, puppy? Your dog is so cute!*, dann gänzlich unvermittelt ein: *Hau ab, du Köter!* Ich blicke dem Mann in sein sonnenverbranntes Gesicht, sehe, wie seine Frau sich verlegen windet, und sage schließlich: *Oh ... so nice meeting you.*

DANK

Special thanks to all the people who made my trip more comfortable, homelike, illuminating or who sweetened it in one way or another:

Jim Bennet, Ute T. Brandes, Emma Burger-Gebhard, Kathy Crotty, Ronald Düker, Robert Epp, Lidka Epp, Hansjörg Gadient, Vika Gartstein, Gertraud Gutzmann, Ivan Hertzler, Susan Hertzler, Sophia Hungerhoff, Doris Kirchner, Julie Labreque, Imke Lass, Anthony W. Lee, Stefan Lutzmann, Jennifer L. Martineau, Martina Matthiesen, Poonie Moodley, Angelika Overath, Sandra Pupatello, David Reed, Karen Remmler, Cord Riechelmann, Margrit Rustow, Marie-Noëlle Ryan, Nina Saile, Ken Schoen, Maggie Steber, Annemarie Steiner-Hantos, Antje Stolle-Malorny, Holger Teschke, Larissa Thut Davidson, Jane Trigere, Farhad Vladi, Aubrey Wade, Christian Wessels, Gregory Woods, Martin the doorman and several courteous strangers I just met on the road.

NACHWEISE

Seite 52
»Unsere Arroganz gegenüber Amerika« (Auszug),
aus: Max Frisch, *Öffentlichkeit als Partner,*
© Suhrkamp Verlag Frankfurt am Main, 1967

Seite 139–141
Georges Perec und Robert Bober, *Geschichten von Ellis Island oder Wie man Amerikaner macht* (Auszug), © P. O. L. Editeur, 1994,
© der deutschen Übersetzung Wagenbach, 1997

FUSSNOTEN

1 Trachtet zuerst nach dem Reich Gottes
2 Eine verteidigt, und die andere erobert
3 Hoffnung wiederhergestellt
4 Ich leite
5 Lebe frei oder stirb
6 Mit dem Schwert sucht er die stille Ruhe unter dem Schutze der Freiheit
7 Hoffnung
8 Der uns herüberbrachte, stützt uns
9 Immer aufwärts
10 Freiheit und Wohlstand
11 Freiheit und Unabhängigkeit
12 Männliche Taten, weibliche Worte
13 Gerechtigkeit für alle
14 So ergeht es immer den Gewaltherrschern
15 Mehr Sein als Schein
16 Solange ich atme, hoffe ich
17 Bereit an Geist und Mitteln
18 Weisheit, Gerechtigkeit, Mäßigung
19 Auf Gott vertrauen wir
20 Sie ist eine typische Europäerin, die sind alle so kultiviert